本书系 2018 年国家社科基金青年项目"长期护理保险法律制度研究（18CFX073）"结项成果。

本书同时受重庆大学马克思主义学院出版基金资助。

XINSHIDAI ZHONGGUO TESE
CHANGQI HULI BAOXIAN FALÜ ZHIDU YANJIU

新时代中国特色
长期护理保险法律制度研究

杨天红　马　晶　著

重庆大学出版社

图书在版编目(CIP)数据

新时代中国特色长期护理保险法律制度研究／杨天
红，马晶著. -- 重庆：重庆大学出版社，2022.6
ISBN 978-7-5689-3379-7

Ⅰ.①新… Ⅱ.①杨…②马… Ⅲ.①护理—保险法
—研究—中国 Ⅳ.①D922.284.4

中国版本图书馆 CIP 数据核字(2022)第 112589 号

新时代中国特色长期护理保险法律制度研究

杨天红　马　晶　著

策划编辑:贾　曼　陈　力

责任编辑:黄菊香　　版式设计:贾　曼
责任校对:刘志刚　　责任印制:张　策

*

重庆大学出版社出版发行

出版人:饶帮华

社址:重庆市沙坪坝区大学城西路 21 号

邮编:401331

电话:(023) 88617190　88617185(中小学)

传真:(023) 88617186　88617166

网址:http://www.cqup.com.cn

邮箱:fxk@ cqup.com.cn(营销中心)

全国新华书店经销

重庆市联谊印务有限公司印刷

*

开本:787mm×1092mm　1/16　印张:15　字数:351千

2022 年 6 月第 1 版　　2022 年 6 月第 1 次印刷

ISBN 978-7-5689-3379-7　定价:68.00 元

作者简介

杨天红,男,1986 年 5 月生,法学博士,重庆大学马克思主义学院讲师,主要研究方向为新时代社会保障与社会治理现代化。在《现代法学》《复旦教育论坛》《学海》等刊物发表论文多篇,主持国家社会科学基金青年项目、重庆市哲学社会科学规划项目等省部级课题多项。

马晶,女,1984 年 11 月生,法学博士,西南大学法学院讲师,主要研究方向为社会保障法学。在《复旦教育论坛》《西南民族大学学报(人文社科版)》《重庆大学学报(社会科学版)》等刊物发表论文多篇,主持中国法学会部级法学研究课题、重庆市哲学社会科学规划项目等省部级课题多项。

前　言

　　20 世纪中叶以来,随着老龄化进程加快和家庭结构变迁,失能人员护理成为世界性难题。自荷兰 1967 年通过《特殊医疗费用支出法》,长期护理保险成为德国、日本等国家向失能人员提供的一项重要社会保障制度。我国 2015 年修改《中华人民共和国老年人权益保障法》(以下简称《老年人权益保障法》)时,明确提出要"逐步开展长期护理保障工作,保障老年人的护理需求"。2016 年 3 月发布的《中华人民共和国国民经济和社会发展第十三个五年规划纲要》(以下简称"十三五"规划纲要)提出,要"探索建立长期护理保险制度,开展长期护理保险试点"。2016 年 6 月,人力资源和社会保障部(以下简称人社部)出台了《人力资源社会保障部办公厅关于开展长期护理保险制度试点的指导意见》(人社厅发〔2016〕80 号,以下简称《长期护理保险试点意见》),计划在上海、重庆等 15 个城市开展长期护理保险试点工作,以保障失能人员的基本生活权益,使他们能够体面、有尊严地生活。此后,绝大部分试点地区都相继通过地方立法积极推进长期护理保险试点工作。2020 年 9 月,在前期试点的基础上,国家医保局、财政部出台了《关于扩大长期护理保险制度试点的指导意见》(医保发〔2020〕37 号,以下简称《扩大长期护理保险试点意见》),新增天津等 14 个城市为试点地区。自此,全国开展长期护理保险试点的区域已达 27 个省、59 个城市(区)。[①] 2021 年 3 月审议通过的《中华人民共和国国民经济和社会发展第十四个五年规划和 2035 年远景目标纲要》指出,要在"十四五"期间,稳步建立长期护理保险制度。

　　作为一项同时提供实物和现金给付的社会保障制度,长期护理保险制度涵盖了资金筹集、需求评估、服务供给、护理给付等多个方面,根据社会法治国理论、基本权利理论和给付行政理论,长期护理保险必须纳入法治化轨道,通过法律的权威性确保其在实践中真正实现让失能人员过上有尊严的生活的目的。有鉴于此,笔者在比较相关国家长期护理保险法治经验的基础上,立足于我国现有的社会保障法治体系和长期护理保险试点地区的实际情况,提出对我国长期护理保险法律制度建设的构想。除绪论和结论外,全书共分为十一章。

　　第一章长期护理保险制度构建的必要性与功能意义。从人口因素、社会经济因素、制度

---

① 部分试点省份在国家试点城市范围基础上进一步扩大了试点范围,如山东省在首批试点城市中将原有的仅青岛 1 个城市扩大到济南市、青岛市、淄博市、枣庄市、东营市、烟台市、潍坊市、济宁市、泰安市、威海市、日照市、临沂市、德州市、聊城市、滨州市、菏泽市 16 个城市。

因素和观念因素等方面分析了我国建立长期护理保险制度的现实基础,讨论了长期护理保险制度的社会功能和经济意义,进一步论证建立长期护理保险制度的必要性,认为我国目前面临的人口、经济等形势与德日等国建立长期护理保险制度时相似,现有社会保障制度难以有效解决失能人员护理问题,长期护理保险制度不仅可以有效破解失能人员护理的困局,而且对促进经济和社会发展具有重要意义。

第二章长期护理保险立法的法理依据。从社会法治国理论、基本权利理论和给付行政理论三个方面探讨国家介入失能人员保障、进行长期护理保险立法的法理依据,认为社会法治国理论下的国家由自由法治国下的消极被动走向积极主动,其行政行为的法律治理逐渐呈现调整手段多样化和法律渊源多元化趋势。长期护理保险制度植根于社会法治国理论,应建立一个多种法律形式并存的规范体系,并运用多元化调整手段保障制度运行。社会保障经历了从惩戒到具体权利进而上升为基本权利的变迁,为长期护理保险通过立法实现权利义务配置、构建为具体权利提供了理论支撑。长期护理保险作为一种行政给付行为,以给付行政理论为基础,适用"重要事项保留说",根据有关事项的性质和影响及现有立法情况,确定是否需要立法及立法层次。

第三章长期护理保险立法模式。分析了长期护理保险制度现有的三种运行模式——社会救助型运行模式、社会保险型运行模式和社会福利型运行模式,结合我国社会保障体系现状和经济发展水平实际,指出应选择社会保险型长期护理运行模式,并采取保险、服务合一立法模式。在此基础上,笔者提出了对我国长期护理保险的立法进路思考,即以《中华人民共和国社会保险法》(以下简称《社会保险法》)为基本法,通过授权条款完成长期护理保险资金筹集、保障对象、服务供给和护理给付配套立法。

第四章长期护理保险管理体制。长期护理保险管理体制的设计应遵循国家在社会保障中的角色定位,通过阐释国家在社会保障中从置身事外者到一线责任者再到二线责任者这一角色变迁过程,指出国家在长期护理保险体系中的功能定位应是制度供给者、调控监管者和最终责任者。在此基础上,笔者分析了长期护理保险中的中央与地方分工以及微观上的保险基金与服务组织管理。

第五章长期护理保险资金的筹集与运行。通过考察、分析社会保障筹资的"贝弗里奇模式""俾斯麦模式"和"混合模式",提出长期护理保险应采多元化筹资模式,即依靠社会保险、财政补助、服务对象付费三种方式筹集资金。笔者通过横向比较,具体分析了社会保险、财政补助、服务对象付费三种筹资方式中需要法律规范的内容和具体的立法建议,探讨了长期护理保险基金的运行模式,提出基于收支平衡和相对独立原则的考量,我国应采取部分提存准备金制。

第六章长期护理需求评估。长期护理需求评估是连接长期护理保险和护理服务的关键节点。该部分从护理需求性的内涵、法律意义出发,探讨了护理需求评估的性质,结合我国试点地方护理需求评估规范现状,在借鉴德国长期护理需求评估经验的基础上,提出我国护理需求评估法律制度的构建应从坚持长期护理保险的社会保险属性出发,具体从规范形式、评估对象、评估机构与评估人员、评估工具、评估程序、评估费用、评估结果等角度就我国长期护理需求评估法律制度构建提出了建议。

第七章长期护理保险给付。长期护理保险给付应遵循实物给付优先、居家给付优先、尊重服务对象自决权和城乡均等化原则。依据给付原则，围绕给付方式和给付监管提出长期护理保险给付法律制度的构建思路。在给付方式上，以实物给付为主体，但为贯彻"在地老化"理念和尊重保障对象的选择权，现金给付应受到重视。笔者认为，为应对福利多元化背景下长期护理服务质量降低的风险，应通过立法规制、合同监管、制定服务质量标准等方式加强给付监管。

第八章长期护理服务供给。福利多元化是有关公共服务供给的主流理论，它的出现使社会保障供给行为的性质经历了从行政行为到民事行为的转变，长期护理服务多元化供给有其必要性，其优越性也为多国实践证实。笔者通过分析与长期护理服务极为相似的养老服务多元化供给存在的结构性失衡、公共性丧失、民营化运行不畅和公权力寻租等问题及其成因，为长期护理服务多元化供给提供借鉴。我国长期护理服务多元化供给的具体法律制度设计包括服务机构准入、公共性维持、公私合作治理及纠纷的快速解决、非营利组织及非正式护理法律保障等。

第九章长期护理服务对象的权利保障。失能人员成为保障对象后，其权利的充分实现，有赖于建立相应的保障对象权利保障法律制度，否则保障对象的各种权利极易成为"空中楼阁"，使长期护理社会保障的制度初衷难以实现。本部分立足于长期护理服务的国内外实践，从完善成年监护制度、加强护理服务合同的法律规制、强化服务对象的隐私保护、强化损害救济及申诉调解、建立长期护理保险信息公开制度、强化国家的转介安置义务等方面探讨了长期护理服务对象权利保障体系的构建。

第十章长期护理服务人员的管理规范与权利保障。长期护理服务人员在长期护理保险制度运行中起着重要作用，甚至在很大程度上决定了长期护理保险制度能否长期稳健运行。本部分从执业资质规范和执业培训规范两个层面探讨了长期护理服务人员的服务规范，从执业权利保障层面探讨了长期护理服务人员的权利保障，提出了具体的对策建议，确保长期护理服务行业可持续发展。

第十一章人工智能赋能长期护理保险及其法律规制。长期护理服务领域引入人工智能可有效缓解服务资源紧缺、服务资源流向不够精准、服务对象满意度不高等问题。本部分着重就人工智能进入长期护理服务领域引发的不同于传统长期护理保险的一些法律问题，如服务对象隐私保护、服务对象信息安全保障、服务对象数字权利保护、服务对象个人自决权保护、服务致损责任等进行了较为深入的分析，并提出了相应的法律规制建议。

目　录

绪　论

一、研究背景、对象及意义

(一)研究背景

2021 年 5 月发布的第七次全国人口普查数据显示,2020 年我国 65 岁及以上人口总数达 1.9 亿人,老龄化率高达 13.5%,但家庭户均人口规模已跌破 3 人,仅为 2.62 人[①]。老龄化、少子化、家庭结构小型化叠加下,家庭对社会服务的需求不断增长[②],特别是其中的失能老人护理已经成为社会经济发展迫切需要解决的难题。近年来,不少国家或地区通过实施长期护理保险制度来应对这一难题,取得了一定成效[③]。我国 2015 年修订《老年人权益保障法》时,明确提出要逐步开展长期护理保障工作,保障老年人的护理需求。

党的十八大以来,党和国家的一系列重要文件多次提出了加强社会保障以应对老龄化的相关战略。党的十八大报告指出要"积极应对人口老龄化,大力发展老龄服务事业和产业","十三五"规划纲要明确提出"十三五"期间要"建立以居家为基础、社区为依托、机构为补充的多层次养老服务体系。统筹规划建设公益性养老服务设施,支持面向失能老年人的老年养护院、社区日间照料中心等设施建设"。至于长期护理保险,亦在稳步推进,如 2013 年国务院出台《关于加快发展养老服务业的若干意见》(国发〔2013〕35 号),鼓励老年人投保长期护理保险;《国务院关于促进健康服务业发展的若干意见》(国发〔2013〕40 号)则鼓励相关商业机构开发长期护理商业险;"十三五"规划纲要明确指出要"探索建立长期护理保险制度,开展长期护理保险试点"。

2016 年 6 月,为落实党的十八大精神和"十三五"规划纲要要求,人社部出台了《长期护理保险试点意见》,计划在上海、重庆等 15 个城市开展长期护理保险试点工作,为形成适应我国国情的长期护理保险制度政策框架积累经验。此后,绝大部分试点城市都各自推出了关于开展长期护理保险的地方立法,以此来推动长期护理保险工作。2020 年 9 月,在首批试点城市的基础上,国家医保局、财政部出台了《扩大长期护理保险试点意见》,新增天津等 14

---

①　国务院新闻办就第七次全国人口普查主要数据结果举行发布会[EB/OL].(2021-05-11)[2021-09-18].中国政府网.

②　王跃生.中国城乡家庭结构变动分析:基于 2010 年人口普查数据[J].中国社会科学,2013(12):60-77.

③　张继元,晏子,税所真也.深度老龄化社会的成年监护服务:日本的经验与启示[J].学术研究,2021(10):106-112.

个城市为试点地区。自此,全国开展长期护理保险的城市已达 27 个省、59 个城市(区)。2021 年 3 月,全国人大审议通过的《中华人民共和国国民经济和社会发展第十四个五年规划和 2035 年远景目标纲要》指出,"十四五"期间,国家将稳步建立长期护理保险制度。

长期护理保险作为与养老、医疗、工伤、生育、失业保险并列的基础性社会保险,既关涉全体社会成员的切身利益,同时其自身在制度架构上也包含了保险资金筹集、护理需求评估、保险给付等多方面内容,是社会保障制度体系的重要组成部分。作为社会财产二次分配的社会保障制度因其在基本经济制度中的重要性,根据法律保留原则,须从法律层面进行保障和规制。作为解决失能人员社会保障问题的一项重要制度,长期护理保险制度需要系统的法律制度保障。如荷兰早在 1967 年即通过了《特殊医疗费用支出法》,以法律的刚性和权威性保障、规制长期护理保险的实施。德国则在 1995 年公布实施了《护理需求性风险之社会保障法——护理保险法》,并将其编纂于《德国社会法典》第十一编,将长期护理保险提升到社会"第五险"的高度并通过法律予以规制。立法上紧随德国的日本于 2000 年颁布实施了《介护保险法》,以此作为其实施介护保险的基本法。

在国内现有的理论研究中,长期护理保险议题已受到一定程度的关注,不少学者对国外相关制度进行了一定程度的译介,并从经济学、管理学和人口学等视角进行了较为深入的探讨,但法律制度层面的研究仍然较少。本书在已有研究基础上,以长期护理保险法律制度为研究对象,以国家在长期护理保险中的功能定位(制度供给者、调控监管者、最终责任者)为逻辑主线,对长期护理保险涉及的主要法律制度进行分析探讨,力图通过法学角度的论证,为我国长期护理保险试点提供建议,为将来的长期护理保险立法建言献策。

(二)研究对象

本书的研究对象是长期护理保险法律制度。长期护理保险法律制度是有关规制长期护理保险的法律规范的总称,是将长期护理保险纳入法治化轨道,通过法律规制,确保长期护理保险在社会生活中充分发挥制度功能的一系列法律制度安排。一般而言,其在具体内容上,可分为长期护理保险主体法律制度、长期护理保险资金筹集运行法律制度、长期护理保险服务供给及给付法律制度三类。这些制度有的可以通过现有法律解决,如长期护理保险主体间的法律关系,但需要对现有法律制度进行梳理、解释以便其适用于长期护理保险法律问题;另有一些则目前尚无相关规定,如长期护理保险服务供给及给付法律制度,需要开展相关研究,为有关制度的建立提供法律规范。

长期护理保险法律制度规范的社会现象——长期护理我们并不陌生,生老病死乃自然规律,对老年人进行各种形式的照料和护理早已存在于日常生活之中。近年来,随着社会经济发展和人口结构变迁,长期护理作为社会性议题开始经常出现在大众媒体、学术期刊和论坛会议上[1],并使我们跳出个体和家庭风险领域[2],从社会制度视角重新审视长期护理尤其是老年人长期护理议题。

---

① 赵曼,韩丽.长期护理保险制度的选择:一个研究综述[J].中国人口科学,2015(1):97-105.
② 谢冰清.论中国长期护理保险制度中国家责任之定位[J].云南社会科学,2019(3):118-126.

1.长期护理的内涵与外延

目前,国内理论研究对长期护理的认识尚未达成一致,且存在"长期照护""长期护理""长期照顾"等基本概念混用的现象①,甚至有学者在不同文章中交错使用"长期照护"和"长期护理"。官方文件中,2016年中共中央政治局第三十二次集体学习时强调要建立"相关保险和福利及救助相衔接的长期照护保障制度";人社部出台的《长期护理保险试点意见》采用了"长期护理"概念,但并未对其内涵和外延进行界定,仅在保障范围部分指出"长期护理保险制度以长期处于失能状态的参保人群为保障对象,重点解决重度失能人员基本生活照料和与基本生活密切相关的医疗护理等所需费用"。

长期护理由英文"long-term care"翻译而来,目前国内对其最常见的翻译有"长期护理""长期照护""长期照料"和"老年长期护理"②。在德国的长期护理立法中,用的是"pflegebedürftigkeit"一词。"Pflegebedürftigkeit"由"pflege"和"bedürftigkeit"组成,"pflege"有"护理、照顾、照管、照料、照应"的意思;"bedürftigkeit"则有"贫苦、贫困、需要"的意思,合在一起可解释为需要照料之意。因此从其内涵和外延来看,"长期护理"这一概念的使用更为恰当。

根据世界卫生组织有关报告,"long-term care"是"社会卫生系统的一部分",是由"非正式人员(家庭、朋友、邻居)"和"正式人员(专业人员、辅助人员、传统护理人员、志愿者)"所采取的一种行为,行为目标人群是所有年龄段中因存在长期健康问题、正常的日常生活行动需要协助才能完成的群体,具体包括失能老人、慢性病患者、残疾人、感官障碍者、精神病患者等,目标是使上述群体能够"最大程度地获得可能的独立、自助、参与、个人满足及人格尊严",行为内容则同时涵盖了日常生活照顾和康复护理两种③。即"long-term care"的内容既包括非正式人员提供的日常生活照顾,也包括专业人员对疾病尤其是慢性疾病的护理;既包括日常生活护理又包括康复护理。

本书认为,所谓长期护理是指由专业或非专业人员向失能人员提供的旨在协助其完成日常必要生活活动的社会保障服务,具体包括日常生活照料、医疗康复、精神慰藉和社会交往服务,其目的在于帮助失能人员有尊严地生活和参与社会交往。

2.长期护理的特征

(1)长期连续性

长期护理保险保障对象的特殊性决定了长期护理最直观的特征就是其长期连续性。长期护理保障对象是因年老或疾病不能自我进行日常生活活动的人,通常是慢性病或精神疾病患者、残疾人和感官障碍者,此类患者的共同特征在于其恢复很慢甚至不可能恢复,因此对其提供的护理将会持续很长一段时间,甚至直到其生命的终结,对失能老人的护理更是如此。

(2)分层分级性

长期护理服务范围涵盖了日常生活照料、康复护理、专业护理、精神慰藉、社会交往等多

①　高传胜,崔秀雅.长期照护保险的基本理论与政策问题再讨论[J].中国高校社会科学,2021(6):117-126,157.
②　娄方丽,尚少梅."Long-term care"概念辨析[J].护士进修杂志,2012(22):2035-2037.
③　WHO Study Group.Home-based long-term care[R].WHO Technical Report Series,2000.

个方面,是综合性、专业化的服务。但在个案中,却是分层分级的,要根据不同保障对象的情况和需求,在需求评估的基础上提供不同的服务,既确保保障对象能够享受妥善的护理服务,又节约护理资源。

3.长期护理(保险)与相关概念的区分

(1)长期护理与医疗护理

长期护理与医疗护理在服务的目标人群上是有区别的①。虽然长期护理的目标人群包括疾病患者,但其所患疾病通常难以治愈,提供长期护理服务的目的在于尽可能长时间地维持保障对象的身体现状,使其不向更坏的方向发展,同时保障其一定的生活质量;而医疗护理则主要针对可以治愈的病人,通过提供医疗护理服务改善服务对象的身体状况,使其康复或病情好转,甚至痊愈。② 二者的区分对后文长期护理保险和医疗保险的区分具有重要意义。

(2)长期护理保险与养老保险

长期护理保险与养老保险同属社会保障体系,二者最主要的区别在于保障对象的确定标准不同,长期护理保险是需求导向的社会保障制度,须经需求评估才能确定保障对象;而养老保险则只要达到法定退休年龄且满足缴费年限即可享受养老保险待遇,不需要进行评估。此外,二者在给付内容上也有区别,长期护理保险的给付方式是多元化的,既可以是现金支付,也可以是服务给付等,而养老保险目前只有现金给付一种给付方式。

4.本书对长期护理保险概念使用的说明

目前从国际经验来看,针对长期失能人员提供的长期护理保障主要采取社会保险型、社会救助型和社会福利型三种模式。我国根据《长期护理保险试点意见》和《扩大长期护理保险试点意见》,长期护理保险采取以社会保险为主的模式,其内容包括长期护理保险管理体制、长期护理保险资金筹资(以长期护理保险为主,同时包括财政补助、服务对象付费等)及运行制度、长期护理保险给付制度(长期护理需求评估、长期护理保险给付)、长期护理服务制度(服务供给、服务对象权利保障、护理服务人员规范与保障)等。从长期护理保险制度的丰富内容来看,其包括广义和狭义两个层面上的内涵,狭义上的长期护理保险制度是指长期护理社会保险的运行,广义上的长期护理保险除长期护理社会保险运行外,还包括长期护理服务制度等。因此,部分国家或地区对长期护理保险立法采取的是"长期护理保险法"和"长期护理服务法"分立模式。本书尝试从理论层面探索建设有新时代中国特色的长期护理保险法律制度,为使内容更为全面,如无特别说明,系从广义上使用长期护理保险概念。

(三)研究意义

1.理论意义

长期护理保险法律制度目前在我国社会保障法律体系中尚处于探索构建初期,本书对长期护理保险法律制度建立中存在的问题进行了系统的梳理和研究,为长期护理保险法律

---

① 胡天天,刘欢.长期护理保险试点政策效果研究[J].老龄科学研究,2021,9(10):24-35.
② 张盈华.老年长期照护:制度选择与国际比较[M].北京:经济管理出版社,2015:15.

制度的建构提供理论参考,为失能人员社会保障提供新的理论观测点,也创新了长期护理保险理论研究的内容,拓宽了社会保障法律理论的研究方向。

2.现实意义

当前,长期护理保险正在 59 个城市开展试点,本书作为应用性研究,既涉及长期护理保险立法的模式选择,又讨论管理体制、资金筹集运行、保障对象、服务供给、护理保险给付等方面的具体法律制度设计;既重点关注福利多元主义下政府的职能定位和市场主体引入,又引介国内外经验以供借鉴,旨在破解长期护理保险法律制度建立中的重难点问题,为我国长期护理保险法律制度的构建提供系统化的实践建议。

二、国内外研究现状述评

(一)国外研究现状

以荷兰 1967 年推出的《特殊医疗费用支出法》为开端,逐渐将长期护理保险纳入本国社会保障体系,相关研究较多,特别是德国和日本的长期护理保险制度及有关研究都较为成熟。

1.德国长期护理保险法律制度研究现状

1995 年德国开始实施长期护理保险制度,迄今已有 27 年历史。目前德国理论界对长期护理保险法律制度的研究主要是在对该制度进行全面评估的基础上,就其存在的主要问题进行有针对性的研究。研究的主要内容包括以下四个方面。

(1)对长期护理保险法律制度进行了全面的评估

理论界对长期护理保险法律制度进行了全面评估,认为《长期护理保险法》基本上实现了立法初衷,提高了老年人的生活质量[1],但从制度实践效果来看,仍存在以下几个方面的问题:需求评估过于严格,且法律规范对护理需求认定过于偏向医疗标准[2],缺乏社会心理层面的评估,对精神疾病患者、失智症患者以及身障儿童不利[3];保险给付水平较低,平均给付购买力随时间下滑[4],而个人付费部分逐渐增加[5],为稳定实质购买力,应建立动态给付调整机制[6];随收随付基金运行方式在面对老龄化、出生率降低的人口现状时,财政压力巨大[7];此外,还有学者指出在长期护理保险制度运行中存在腐败问题[8]。

[1]　CUELLAR A E,WIENER J M.Can social insurance for long-term care work? The experience of Germany[J].Health Affairs,2000,19(3):8-25.

[2]　高霞.德国长期护理保险制度的分级经验及对中国的启示[J].就业与保障,2020(8):184-186.

[3]　MERKEL G.Herausforderungen und trends in der pflegeversicherung[M]//LANGSDORF S.Altenpflege und pflegeversicherung:Modelle und beispiele aus China,Deutschland und Japan.Shanghai:Shanghai Academy of Social Sciences Press,2009:208.

[4]　ROTHGANG H.Social insurance for long-term care:An evaluation of the German model[J].Social Policy & Administration,2010(4):436-460.

[5]　陈明芳.福利国家的重构:以德国长期照护保险制度的建置与改革为例[J].台大社工学刊,2012(25):157-207.

[6]　ROTHGANG H,IGL G.Long-term care in Germany[J].The Japanese Journal of Social Security Policy,2007,6(1):54-84.

[7]　PIERSON P.The new politics of the welfare state[M].Oxford:Oxford University Press,2001.

[8]　SCHNEIDER U.Germany's social long-term care insurance:Design,implementation and evalution[J].International Social Security Review,1999,52(2):31-74.

（2）关于长期护理保险资金筹集法律制度的研究

研究主要围绕保费收入减少原因、护理保险费率影响因素、财源方式展开：认为《老人财产法》实施、就业关系转变和经济衰退等经济因素造成保费收入减少[①]；影响保险费率的因素包括服务使用人数、保费收入投资情况、服务形式和服务给付程度；在财源方式上，认为应通过《长期护理持续发展法》的供给侧结构性改革和开拓其他财源实现财源充足[②]。

（3）关于长期护理服务质量法律制度的研究

研究认为服务质量不应完全以服务对象满意度为准，还需考虑费用给付主体和服务对象家属的预期；在质量监管方式上，协议监管优于外部权力监管；在护理机构的监管指标选择上，应包括结构、过程与成效三种；在监管过程中还需注意保护保障对象的隐私，避免监管官僚化[③]。

2.日本长期护理保险法律制度研究现状

长期护理保险在日本被称为"介护保险"。日本政府于2000年正式实施介护保险，理论研究主要围绕护理服务市场化展开。

受福利多元主义思潮影响，在介护服务领域引入市场化主体已成为主要趋势[④]，但在日本，仍面临着多元化政策落实困难的局面，集中表现为供需管理有待增强[⑤]、资源分布不均[⑥]、多头管理[⑦]。有学者深入探讨了长期护理服务企业的经营策略[⑧]，并对引入市场化主体后的长期护理服务质量规制进行了研究，认为市场化主体会不断采取各种因应策略开拓市场并迅速提升服务品质，获得服务对象的青睐[⑨]。亦有学者认为应从"COMSN"事件反思，加强对市场化主体提供的福利服务内涵与品质核查、监督[⑩]。有学者则从"COMSN"事件深入探讨了日本长期护理服务市场化困境问题，认为造成困境的原因包括市场化服务企业错误评估了服务需求总量、新设服务机构难以打开市场、市场化造成服务对象负担过重引发福利正义质疑[⑪]。为改善目前困境，必须从供给侧进行改革，主要措施应包括重新建构公共部门

① DRATHER H,JACOBS K,ROTHGANG H.Fokus pflegervesicherung:Nach der reform vor der reform[M].Berlin:KomPart-Verlag,2009.
② DRATHER H,JACOBS K,ROTHGANG H.Fokus pflegervesicherung:Nach der reform vor der reform[M].Berlin:KomPart-Verlag,2009.
③ 卓俊吉.德国长期照护保险法制之研究[D].台北:台湾政治大学,2004.
④ 李运华,姜腊.日本长期护理保险制度改革及启示[J].经济体制改革,2020(3):167-172.
⑤ 佐藤卓利.介護サービス市場の管理と調整[M].京都:ミネルヴァ書房,2008.
⑥ 西下彰俊,浅野仁,大和三重.高齢者福祉論:精選された基本の知識と実践への手引き[M].东京:川島書店,2005.
⑦ 江尻行男,庄秀美.日本的企业与照顾服务产业企业的发展动向与经营策略分析[J].(台)管理学报,2007(6):637-655.
⑧ 江尻行男,庄秀美.日本的企业与照顾服务产业企业的发展动向与经营策略分析[J].(台)管理学报,2007(6):637-655.
⑨ 江尻行男.福祉マーケティング一主として在宅介護サービス企業のビジネス展開に関連して[M]//城田吉孝,河边匡一郎,玉木彻志.新マーケティング情報論.京都:ナカニシア出版,2003.
⑩ 山田雅穂.介護サービス提供主体の多様化の機能および継続性に求められる条件整備:コムスン事件の事例検討を通して[J].社会福祉学,2011(4).
⑪ 横山寿一.社会保障の市場化・営利化[M].东京:新日本出版社,2003.

责任、充分发挥地方政府功能等①。

(二)我国长期护理保险法律制度研究现状

我国理论界较早就开始关注长期护理保险,并进行了相关制度译介和研究,但研究主要在社会学、人口学、经济学和管理学等领域进行,法学界对长期护理保险制度关注较少,仅有的关于长期护理保险法律制度的研究尚处于论证制度建立的必要性阶段,对长期护理保险法律制度的构建、具体内容等研究微乎其微。其他学科领域在介绍境外长期护理保险制度时也偶有涉及长期护理保险法律制度,但仅限于简单的事实情况介绍,并未进行深入研究。

1.有关长期护理保险法律制度的研究

(1)有关长期护理保险法律制度现实基础的研究

这主要从人口、经济和观念因素进行研究②,也有研究从长期护理保险制度的五个构成要素(资源、经济支持、组织管理、服务供给、政策)对已有法律制度进行评估,认为长期护理保险存在护理人力资源严重缺乏、费用不能进入医保、服务组织机制不健全等问题,应加强相关研究以促进长期护理保险政策、法律制度的完善③。也有部分学者分析我国城市失能老人护理存在的问题,建议借鉴发达国家长期护理保险法律制度经验,构建我国长期护理保险法律制度,改进城市失能老人长期护理服务④。

(2)关于长期护理保险法律体系构建的研究

有研究指出应通过立法规范长期护理保险经费筹措,而护理机构和护理人员等多属于技术性事项,可授权行政机关通过规章予以规制⑤。有学者提出长期护理保险法律制度的构建应采取逐步渐进的方式,首先应通过相关法律规范鼓励和引导商业保险公司开办长期护理保险业务⑥;有学者则从我国当前面临的老龄化、少子化形势出发,认为应尽快建立长期护理保险法律制度,将失能由个人、家庭风险转变为社会风险⑦;同时,该学者进一步指出,失能风险属于社会问题,需要社会法规制,但我国无论是理论界抑或是实务界对在长期护理保险法律制度的"基本法律原理、保障目标、条文精度、经验积累"方面还不够,需要进一步强化研究,以形成我国独特的长期护理保险法律制度路径⑧。

① 横山纯一.高龄者福祉与地方自治体[M].东京:同文馆出版株式会社,2003.
② 此方面文献较多,几乎出现在所有有关长期照护法律制度研究的文献中,其中具有代表性的如曲同光,彭美琪,白其怡.规划长照保险重要基础资料库:国民长期照护需要调查[J].国土及公共治理季刊,2015(1);李光廷.以台湾地区的家庭价值观看日本介护保险制度成立的背景与条件[J].(台)人口学刊,2001(22);简雅芬,吴淑琼.影响子女照顾失能父母意愿之因子[J].中华公共卫生杂志,1999(3);王云东课题组.台湾长期照护服务需求评估[R].台湾地区"行政院"经济建设委员会委托项目,2009;吴淑琼.人口老化与长期照护政策[J].国家政策季刊,2005(4);吴振龙,纪樱珍,黄国哲,等.社区失能老人居家支持服务需求之初探:以台北市大安区失能老人为例[J].新台北护理期刊,2004(1);庄锦秀.台湾高龄化社会之法制现况[M]∥高龄化社会法律之新挑战:以财产管理为中心.台北:新学林出版社,2014.
③ 吴淑琼,江东亮.台湾地区长期照护的问题与对策[J].中华公共卫生杂志,1995(3):246-255.
④ 谢志辉.加强法制建设,改进城市失能老人长期照护服务[J].经济研究导刊,2014(20):293-294.
⑤ 庄汉.失能者长期照护的立法需求分析[C]∥中国法学会行政法学研究会.社会管理创新与行政法:中国法学会行政法学研究会2010年年会论文集.北京:中国政法大学出版社,2011.
⑥ 肖金明.构建完善的中国特色老年法制体系[J].法学论坛,2013(3):27-35.
⑦ 郑尚元.长期照护保险立法探析[J].法学评论,2018(1):131-139.
⑧ 郑尚元,袁少杰.老龄化之因应与长期照护保险法制之展望[J].深圳大学学报(人文社会科学版),2017(3):127-134.

（3）关于长期护理保险国内外立法经验介绍及借鉴的研究

有学者通过专门研究德国长期护理保险法律制度，认为其法律架构较为合理，特别是其20多年发展中的长期护理保险法律制度改革内容尤值得我国借鉴①；有学者则是比较了美国、德国和日本的长期护理保险制度，认为需要在强化完善老年人监护制度价值理性的基础上，以工具理性为引导、构建国家和社会共同主导的老年人长期护理保险表现法律制度，以"形成兼具公法福利性与私法意思自治理念为一体的交叉互补、相得益彰的多元化老年人社会保障法律制度体系"②；还有学者研究了韩国在2007年颁布的《老年人长期疗养保险法》，认为我国应构建以社会保险为主、商业保险为辅的长期护理保险立法模式，同时在护理给付上形成居家护理为主、统筹但有区别的护理给付原则，此外还需要就保险管理体制、护理人员培训以及不同主体（个人、家庭、社会、国家）在长期护理保险中的职责进行专项立法③。

（4）分析构建长期护理保险法律制度的法理基础

有学者认为与其他法律制度相比，社会保障法律制度是对生存权的一种预防性保护，在现代社会，有尊严地生活已经成为生存权的一项重要内容，必须通过建立长期护理保险法律制度予以保障，同时这也是国家责任的体现，是维护和调整社会实质正义的必然要求④；有学者则从社会连带和福利多元理论着手，认为长期护理保险应"着力保障被保险人的生存权，并贯彻团结互助性"，其具体制度建构应"强化整体社会参与的筹资机制、推进多元化的护理服务，并建构多重性和差异化的规范构造"⑤。

（5）不同主体在长期护理保险中的角色定位研究

不少学者认为在长期护理保险法律制度建构中，应充分发挥市场、家庭的作用，构建政府、社会、市场和家庭多元共治的科学合理的长期护理保险体系⑥；较多学者探讨了政府在长期护理保险中的职责，有学者认为当前家庭、个人为主，政府仅承担兜底责任的失能照顾模式已经不适应老龄化社会需要，在长期护理保险法律制度设计中政府的职责亟须从兜底责任转为担保责任；有学者则通过考察回顾近400年历史中国家在社会保障中的功能变迁，提出政府在长期护理保险法律制度中主要承担制度供给者、调控监管者和最终责任者角色⑦。

（6）探讨长期护理保险法律制度构建模式的研究

有研究在比较了德国、美国、日本等国家长期护理保险法律制度的基础上，从长期护理保险立法理念、模式选择、法律关系主体、资金筹集与给付、监督与保护几个层面对长期护理保险法律制度进行了一般性探讨⑧。此外，目前对长期护理服务与长期护理保险是否分开立

---

① 何平.德国社会保险的探索：以长期照护保险制度为例[J].理论月刊,2017(9):177-183.
② 李志强.老年人监护与长期照护保险立法之比较与选择[J].学术论坛,2018(3):62-68.
③ 林宗浩.韩国老年人长期疗养保险立法的经验与启示[J].法学论坛,2013(3):36-43.
④ 杨宇涵.我国城镇失能老人长期护理社会保险法律制度研究[D].重庆:西南大学,2014.
⑤ 黄丽娟,罗娟.长期护理保险的理论指引与体系建构[J].华东政法大学学报,2020(5):143-157.
⑥ 刘旭华,董蕾红.积极老龄化视野下老年人长期照护法制体系的构建[J].东岳论丛,2017(12):187-192.
⑦ 杨天红.国家在长期照护社会保障中的功能定位与职责分工[J].中共浙江省委党校学报,2017(5):92-99.
⑧ 李志强.我国老年人长期照护保险立法研究[J].兰州学刊,2015(4):110-120.

法分歧较大,有研究认为基于历史和现实需要,应采取分开立法模式①;有研究认为从二者的功能出发,只需要立法确定长期护理保险即可,有关长期护理服务等内容可授权行政机关制定行政规范,分开立法属于叠床架屋②。

（7）有关长期护理服务市场化法律制度的研究

有研究探讨了长期护理保险法律制度中政府的角色与任务,讨论了政府与社会的分工,提出了长期护理保险市场化运作理念③。有学者从行政法视角讨论了福利多元化思潮下居家养老服务所涉及的行政法律问题,如行政契约、行政给付、行政调查、监管责任等,论证了完善居家养老服务券法律制度的建议④;有学者则通过研究德国长期护理服务质量监管法律制度,提出我国长期护理保险立法时应将服务质量评价体系纳入其中,具体制度内容包括协议监管、外部监管及家庭护理服务质量监管等方面⑤;还有学者就市场化下如何避免保险给付的道德风险提出了构建长期护理需求评估法律制度,认为应借鉴德国的相关经验,以"法律+行政法规+部门规章"的规范形式统筹设计长期护理需求评估体系,具体内容包括"明确独立的评估主体、科学设计评估指标与评估工具、严格 规范评估程序等确保评估结果的科学、客观与公正,并根据评估结果进行分级分类给付"等,最终实现长期护理保险资源流向精准⑥。

（8）有关长期护理保险资金筹集法律制度的研究

研究基本上认为应通过社会保险、政府补助、服务对象付费等方式筹集资金⑦。在资金来源结构上,一般认为社会保险和政府补助为主要构成部分,其具体比例应结合实际经济情况并考虑整体社会保障政策来确定⑧,同时应区分不同项目给予不同补助⑨。有学者专门探讨了长期护理保险财务处理方式,从社会保险通常采用的三种财务处理方式（提存准备金制、随收随付制、部分提存制）的利弊分析出发,从财务可负担且可持续、代际公平等方面考虑,认为应采取部分提存准备金制⑩。

（9）有关长期护理保险给付法律制度的研究

长期护理保险给付法律制度包括给付内容法律规制、给付监管法律制度及法律责任。在给付内容方面,有研究认为应效法德国、日本构建包括居家护理、机构护理、护理津贴等在

①　蔡雅竹.论中国台湾地区长期照护双法革案及其法律问题:兼论德国之长照保险制度[D].台北:台湾大学,2014.
②　卓俊吉.德国长期照护保险法制之研究[D].台北:台湾政治大学,2004.
③　贾天民.我国长期护理保险法律制度构建研究[D].北京:中国社会科学院,2013.
④　章文洁.行政法视野下的居家养老服务券制度[D].杭州:浙江工商大学,2013.
⑤　马晶,袁文全.长期护理服务质量监管机制研究:以德国法为例[J].西南民族大学学报（人文社会科学版）,2018(1):103-108.
⑥　马晶,杨天红.长期护理需求评估体系建设研究[J].重庆大学学报（社会科学版）,2021(2):176-187.
⑦　郑阳雨璐,潘国臣,陈森松.财务可持续的长期照护制度构建研究:基于台湾地区的经验[J].社会保障研究,2018(3):102-112.
⑧　郑文辉课题组.长期照护保险法制财务机制及财源筹措之评估[R].台湾地区"行政院"经济建设委员会委托项目,2009.
⑨　郑文辉课题组.台湾社会保险政府补助政策合理性之研究[R].台湾地区"行政院"经济建设委员会委托项目,2002.
⑩　郑清霞,王静怡.社会性长期照护保险的财务处理[J].台湾社会福利学刊,2014(1):65-119.

内的多层次长期护理保险给付体系①；有关居家护理，研究认为应确定居家护理给付优先原则，贯彻在地老化理念②③；关于机构护理研究较多，有的从需求影响因素出发，提出构建长期护理保险体系的具体建议④，有的从长期护理服务机构与政府政策的互动关系角度对构建相关政策与法律规范提出建议⑤等；关于护理津贴制度，研究多以最具代表性的法国个人自主津贴为对象，对护理津贴法律制度提出建议⑥。在服务质量监管方面，学者主要从长期护理服务质量现状⑦、德国长期护理服务质量监管机制及借鉴⑧、服务供给者尤其是服务机构的评鉴⑨、服务质量监管的法律定位、服务质量指标⑩等方面进行了研究。在法律责任方面，有学者研究了相关司法判决，从不作为犯构成要件、注意义务等方面探讨了长期护理机构负责人的监督管理过失责任⑪；有学者从契约关系角度研究了护理主体的权利义务与责任⑫。

（10）有关护理人员法律制度的研究

有研究关注长期护理保险制度下家庭护理者权益的法律保障问题，认为应从法律上肯定家庭非正式护理的社会功能，改善家庭非正式护理者面临的不利现状，保障家庭非正式护理者权益⑬⑭。有学者认为应从制度层面提高护理人员劳动报酬、改善护理工作环境、加强在职教育培训、鼓励家属参与、促进失业者参与，以提高长期护理服务人力资源配置水平⑮。针对外籍护理人员不断增多并日益发挥重要角色的现状，有学者呼吁加强对外籍护理人员的保护⑯⑰。

2.其他学科领域有关长期护理保险的研究

从期刊论文、学术著作以及2008年至今国家社会科学基金立项等情况来看，研究主要在人口学、社会学、经济学、管理学等学科领域进行，研究的主题包括长期护理保险需求、长期护理保险资金筹集运行机制、长期护理保险与医疗保障改革、社区护理等。

有学者自2007年开始持续关注长期护理问题，阐述了长期护理保险的理论、制度、改革与发展，系统介绍了国外长期护理保险制度，论证了我国长期护理保险制度的现实需要并提

① 周台龙,郑文辉.台湾地区多层次长期照顾财务保障架构之探讨[J].台湾社会福利学刊,2008(1):65-122.
② 吴淑琼,庄坤洋.在地老化:台湾地区二十一世纪长期照护的政策方向[J].台湾公共卫生杂志,2001(3):192-201.
③ 高淑芬,陈惠姿.长期照护与社区护理[J].国家政策季刊,2005(4):109-128.
④ 周韦诗.机构式长期照护需求之影响因素及建构长期照护体系之建议[D].台北:台湾大学,2006.
⑤ 陈正芬,官有垣.台湾地区机构式长期照顾服务组织属性与政府相关政策演变之探讨[J].社会政策与社会工作学刊,2011(1):91-135.
⑥ 陈佑宗.法国老人长期照护制度之研究[D].新北:淡江大学,2005.
⑦ 钟御郡.长期照护机构评鉴与服务品质之研究[D].新北:淡江大学,2013.
⑧ 周怡君,庄秀美.德国照护保险中的国家监督管理[J].台大社工学刊,2014(29):199-242.
⑨ 邓素文.浅谈台湾长期照护机构之评监机制[J].长期照护杂志,2010(2):117-124.
⑩ 张淑卿,许铭能,吴肖琪.台湾地区长期照护机构品质确保机制发展之趋势[J].长期照护杂志,2010(2):149-159.
⑪ 邱慧洳.长期照护机构负责人之管理监督过失责任[J].万国法律,2016(4):6-18.
⑫ 黄诗淳.长期照顾法简评:从私法之观点[J].月旦法学杂志,2016(2):244-248.
⑬ 吕宝静.支持家庭照顾者的长期照护政策之构思[J].国家政策季刊,2005(4):25-40.
⑭ 王吟吏.长期照护制度中家庭照护者法律定位之研究:日本长期照护制度之借镜与反思[D].台北:台湾政治大学,2012.
⑮ 吴肖琪.长期照护专业人力培育及配置策略[J].研考双月刊,2008(6):34-43.
⑯ 陈正芬.管理或剥削?家庭外籍看护工雇主的生存之道[J].台湾社会研究季刊,2011(4):89-155.
⑰ 陈正芬.双轨分立的长期照顾体系:照顾服务员国籍与品质的抉择叉路[J].台湾社会研究季刊,2011(4):381-386.

出了较为系统的建议①②③④⑤⑥。

有学者通过实证研究,在统计分析老年人对医疗服务、长期照料和长期护理保险需求的相关数据基础上,借鉴美国、日本、德国经验,提出建立适合我国实际情况的长期护理保险"三步走"方案:第一步,采取商业长期护理保险模式;第二步,针对大部分人群的社会基本长期医疗护理保险和商业长期护理保险相结合,采取前者为基础、后者为补充的保险模式;第三步,实行政府强制的全民社会长期护理保险模式⑦。

有的学者通过研究 OECD 国家长期护理保险制度,总结出长期护理保险制度的五种类型:"普享型+税收筹资""普享型+社会保险筹资""混合型+社会保险筹资""混合型+税收筹资""补缺型+税收筹资"。在此基础上,提出建立我国老年长期护理保险制度的框架性建议:一是明确政府在基础性长期护理保险和低收入者长期护理保险中的出资责任;二是改变机构护理"错位"现象,完善长期护理需求评估机制;三是明确长期护理服务与医疗服务的分支与整合;四是建立家庭非正式护理支持制度,发展家庭护理;五是培育长期护理服务市场,发展居家/社区正式护理⑧。还有部分学者从商业保险公司角度探讨了长期护理保险的运营⑨⑩⑪。

(三)国内外研究现状评析

受限于社会保障发展阶段不同,国外对长期护理保险已经进行了精细化研究,而我国对长期护理保险的研究仍停留在介绍国外制度、论证长期护理保险制度的必要性和讨论如何构建长期护理保险法律体系阶段,相关研究仍未进入精细化阶段。

国外的精细化研究虽然对我国具有借鉴意义,但我国建立长期护理保险法律制度必须紧密结合社会保障法律体系和经济发展水平实际以及我国社会现状,以建立符合我国国情和现实需要的、具有可行性和可操作性的长期护理保险法律制度。

有鉴于此,本书在梳理介绍德国、日本等国家相关法律制度基础上,深入研究我国建立长期护理保险法律制度的现实基础,探索构建我国长期护理保险法律制度的路径和措施。

三、研究思路、内容与方法

(一)研究思路

本书以长期护理保险为研究对象,以长期护理保险立法模式选择和国家在长期护理保

① 戴卫东.长期护理保险:理论、制度、改革与发展[M].北京:经济科学出版社,2014.
② 戴卫东.OECD 国家长期护理保险制度研究[M].北京:中国社会科学出版社,2015.
③ 戴卫东.中国长期护理保险制度构建研究[M].北京:人民出版社,2012.
④ 戴卫东.解析德国、日本长期护理保险制度的差异[J].东北亚论坛,2007(1):39-44.
⑤ 戴卫东,石才恩.韩国老年长期护理政策新动向[J].中国卫生事业管理,2008(1):66-69.
⑥ 戴卫东.以色列长期护理保险制度及评价[J].西亚非洲,2008(2):46-50.
⑦ 荆涛.长期护理保险理论与实践研究:聚焦老龄人口长期照料问题[M].北京:对外经济贸易大学出版社,2015.
⑧ 戴卫东,石才恩.韩国老年长期护理政策新动向[J].中国卫生事业管理,2008(1):66-69.
⑨ 赵琨,王子苏,苏昕.商业保险公司经办长期护理保险主体间关系与困境研究:基于公共服务链理论[J].中国农村卫生事业管理,2021(11),782-788.
⑩ 陈晓安.公私合作构建我国的长期护理保险制度:国外的借鉴[J].保险研究,2010(11):55-60.
⑪ 孙正成,兰虹."社商之争":我国长期护理保险的供需困境与出路[J].人口与社会,2016(1):83-93.

险制度中的功能定位(制度供给者、调控监管者、最终责任者)为起点,对长期护理保险涉及的主要法律制度进行分析探讨。首先分析长期护理保险制度的现实基础与功能意义,指出我国建立长期护理保险制度的必要性与意义;其次以社会法治国理论、基本权利理论、给付行政理论为切入点阐述长期护理保险立法的法理依据;再次分析长期护理保险的立法模式选择和立法进路;随后通过分析国家在社会保障中的角色变迁,从宏观、中观、微观层面建构我国长期护理保险管理体制;最后从长期护理保险资金筹集运行、保障对象、服务供给、护理服务给付四个方面详细分析长期护理保险法律制度的规范内容。

(二)研究内容

长期护理保险法律制度设计主要包括资金筹集、需求评估和服务供给等方面[①]。围绕这三个方面的内容,本书研究内容如下:

1.长期护理保险制度的必要性与功能意义

从人口因素、经济社会因素、制度因素和观念因素四个方面分析我国建立长期护理保险制度的现实基础;从长期护理保险制度的社会功能和经济意义维度论证长期护理保险制度在老龄化社会背景下缓解失能照护社会性难题。

2.长期护理保险立法的法理依据

从社会法治国理论、基本权利理论和给付行政理论三个方面分析长期护理保险立法的法理依据。

3.长期护理保险立法模式

分析比较现有长期护理保险制度的三种模式——社会救助型、社会保险型、社会福利型,结合我国实际,指出我国应选择社会保险型长期护理保险模式;介绍社会保险型国家或地区长期护理保险立法的两种模式——保险、服务分立和保险、服务合一,在比较分析两种模式利弊的基础上,提出我国长期护理保险立法应选择保险、服务合一模式;阐述我国长期护理保险立法进路,提出以《社会保险法》为基本法,通过授权条款完成长期护理保险资金筹集、服务对象、服务供给和护理保险给付配套立法的思路。

4.长期护理保险管理体制

长期护理保险管理体制是国家有关长期护理保险的组织机构、人员编制、职责划分的总称。本书将阐释国家在社会保障中的角色变迁,认为国家在社会保障制度中发挥的功能大致经历了一个从置身事外者——一线责任者——二线责任者的过程,在此基础上,指出国家在长期护理保险制度的角色定位应为制度供给者、调控监管者和最终责任者;立基于国家定位进一步探讨中央与地方在长期护理保险制度中的分工,并从微观上具体分析长期护理保险的两个关键内容——资金和服务的组织管理形态。

5.长期护理保险资金筹集运行

本书将分析长期护理保险筹资模式,并结合我国实际,指出我国应采取多元化筹资方

① COHEN M A.Emerging trends in the finance and delivery of long-term care:Public and private opportunities and challenges [J].The Gerontologist,1998,38(1):80-89.

式;具体阐释社会保险、财政补助、服务对象付费三种筹资方式中需要通过法律予以规范、明确的内容;介绍长期护理保险基金的三种运行模式——随收随付制、完全提存准备金制和部分提存准备金制,再结合我国社会保障实际,指出我国应选择部分提存准备金制。

6.长期护理需求评估

需求评估是长期护理保险给付的"阀门",应作为服务对象准入的标准,同时,建议基于需求评估,实行服务对象分级,根据分级情况进行保险给付。为确保需求评估的科学性和公正性,建议在社保部门主管下确定权威的评估机构,评估成员应吸收相关专业人士参加;应确定统一、科学的评估工具和评估程序,建立申诉制度,维护申请人权利。

7.长期护理保险给付

长期护理保险给付法律制度是有关长期护理保险给付方面的法律规范的总称,包括给付原则、给付方式和给付监管等内容。本书将分析长期护理保险给付的四个原则——实物给付优先、居家给付优先、尊重服务对象自决权和城乡均等化;围绕给付基本原则,构建长期护理给付的具体法律制度;阐释给付监管法律制度,通过加强立法规制和合同监管、制定服务质量标准和核查办法等确保长期护理保险给付符合规定,维护保障对象权利。

8.长期护理服务供给

长期护理服务供给法律制度是对服务供给者进行规制的法律规范的总称。本书通过介绍福利多元化的背景与内涵,阐释长期护理服务多元化供给的原因与实践及其对社会保障法的意义;分析与长期护理服务极为相似的养老服务多元化供给现状,为长期护理服务多元化供给提供借鉴;指出我国长期护理服务多元化供给的具体法律制度构建,包括长期护理服务机构准入法律制度、公共性维持法律规制、公私合作治理的法律规制及纠纷的快速解决、非营利组织及家庭非正式护理促进法律制度、长期护理服务人员法律规范。

9.长期护理服务对象权利保障

失能人员成为保障对象后,其权利是否能够充分实现,还需要建立相应的保障对象权利保障法律制度,否则保障对象的各种权利极易成为"空中楼阁",长期护理社会保障制度的制度初衷难以实现。本书从完善成年监护制度、加强护理服务合同法律规制(格式合同、消费者权利)、服务对象隐私保护、强化损害救济及申诉调节、信息公开制度和国家转介安置义务等方面探讨长期护理服务对象的权利保障体系。

10.长期护理服务人员管理规范与权利保障

长期护理作为一种劳动力密集型的"爱的服务"产业,服务人员素质的高低决定了服务质量的高低[①]。本书从执业资格规范、执业培训规范和权利保障规范等探讨了长期护理服务人员的管理规范与权利保障,其中执业资格规范在准入环节把关服务人员的素质,执业培训规范则通过在执业过程中相关培训的要求确保长期护理服务人员及时更新知识,权利保障规范通过良好执业环境的营造确保高素质服务人员继续从事长期护理服务。

---

① 李雅琳.长期照护人才培育的台湾经验[J].中国社会工作,2010(32):56-57.

11.人工智能赋能长期护理保险及其法律规制

人工智能可有效提高长期护理保险制度的效率、缓解护理资源紧缺、提高护理服务质量等,但也会引发诸如服务对象隐私泄露风险、服务对象信息泄露风险、服务对象数字权利不易实现、服务对象自决权受侵、服务致损责任如何分配等一系列法律问题,这些问题的解决可参照传统长期护理保险中的规制方案,部分则需要通过新的立法或进行法律解释予以解决。

(三)研究方法

1.实证分析方法

长期护理保险是基于社会现实需要解决社会成员实际生活问题的一项制度,对长期护理保险法律制度的研究,必须以实证分析为基础。本书着眼当前社会现实需要,通过调查研究掌握数据、实例、经验等实证材料进行分析研究。

2.比较分析方法

自1967年荷兰长期护理保险立法开始,长期护理保险法律制度迄今已发展了50多年,对推动长期护理保险事业和产业的发展起到了重要作用。国外理论界对长期护理保险法律制度进行了较为深入的探讨,并取得了一系列丰硕成果,我国目前正处于长期护理保险法律制度探索阶段,有必要加强对国外理论和立法实际的研究。本书结合我国经济发展水平和社会保障制度现状,筛选出符合我国长期护理保险法律制度建设需要的相关具体制度,为我国构建长期护理保险法律制度提供有益借鉴和参考依据。

3.经济分析方法

社会保障是国家对社会财富的二次分配,其除需考虑人民生活需要外,最重要的还是要尊重市场规律。社会保障制度本身就是经济制度和法律制度的结合体,因此长期护理保险法律制度的研究必须结合经济学理论。特别是近些年随着以哈耶克为代表的新自由主义经济理论的兴起,社会保障领域出现了福利多元主义思潮,其对德国、日本等国家的长期护理保险制度产生了深远影响,我国政府在社会保险领域也开始重视市场的作用,《长期护理保险试点意见》提出要在资金筹集和服务供给上探索多元化路径,这都要求对长期护理保险法律制度的研究必须结合经济分析的方法。

四、可能的创新之处

任何制度都是在社会现有实际基础上做出的改进,有关制度的研究也都是在实践和既有理论基础上进行的细微修改。纵然如此,本书仍做出了创新尝试,主要体现在以下三个层面。

(一)研究的系统性较强

从宏观角度来看,虽然自荷兰建立长期护理保险法律制度至今已有50多年,且国内已有学者从社会学、人口学、管理学和经济学等角度对长期护理保险制度进行了译介、探究,但有关我国长期护理保险法律制度的系统性研究却鲜有涉及。本书以长期护理保险法律制度为研究对象,对长期护理保险法律制度中的相关具体法律规范展开分析、研究,并提出构建我国长期护理保险法律体系的路径和措施,在我国法学理论界较具新颖性。

(二)研究的逻辑理路较新

从中观角度来看,在对现有社会保障理论进行深入研究的基础上,就国家在社会保障中的功能定位提出了新的见解,认为受福利多元主义思潮影响,国家已从社会保障的"一线"向"二线"转移,国家在社会保障中主要承担的是制度供给者、调控监管者和最终责任者功能,这也构成了本书研究的逻辑思路。

(三)部分观点较新

从微观角度来看,在具体有关长期护理保险法律规范的建设上,进行了一些创新性尝试。如提出服务供给者造成服务对象权利侵害时,所承担的责任是最终责任而不是国家赔偿责任;在筹资模式上,应明确规定政府的最低出资,而不能如当前《社会保险法》仅作兜底规定;在长期护理服务多元化供给背景下,公私合作治理应引入双阶理论,以理顺二者关系等;在人工智能时代,探讨了人工智能赋能长期护理保险可能带来的法律风险并提出了相应的法律规制对策。

第一章　长期护理保险制度构建的必要性与功能意义

长期护理保险制度是应对人口老龄化的一项重要措施[1]，目的是使失能者能够体面尊严地生活，减轻家属负担[2]。无论在荷兰、德国还是日本，长期护理保险制度的建立都是以需求为导向进行的供给侧结构性改革。我国当前面临的人口、经济等形势与德日等国建立长期护理保险制度时相似，长期护理保险制度不仅可以有效破解失能人员护理的困局，而且对促进经济和社会发展具有重要意义。

一、长期护理保险制度构建的必要性

任何一项制度的构建都必须以现实需求为导向，我国构建长期护理保险制度主要是由我国现阶段的人口因素、经济社会因素、制度因素和观念因素等决定的。

(一)老龄化进程加快，失能人口增多

长期护理保险的保障对象是失能人员，人口因素是构建长期护理保险制度的直接动因[3]。老年人口构成了失能人员的主体，一方面因为人体机能随着年龄老化而下降，老年群体逐渐失去自我照顾能力；另一方面老年群体也是一些慢性疾病的高发人群，因此其自我照顾能力被进一步削弱。如德国健康部提供的资料显示，德国60岁以上人口护理需求发生率分别为60岁以上为0.8%、60~80岁为4.7%、80岁以上高达29%[4]。随着我国老龄化进程不断加快，护理需求人数逐年增多。

1.老龄化进程加快，老年人口数量巨大

随着社会经济的快速发展和医疗水平的显著改善，我国人均预期寿命从中华人民共和国成立初期到现在已经发生了巨大变化，从1949年的35岁提高到2020年的77.8岁(图

① 陆杰华.新时代积极应对人口老龄化顶层设计的主要思路及其战略构想[J].人口研究,2018(1):21-26.
② 赵雅冰.德国长期护理保险制度研究:基于国际比较的视角[D].南昌:江西财经大学,2019.
③ 曹璞.老龄化背景下我国家庭老年人口对经济增长的正向效应研究[D].西安:西北大学,2021.
④ 陈明芳.福利国家的重构:以德国长期照护保险制度的建置与改革为例[J].台大社工学刊,2012(25):157-207.

1.1），人均预期寿命大幅度提高，实现了翻倍。而随着人均预期寿命的提高，老年人口占社会总人口的比例逐渐提升，老龄化社会随之到来。

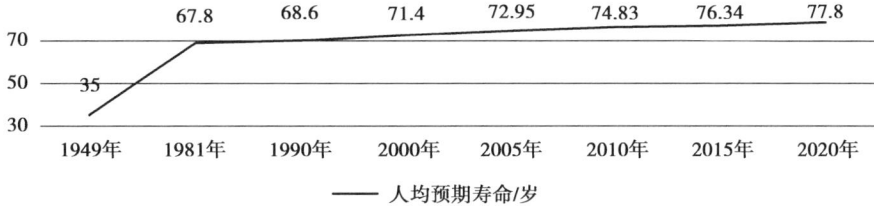

图 1.1　1949—2020 年人均预期寿命

Fig 1.1　Average life expectancy，1949-2020

数据来源：国家统计局网站。

根据 1956 年联合国《人口老龄化及其社会经济后果》确定的划分标准，一个国家或地区 65 岁及以上老年人口数量占总人口比例超过 7% 时，就意味着这个国家或地区进入老龄化[1]。2001 年[2]，我国 65 岁以上人口数量占总人口比例首次超过 7%，此后老龄人口逐渐增加，老龄化率逐年上升。而根据联合国的预算，我国老龄化率还将不断升高，2035 年将超过 20%，届时将面临 5 个劳动人口抚养 1 个老年人口的局面；到 2045 年将达到 26.03%，意味着 4 个劳动人口抚养 1 个老年人口，如图 1.2 所示。

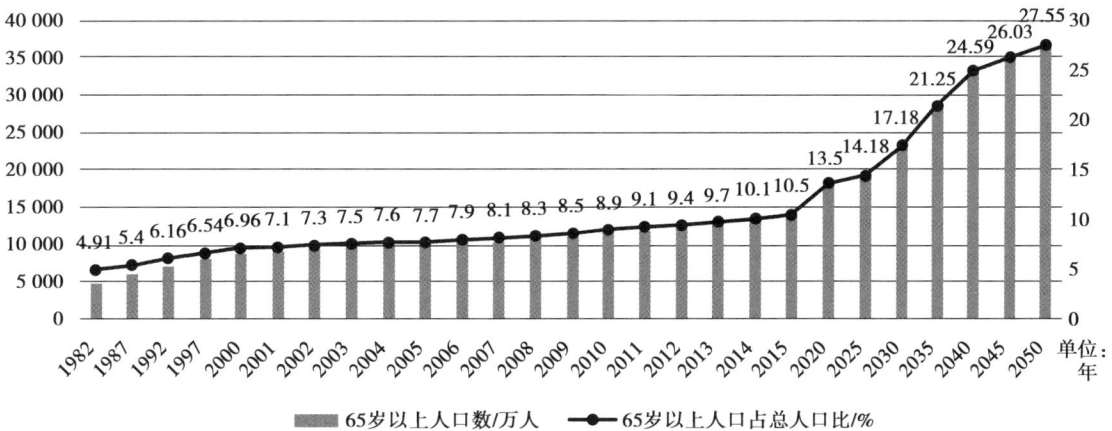

图 1.2　我国 65 岁以上人口数及占总人口比

Fig 1.2　The number of people over 65 years old and its share in China

数据来源：国家统计局网站；2025 年及之后数据来源于联合国的预测。

根据图 1.2 不难发现，我国老龄化进程呈现出两个显著特点：

①老龄化进程不断加快。从 1982 年到 2000 年，老年人口占比仅增长了 2 个百分点，而从 2001 年开始进入老龄化社会到 2015 年，老年人口占比便增长了 3.4 个百分点，这决定了

[1]　杜霞,周志凯.长期护理保险的参与意愿及其影响因素研究:基于陕西省榆林市的微观样本[J].社会保障研究,2016（3）:41-50.

[2]　老龄化社会判断标准较多,如根据 1982 年维也纳老龄问题世界大会的意见,60 岁及以上老年人口占总人口比超过 10% 时,意味着该国家或地区进入老龄化社会。根据国家统计局统计数据,我国 2000 年 60 岁以上老年人口占总人口比为 10.46%,因此根据 1982 年维也纳老龄问题世界大会确定的标准,我国进入老龄化社会的时间为 2000 年。

我国必须尽快形成长期护理保险制度框架。

②老年人口绝对数量巨大。2001年进入老龄化社会时老年人口数量就已超过9 000万,到2020年底,老年人口高达1.906亿,快突破2亿,这与已经建立了长期护理保险制度的国家相比,2020年我国仅老年人口数量就比日本建立长期护理保险当年总人口数量多7 000万,是德国建立长期护理保险制度当年总人口的2.3倍,是荷兰建立长期护理保险制度当年总人口的10.9倍,这要求在建立长期护理保险制度时必须立足实际,量力而行,构建符合我国国情的长期护理保险制度。

2.疾病转型,失能人口逐渐增多

近年来,社会生活水平的提高和医疗水平的进步明显改变了人群的主要疾病谱,各种慢性疾病如高血压、脑血管疾病、心脏病、关节炎、冠心病等患病率呈逐年上升趋势。国家卫生健康委统计信息中心《2018年全国第六次卫生服务统计调查报告》显示,过去30年,随着我国老龄化的程度的不断加深、人的平均预期寿命逐年提高,15岁以上人口慢性病发病率呈逐年上升趋势,且增幅明显,而在2018年的调查中,尤其需要关注的是农村慢性病率(35.2%)已经超过了城市(33.5%),这为医疗卫生、养老服务本就较弱的农村慢性病护理提出了更高的要求,如图1.3所示。

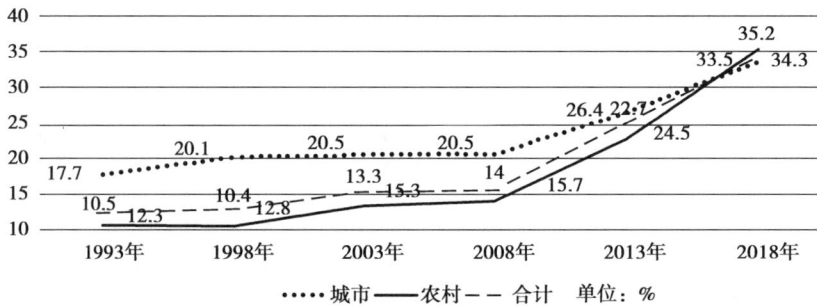

图1.3 我国15岁及以上人口慢性病患病率

Fig 1.3 Prevalence rate of chronic diseases in 15 years old and above population in China

数据来源:国家卫生健康委统计信息中心.2018年全国第六次卫生服务统计调查报告[R].北京:人民卫生出版社,2021.

慢性疾病通常会影响病患的生活质量,严重者会使病患失去生活自理能力,成为失能或半失能人员。特别是在老年群体中,随着年龄老化,人体机能明显下降,抵抗力减弱,老年人成为慢性病的高危群体(表1.1)。

表1.1 我国15岁及以上人口性别、年龄组慢性病患病率 单位:%

Table 1.1 Prevalence of chronic diseases by sex and age in 15 years old and above population in China

年龄组/岁	合计		城市		农村	
	男性	女性	男性	女性	男性	女性
15~24	4.0	3.3	3.6	3.3	4.4	3.3
25~34	8.1	6.2	7.3	5.3	9.2	7.5

续表

年龄组/岁	合计		城市		农村	
	男性	女性	男性	女性	男性	女性
35~44	16.2	14.0	14.8	11.0	17.9	18.1
45~54	30.6	31.9	30.1	28.2	30.9	35.5
55~64	46.8	49.9	47.8	48.4	45.7	51.6
≥65	59.6	65.0	61.8	66.6	56.9	63.1
合计	33.6	34.9	33.6	33.4	33.6	36.8

数据来源:国家卫生健康委统计信息中心.2018年全国第六次卫生服务统计调查报告[R].北京:人民卫生出版社,2021.

　　而随着上述与老龄化相关的慢性病发病率的上升,残疾和失能的发生率也随之上升(表1.2),严重威胁着老年人的健康与生命,很多老年人因此卧床不起,需要更多的医疗服务与护理服务。国家卫生健康委统计信息中心《2018年全国第六次卫生服务统计调查报告》显示,截至2018年底,我国老年群体失能率为6.7%,失能老年总人口为1 121万人,其中轻度失能老人有636万人,中度失能老人有184万人,重度失能老人有301万人[①]。

表1.2　老年人日常生活能力情况　　　　　　　　单位:%

Table 1.2　The ability of daily living of the elderly

失能程度	合计	城市				农村			
		小计	东部	中部	西部	小计	东部	中部	西部
完全自理	93.3	94.0	94.9	93.4	93.5	92.4	93.9	92.0	91.6
轻度失能	3.8	3.3	2.6	3.5	4.0	4.3	3.4	4.3	5.2
中度失能	1.1	1.0	0.9	1.2	1.0	1.3	0.9	1.5	1.3
重度失能	1.8	1.7	1.6	1.9	1.5	2.0	1.8	2.2	1.9

数据来源:国家卫生健康委统计信息中心.2018年全国第六次卫生服务统计调查报告[R].北京:人民卫生出版社,2021.

---

① 需要说明的是,关于失能的计算采用不同的测量工具得出的结果存在差距,国家卫生健康委统计信息中心在全国第六次卫生服务统计调查中使用的是Kataz量表。运用其他方法统计可能会有差别,如早在2008年,中国老年健康影响因素跟踪调查统计便显示,中国65岁及以上老人中度以上失能率为12.3%,其中,65~69岁年龄组中度以上失能率为4.0%,70~74岁年龄组为7.4%,75~79岁年龄组为13%,80~84岁年龄组为20.9%,85岁及以上年龄组为62.4%(详见曹信邦.中国失能老人公共长期护理保险制度的构建中国行政管理[J].中国行政管理,2015(7):66-69);又据全国老龄办发布的《第四次中国城乡老年人生活状况抽样调查成果》,截至2015年底,我国60岁以上处于失能、半失能状态的老人达4 063万人,占60岁以上总人口的18.3%。中国老龄科学研究中心课题组的研究也发现,自2000年以来我国失能人口数量呈逐渐上升趋势,其中重度失能老人数量增幅明显。据估计,到2030年,我国失能老人数量将达6 168万人,而到2050年,失能老人数量将达到9 750万人,逼近1亿大关(详见全国老龄工作委员会办公室总报告起草组.国家应对人口老龄化战略研究总报告[J].老龄科学研究,2015(3):4-38);而中国保险行业协会和中国社会科学院联合发布的《2018—2019中国长期护理保险调研报告》,则显示,截至2019年底,我国共计有失能老人4 000万人,约占老年人口数的11.8%,其中有192万人为重度失能老人,350万人为中度失能老人(详见阳义南.社会保障支持衔接机构型医养结合服务及其"梗阻"破除[J].华中科技大学学报(社会科学版),2021,35(5):19-26)。

(二)人口结构变迁,老年抚养比逐年上升

1.少子化现象明显,劳动力人口占比呈下降趋势

受计划生育政策和社会生活方式及观念变迁影响,我国人口自然增长率呈逐年下降趋势,少子化现象明显,劳动力人口占总人口比逐年下降。人口学研究上,将一个社会15岁以下人口占总人口的比例作为判断社会进入少子化的标准:比例在18%~20%,为少子化;比例在15%~18%,为严重少子化;比例在15%以下,属于超少子化。[①] 我国自2006年进入少子化阶段,2009年进入严重少子化阶段。劳动力人口占总人口比方面,在2010年达到峰值之后,呈逐年下降趋势,如图1.4所示。

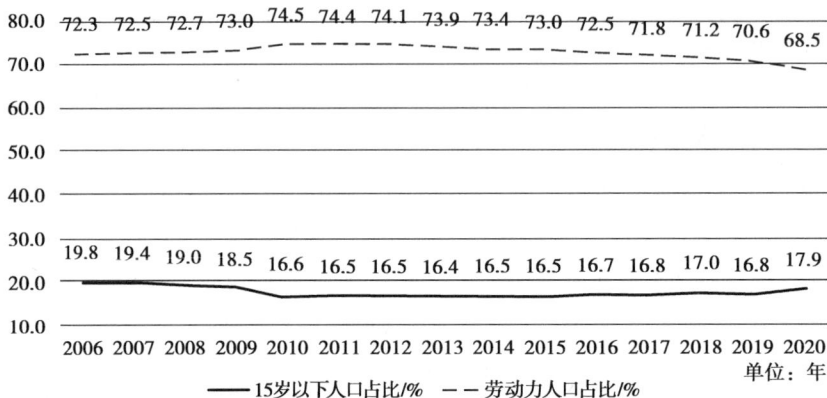

图 1.4　我国 15 岁以下人口、劳动力人口占总人口比

Fig 1.4　The ratio of population under 15 years old and labor force population to total population

数据来源:国家统计局网站。

虽然我国分别在2011年11月、2013年11月、2015年12月相继出台了"双独二孩""单独二孩"和"全面二孩"政策,但提高人口出生率的效果并不明显。其中2015年12月"全面二孩"政策颁布后,仅在次年,人口出生率迎来了一次小高潮,但自此以后从2017—2020年,人口出生率却迎来了"四连跌",特别是在2020年因疫情[②]原本预测的人口出生小高潮并未到来,反而是下降趋势更加明显,少子化趋势进一步加剧,劳动力人口减少趋势进一步凸显,如图1.5所示。

2.老年抚养比逐年上升

老年抚养比是从经济角度反映人口老化社会后果的指标,是老年(65岁及以上)人口数与劳动力人口数[③]的比值。比值越大,说明养老压力越大。近年来,随着我国人口结构的变迁,老年抚养比呈逐年上升趋势,养老压力越来越大,越发凸显构建长期护理保险制度的必要性。特别是自2015年以来,随着我国老龄化的进一步加剧,以及少子化趋势的进一步明显,老年抚养比进一步呈逐年上升趋势,其中在2020年已快接近20%,如图1.6所示。

---

① 黄春元.人口老龄化对我国财政稳定性影响的定量解析[J].西北人口,2015,36(2):13-19.

② 张翠玲,李月,杨文庄,等.新冠肺炎疫情对中国出生人口变动的影响[J].人口研究,2021(3):88-96.

③ 国际上一般把15~64岁人群列为劳动年龄人口,我国则分性别规定男16~59岁、女16~54岁人群为劳动年龄人口。为便于与其他国家、地区进行比较,本书采用的是国际上通行的15~64岁标准。

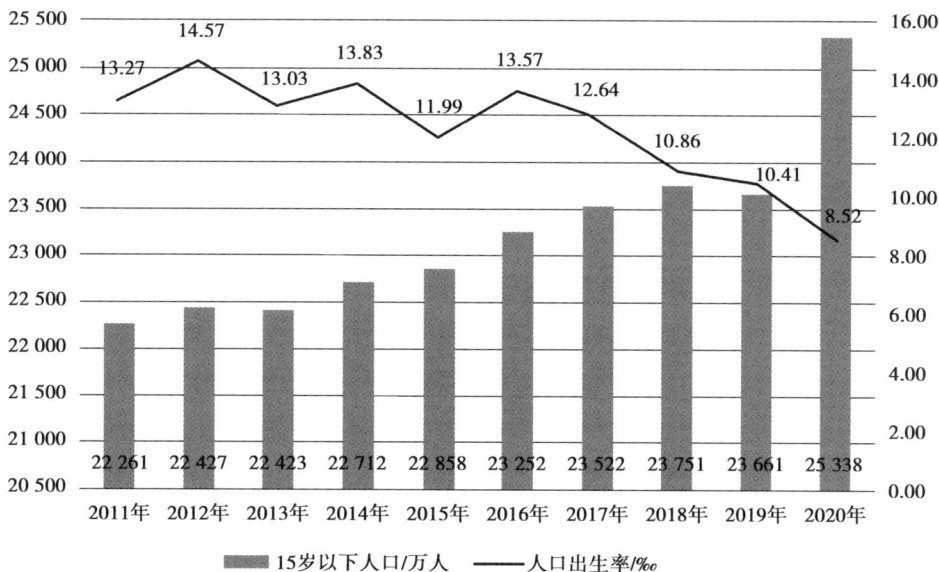

图 1.5 人口政策调整以来人口出生情况

Fig 1.5 Population births since the adjustment of population policy

数据来源:国家统计局网站。

图 1.6 我国老年抚养比变化情况

Fig 1.6 Changes of China's old-age dependency ratio

数据来源:国家统计局网站。

(三)未富先老,家庭护理功能式微

社会经济的发展,使原本发挥主要作用的家庭护理功能式微①,失能风险逐渐由个人/家庭风险转变为社会性风险。具体而言,经济发展的阶段性使我国老龄化呈现出未富先老的特征,个人/家庭无力承担高昂的护理成本;家庭结构小型化,导致大量空巢家庭出现,老人护理成为社会性难题;家庭护理人力不足,护理难度大,家庭护理功能被进一步削弱。

1.未富先老,护理成本高昂

未富先老是我国老龄化社会的一个重要特征。早在 20 世纪 80 年代,就有学者提出我国要警惕未富先老现象。由于我国 20 世纪 70 年代初全面推行计划生育政策,到 80 年代末,劳动力人口占总人口比明显下降,老年人口占总人口比呈逐年上升趋势。但此时,我国的市场经济刚刚起步,整体经济水平还较低,国家还处在发展初期。学者通过与较早进入老

---

① 吴飞.代际支持失衡背景下家庭养老困境及社会化居家养老模式研究[D].南京:南京大学,2015:31.

龄化社会的国家对比发现,我国进入老龄化社会时,人均国民收入仍处于较低水平[①]。从表1.3即可看出,我国在进入老龄化社会时,即使不考虑实际购买力,当年人均 GDP 仅是 1944年美国进入老龄化社会时的 64%,是韩国进入老龄化社会时的 10%。全世界总体上亦于2001 年进入老龄化社会,但当时的人均 GDP 为我国的 5 倍。湖北省老龄办曾对 1 704 名失能老人进行抽样调查,发现家庭收入较好的仅有 176 人,占 10.3%;中低收入家庭 1 241 人,占 72.89%;困难家庭 287 人,占 16.81%[②]。

表 1.3　世界和部分国家进入老龄化社会时人均 GDP
Table 1.3　GDP per capita at the time when the world and some countries enter aging society

国别	进入老龄化年份/年	当年人均 GDP/美元
美国	1944	1 623
日本	1970	1 964
韩国	1999	10 400
中国	2001	1 042
世界	2001	5 353

我国进入老龄化社会时,除总体收入水平较低外,还有两点需要注意:一是我国老年贫困现象突出,根据第六次国家卫生服务调查统计,2018 年,在低收入群体结构中,65 岁以上人口占比最大,达到 22.4%[③];二是我国农村老年人口数量大,贫困率高,但相应的社会保障又较为滞后,农村老年人口贫困问题亟待解决。与收入低相对应的是失能人员的护理成本长期居高不下。从国家统计局的人口和就业统计中不难发现,近 5 年,隶属于"居民服务、修理和其他服务业"大类的家庭服务(雇用家庭雇工的家庭住户和家庭户的自营活动,以及在雇主家庭从事有报酬的家庭雇工的活动,包括钟点工和居住在雇主家里的家政劳动者的活动)人员年人均工资占社会总平均工资的 70% 多;而属于"社会工作"大类的护理机构服务(各级政府、企业和社会力量兴办的主要面向老年人、残疾人提供的专业化护理的服务机构的活动)人员年人均工资比社会总平均工资高出 10 个百分点(图 1.7)。

这造成部分低收入群体因经济困难难以接受有效的护理服务甚至医疗服务。如 2018年第六次国家卫生服务调查发现,低收入人口需住院者中有 26.2% 因经济困难而未住院,与全人口 20.9% 相比,低收入人口需住院未住院的比例高 5.3 个百分点[④]。

---

① 邬沧萍.漫谈人口老化[M].沈阳:辽宁人民出版社,1987:36-37.
② 湖北省省老龄办、中南财经政法大学联合课题组.关于湖北省失能老人长期照护问题的调查报告[R/OL].(2015-06-12)[2020-12-30].湖北老龄网.
③ 国家卫生健康委统计信息中心.2018 年全国第六次卫生服务统计调查报告[R].北京:人民卫生出版社,2021:136.
④ 国家卫生健康委统计信息中心.2018 年全国第六次卫生服务统计调查报告[R].北京:人民卫生出版社,2021:143.

单位：元

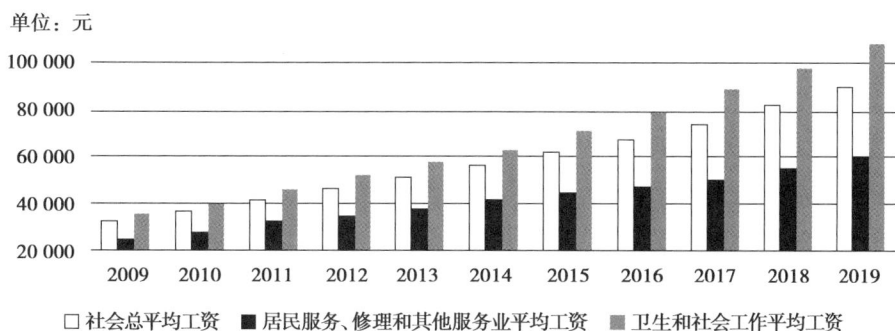

图 1.7　我国 2009—2013 年护理服务工资对比

Fig 1.7　Comparison of nursing service wages in China in 2009-2013

数据来源：国家统计局人口和就业统计司.中国人口和就业统计年鉴 2020［M］.北京：中国统计出版社,2020.

2.家庭规模缩小,空巢家庭增多

家庭养老在我国养老体系中发挥着重要作用,但是近年来受计划生育政策和社会经济发展影响,我国家庭结构逐渐向小型化核心家庭方向发展,使家庭养老功能逐渐丧失。

据国家统计局年度抽样统计数据显示,自 20 世纪 70 年代末、80 年代初开始,我国平均家庭户规模呈逐年下降趋势,并于 2014 年跌破户均 3 人。而在历次人口普查数据中,平均家庭户规模下降更为明显,其中最近的"七普"数字显示,户均人口仅为 2.62,我国的家庭以核心家庭为主特征明显,老年空巢家庭大量出现（图 1.8）。《中国家庭发展报告（2015 年）》显示,空巢老人占老年人总数的一半,其中,独居老人占老年人总数的近 10%,仅与配偶居住的老人占 41.9%。分年龄段空巢老人统计中,60~64 岁空巢老人占比 37.6%；65 岁以上老人空巢比例达 36.2%。传统的家庭养老在今天几乎难以发挥作用。

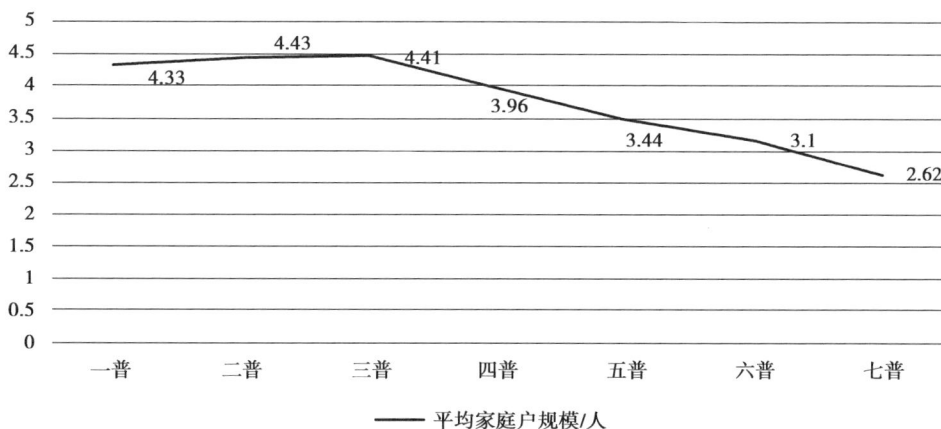

图 1.8　我国平均家庭户规模变迁

Fig 1.8　The average household size change in China

数据来源：国家统计局网站。

3.家庭护理人力不足,护理难度增大

自我国全面推行计划生育政策以来,因生育子女数减少,目前多呈现"4-2-1"的家庭模式,即一对已婚夫妇,上面有 4 个老人需要照顾,下面有 1 个孩子需要抚养。目前随着计划

生育政策的转变,除"4-2-1"模式外,"4-2-2"或"4-2-3"家庭模式有可能大量存在,这既给家庭护理带来了沉重的人力负担和经济负担,也造成了家庭护理人力的两难境地。

(四)现有相关制度成效不彰

1.养老服务制度

《2020年国民经济和社会服务发展统计公报》显示,截至2020年底,全国提供住宿的社会服务机构①共有4.1万个,总床位数515.4万张,收留抚养235.6万人。从统计数据不难发现两个相互矛盾的问题:一是即使不考虑其他社会服务需求,总床位数只占失能人口数(10 867万)②的约4.7%,未充分用于失能人员护理;二是实际床位使用率仅为45.7%,床位大量闲置。这一矛盾局面出现的原因有以下三个:

①相当一部分社会服务机构收费较高。在4.1万个提供住宿的社会服务机构中有1.8万个是民办非企业单位,这类单位在软硬件配置上较事业单位性质的机构好,但其费用也明显高于后者,造成部分收入较低的失能人员无法选择入住③。

②社会服务机构服务质量难以保证。在1.8万个事业单位性质的机构中,虽其收费较为低廉,但软硬件配置较差,如未配备专业医生、康复理疗室等,使服务质量难以保证,失能人员不愿入住④。

③职能定位不清造成资源使用错位。养老机构特别是养老护理机构与医疗机构之间的关系没有厘清,造成部分仅需要护理的轻度失能老人选择在医疗机构进行治疗,而医疗服务通常是"高门槛""专业化"的服务,服务价格一般要高2~3倍⑤。此外更为严重的问题是医保支付未打通医疗与护理通道,也未全面向民办机构开放,加剧了这一情形,这一点将在下文详细论述。

2.医疗保险制度

现行的医保支付制度、公立医院补助制度和"两头管理"模式造成"社会性住院"、过度医疗问题突出,有必要通过长期护理保险制度重构这一格局。

所谓"社会性住院",是指虽然医学上认为无住院治疗必要,但因无人护理或家庭、社会资源不足等医疗外因素而住院。我国于1998年、2003年和2007年分别建立了城镇职工医疗保险、新型农村合作医疗保险和城镇居民医疗保险,这三类医疗保险的支付范围都不包括因失去生活自理能力而产生的护理费用。但在实际生活中,因现行的医保支付制度和公立医院补助制度缺陷,反而造成"社会性住院"问题突出⑥。

---

① 统计范围以在市场监管、编办和民政部门办理了注册登记手续的为准。
② 该失能人口数据源自北京大学人口研究所所长郑晓瑛教授团队所作研究。详见 LUO Y N,SU B B,ZHENG X Y. Trends and challenges for population and health during population aging—China,2015 - 2050[J].China CDC Weekly,2021, 3(28):593-598.
③ 刘金涛.老年人长期护理保险制度研究[M].北京:科学出版社,2014:53.
④ 刘金涛.老年人长期护理保险制度研究[M].北京:科学出版社,2014:53.
⑤ 北京义德社会工作发展中心课题组.长期照护保险:国际经验和模式选择[J].国家行政学院学报,2016(5):42-48.
⑥ 阳义南.社会保障支持衔接机构型医养结合服务及其"梗阻"破除[J].华中科技大学学报(社会科学版),2021(5):19-26.

　　首先在医保支付制度方面,虽然根据规定,凡是医保定点医疗机构都可以获得医保基金给付,但民办医疗机构获得医保定点资格非常艰难,医保支付的主要对象仍然是公办医疗机构,即便是只需接受简单护理服务的轻度失能人员也会选择进入公立医院治疗。再加上我国当前的医保报销费用仅限于医药和住院费用,不包括康复和护理费用或报销比例极低,而对于失能老年人,是康复护理还是医疗护理很难界定,疾病是否在医保范围内难以把握,因此即使轻微的属于护理范畴的也可能进入医院治疗,以便通过医保报销费用,即俗称的"压床"现象①,由此"社会性住院"问题突出。

　　其次在公立医院补助制度方面,因为补助制度的缺陷,造成医院愿意配合甚至合谋"社会性住院"。中华人民共和国成立以来,政府对公立医院的财政补偿制度历经多次改革,总体思路上呈现出刚性补偿力度不断下降的趋势,从最初的财政全包,到包床位、包人员,再到2000年以后的仅补偿离退休人员经费,财政承诺的刚性支出范围不断收窄。医院主要收入来源仅剩下医疗和药品收入,而由于我国历来医疗收费偏低,使医院只有通过药品收入进行弥补。对可以通过医保报销的老年失能人员而言,多开药、多住院成为常态,过度医疗现象突出。有统计显示,医保目前已成为医院收入的主要来源②。

　　这种"社会性住院"现象造成了严重的医疗资源浪费,部分亟须治疗的病患没有床位,占有床位的病人又没有亟须治疗的疾病;二、三级公立医院提供简单的护理服务,民办护理机构却供给过剩。因此,日本建立护理保险制度的目的之一即解决这种"社会性住院"难题③。

　　此外,因医疗护理和养老护理分属卫生部门和民政部门主管,这种"两头管理"模式容易造成制度隔阂,难以整合资源、优化资源配置效率,且易陷入"两头不管理"情形,不利于保障失能人员的权益。

　　3.社会救助制度

　　通过现有的社会救助制度提供长期护理服务缺点较为明显,主要表现在以下几方面:

　　①服务范围过狭。社会救助对象仅为无劳动能力、无生活来源且无法定赡养、抚养、扶养义务人,或者其法定赡养、抚养、扶养义务人无赡养、抚养、扶养能力的老年人、残疾人以及未满16周岁的未成年人。大量的经济困难失能人员无法达到此标准。

　　②服务层次较低。社会经济发展水平推动了社会保障目标的转变,以往"保障每一个体维持一般生活水平"的目标已经不适应今天的社会保障要求,社会保障向着内容日益包罗万象、规模空前扩大、制度日臻完善的方向发展④。社会救助在社会保障体系中的功能定位是提供临时性、突发性的救助,不能满足为失能人员提供常态化、长期性生活保障的要求。

　　③财政负担过重。社会救助资金主要靠国家财政支付,没有多元化的筹资渠道,给政府造成了较重的财政负担。此外,社会救助因需经调查、评估、审核等程序,制度运行成本也较

①　阳义南.社会保障支持衔接机构型医养结合服务及其"梗阻"破除[J].华中科技大学学报(社会科学版),2021(5):19-26.

②　朱恒鹏,昝馨,向辉.财政补偿体制演变与公立医院去行政化改革[J].经济学动态,2014(12):61-71.

③　李麒.日本长期照护保险制度之建构[J].法学新论,2013(45):17-40.

④　刘翠霄.社会保障制度是经济社会协调发展的法治基础[J].法学研究,2011(3):38-55.

高。长期护理保险制度可以在一定程度上减轻社会救助财政负担,如德国在《长期护理保险法》实施前,约70%的社会救助费用被用于提供长期护理服务,造成地方政府极大的财务负担①,而在《长期护理保险法》颁布后,地方政府在社会救助上的财务负担减轻近三分之一②。

④易使保障对象标签化。民政部门对社会救助对象的资格审核通常通过调查经济收入等方式开展,这容易使保障对象标签化,进而产生"烙印"的负面效果③。

4.社区护理服务制度

社区护理服务是贯彻"在地老化"的一项重要措施,其具体内容包括日常生活照料、康复护理、医疗保健、精神慰藉等多方面。但目前该制度在我国仅处于摸索尚未正式起步阶段,所提供的服务也仅限于家政服务,对已在医院度过急性期、还需进一步恢复治疗的老年人而言,现有的"社区护理"难以满足需要。

5.商业护理保险制度

我国首次对护理保险进行法律规制是2006年保险监督管理委员会出台的《健康保险管理办法》,其将护理保险与疾病保险、医疗保险和失能收入损失保险并列为健康保险的四大险种,并明确指出所谓护理保险,是指以因保险合同约定的日常生活能力障碍引发护理需要为给付保险金条件,为被保险人的护理支出提供保障的保险。2019年中国银行保险监督管理委员会修改《健康保险管理办法》时,规定长期护理保险原则上保险期限不能少于5年。

保险公司因应市场需要,也陆续推出了一系列长期护理商业保险,如国泰人寿保险股份有限公司分别于2005年和2007年推出"康宁"和"康顺"长期护理保险,中国人民健康保险股份有限公司于2006年推出"全无忧"长期护理保险,中国人寿保险公司亦推出了"国寿康馨"长期护理保险等。总体上来看,目前我国长期护理商业保险市场面临三方面问题,无法解决失能人员的长期护理需求问题:

①开展长期护理商业保险准备不足。欠缺基础数据积累,在保险费率厘定、赔偿责任限额、护理等级鉴定等方面的精算方法尚需提高;与产品技术相关的技术力量十分有限,管理队伍不成熟,理赔技术和经验有待加强。

②保险费用高导致保险供给相对过剩。一方面,商业保险由保险公司按照盈利模式运营,其与社会保险相比,存在着保费相对较高、服务形式较为单一、保障范围过小等问题,使大多数有需要的低收入人群望而却步。另一方面,商业保险固有的逆向选择使长期护理商业保险无法通过大数法则分散风险,挤压了商业保险公司的利润空间,易使其选择退出市场。

③缺乏法律规制。法律规范的阙如使长期护理服务市场存在的法律关系一直难以理顺,遇到纠纷难以通过法律途径解决,影响了长期护理商业保险的推广。

---

① GERAEDTS M,HELLER G V,HARRINGTON C A. Germany's long-term care insurance:Putting a social insurance model into practice[J]. The Milbank Quarterly,2000,78(3):375-401.

② 陈明芳.福利国家的重构:以德国长期照护保险制度的建置与改革为例[J].台大社工学刊,2012(25):157-207.

③ 陈明芳.福利国家的重构:以德国长期照护保险制度的建置与改革为例[J].台大社工学刊,2012(25):157-207.

6.高龄津贴制度

据统计,截至 2020 年底,我国共有 80 岁及以上老人 3 580 万人,约占总人口的 2.54%[①]。为解决高龄老人养老服务资金保障问题,各省市开始建立高龄津(补)贴制度。民政部 2010 年 6 月发布的《民政部关于建立高龄津(补)贴制度先行地区的通报》(民函[2010]111 号),对各地建立高龄津(补)贴制度情况进行了通报。截至 2010 年 6 月,7 个省(区、市)级层面建立了 80 岁以上高龄津(补)贴制度;21 个地级层面建立了 80 岁以上高龄津(补)贴制度,对于提高高龄老人待遇起到了一定作用。但从公布的津(补)贴发放情况来看,这种制度仅发挥了锦上添花的作用,对于失能老人护理几乎不起任何作用。如从 80~85[②] 岁老年人津(补)贴发放标准来看,最高的是天津市西青区每人 300 元/月,最低为黑龙江省双鸭山市宝清县每人 15 元/月,其他普遍集中为每人 50~100 元/月,对改善失能老人生活状况几乎不发挥任何作用,而这部分群体正好又是亟须长期护理服务的群体。此后,随着经济发展和社会保障政策的完善,虽然在 2018 年实现了高龄津贴制度在全国各省级层面全覆盖,但在津(补)贴发放标准上仍未见明显提高。[③]

(五)孝道观念变迁,社会护理道德基础建立

观念因素对长期护理保险制度的构建也有一定的推动作用,虽然我国两千多年的孝道文化在精神内涵上一直未发生明显变化,但是在外在形式上,如养老内容、养老方式、责任主体等方面发生了较大变化。

1.孝道的不变与变

近年来,新闻报道不断出现"弃老""虐老"事件[④],使民众开始怀疑孝道文化在我国是否正在慢慢消失。事实上,这是社会发展变迁造成的一种误解。

孝道文化起于殷商,成熟于西周,至今已有 2000 多年历史[⑤],孝道文化奠定了我国养老观念深厚的文化根基,形塑了我国养老制度的基本轨迹。在最近的一项调查研究中,93.5%的受访者认为如果不能尽到赡养义务,将感到不自在,仅有 1.2%的受访者感到自在(表 1.4)。

表 1.4 我国民众对未尽赡养义务的不同态度

Table 1.4 Chinese people's different attitudes towards unfulfillment of maintenance obligations

态度	非常不自在	比较不自在	无所谓	自在	不知道
占比/%	52.3	41.2	3.1	1.2	2.2

数据来源:朱海龙,欧阳盼.中国人养老观念的转变与思考[J].湖南师范大学社会科学学报,2015(1):88-97.

随着社会经济发展和家庭结构变迁,虽然孝道内涵未变,但生产生活方式转变常使子女

---

① 国家统计局.第七次全国人口普查主要数据结果新闻发布会答记者问[EB/OL].(2021-05-11)[2021-09-18].国家统计局网站.

② 根据《中国统计年鉴 2015》,2014 年该区间老人约占 80 岁以上老人总数的 63%.

③ 民政部对"关于提高高龄津贴和资金来源的建议"的答复[EB/OL].(2018-09-19)[2021-09-18].中华人民共和国民政部网站.

④ 黄金旺.虐老事件频发下的思考(上)[J].中国工人,2013(10):31-39.

⑤ 朱岚.西周孝观念的确立及其基本特征[J].齐鲁学刊,2000(4):79-83.

处在欲尽孝道而力不足的尴尬境地,孝道的形式发生了变化。20世纪70年代末以来,随着市场在资源配置中的作用得到充分发挥,人力资源在市场配置下,个体化、原子化倾向明显,人口流动急剧加速,尤其是农村青壮年劳动力已不再遵循传统的农业生产模式,而是趋向于进城流动就业,再加上受计划生育政策影响,家庭人口急速减少,传统的家庭养老模式被打破,养老内容、责任主体和养老方式发生转变。

2.养老内容的变化

关于养老内容,《尚书·酒诰》记载,"肇牵车牛,远服贾用,孝养厥父母",突出的是"养"——用贸易得来的钱孝敬赡养父母;但孔子认为孝不仅是养,敬才是孝的核心,《论语·为政》"子游问孝。子曰:'今之孝者,是谓能养。至于犬马,皆能有养;不敬,何以别乎?'"突出敬在孝中的地位——只养不敬与犬马无异。综合来看,孝养应包括精神上和物质上的双重赡养。

养老内容受社会经济发展水平的制约。改革开放以来,我国经济取得了较大发展,社会保障制度的构建取得了一定成绩,养老的具体内容也发生了一定转变,调查显示,选择精神赡养的比例远远高于物质赡养,而生活照料也占了相当高的比例(表1.5)。

表1.5 我国民众对养老内容的态度

Table 1.5 Chinese people's attitudes towards endowment content

养老内容	物质赡养	精神赡养	生活照料
占比/%	10.1	49.9	39.8

数据来源:朱海龙,欧阳盼.中国人养老观念的转变与思考[J].湖南师范大学社会科学学报,2015(1):88-97.

不同群体对不同养老内容的需求不同,如经济条件好的老人可能更多地需要精神赡养,贫困老人更需要物质赡养,而失能老人最需要的则是生活照料。不同养老内容之间有可能产生冲突,如对于经济条件不好的家庭,选择物质赡养,则可能忽略精神赡养,在家照顾失能老人,则可能降低整个家庭的生活水平。长期护理保险制度构建的多层次养老服务体系可以有效应对这种多层次养老需求,如通过保险、财政转移支付方式筹集护理资金,以满足老人的物质赡养需要;通过社区护理、家庭护理满足老人的精神赡养和生活照料需要。

3.养老方式的变化

市场经济发展和计划生育政策打破了传统的大家庭结构,家庭规模日趋核心化和小型化,传统的家庭养老方式已经不适用,与子女共居养老只占三成不到,人们的养老方式选择趋于多元化(表1.6)。长期护理保险制度构建的多元化护理保险给付制度可以满足不同方式的养老选择需要。

表1.6 我国民众对不同养老方式的选择

Table 1.6 Chinese people's choice of different ways of old-age pension

养老方式	占比/%
(与老伴)独居养老	42.2

续表

养老方式	占比/%
与子女共居养老	30.3
社区养老	9.1
机构养老	8.1
老人互助养老	5.0
居家养老	3.4
以房养老	1.7

数据来源:朱海龙,欧阳盼.中国人养老观念的转变与思考[J].湖南师范大学社会科学学报,2015(1):88-97.

4.责任主体的变化

随着责任政府理念的传播和社会保障制度的完善,关于养老责任主体的认知也开始发生变化,特别是劳动人口群体,越来越倾向于认为养老不仅是子女的责任,政府也应承担越来越多的责任。这与已经建立了长期护理保险制度并同样深受儒家孝道文化影响的日本人的观念转变类似(表1.7)。日本在构建长期护理保险制度前的1994年、1996年分别进行了养老观念的民意调查,调查结果显示,分别有60%、87%的受访者表示支持某种形式的公办长期护理服务系统[①]。长期护理保险制度运行模式适应了养老责任主体变化的需要:政府主要发挥制度提供者、服务担保者作用,保障对象工作期间缴纳长期护理保险费用,子女则承担补充养老责任。

表1.7 日本不同年龄组对养老责任主体的认知

Table 1.7 Cognition of different age groups to the subject of pension responsibility in Japan

	子女责任	政府责任	个人责任
60岁以上年龄组	53.1%	27.1%	19.8%
18~60岁年龄组	41.5%	35.3%	23.0%

数据来源:朱海龙,欧阳盼.中国人养老观念的转变与思考[J].湖南师范大学社会科学学报,2015(1):88-97.

二、长期护理保险制度的社会功能

长期护理保险制度的构建不仅是出于现实的需要,还是由其制度功能决定的。从已经建立长期护理保险制度国家的实践来看,长期护理保险制度具有如下社会功能。

(一)分散社会风险,实现筹资多元化

长期护理保险制度的功能不在于减少总的失能护理费用。其对老年人口虽可以起到一定的失能预防作用,但总体来说,失能人口数量并不会因为长期护理保险制度的建立而大幅度减少,社会用于护理失能人口的总费用也不会减少,甚至有可能因为长期护理保险制度运

---

① NAGASE F.Kaigo hoken ho no kaisetsu[M].Revised edition.Tokyo:Hitotsubashi Press,2001.

行不合理而产生过高的运行费用。长期护理保险制度的意义主要在于通过多元化的筹资渠道,将原本属于个人风险的失能风险转化为社会风险,通过社会保险、财政转移支付、个人付费等多元化筹资渠道缓解个体的长期护理经济压力,发挥自助互助精神①。特别是社会保险筹资,既充分利用了保险的大数法则,又以国家强制力为后盾,避免商业保险出现的逆向选择情形,是长期护理保险的一项重要资金来源。

(二)保障老年人权益,体现人本主义关怀

虽然长期护理保险面向的是所有失能人员,但不可否认最主要的保障对象还是老年人。生老病死是每个人都需要面对的自然规律,"老有所养"也是每个人的最高和最低生活理想。但现实生活中,出于种种原因,"老无所依"现象经常发生,虽然我国颁布了《老年人权益保障法》,但社会生活中老年人权益特别是基本的养老权益得不到保障的案例经常发生。长期护理保险制度的构建有助于老年人权益的实现:一方面通过提供经济支持,使经济困难失能老人能够享受长期护理保险服务;另一方面通过建立多层次的长期护理服务体系,满足不同失能状况老年人的需求,特别是其提倡的"在地老化"理念,使老人无须进入养老机构,而是在家、在社区即可享受护理服务,充分体现了人文主义关怀精神②。研究表明,老年人在"熟人社会"中养老的健康状况和寿命相比在其他服务机构都有一定的提高③。

(三)缓解中年人压力,确保人的自由发展

根据马斯诺的需求层次理论,自我实现的需要是人的最高需要。但在现有社会制度下,人一旦进入中年,即面临"上有老、下有小"的局面,特别是一旦有老年人需要照顾的,则一方面经济压力增大,另一方面人力分担压力也会增大,照顾日常生活琐事都已应接不暇,自我实现的需要更是无从谈起。长期护理保险制度的建立,一方面可以提供经济支撑,缓解经济压力,另一方面可以通过提供护理服务缓解中年人的后顾之忧,将其从家庭中解放出来,全身心投入社会财富创造和自我价值实现。

三、长期护理保险制度的经济意义

传统的失能人员家庭护理模式就像一座"围城",家庭成员特别是受过高等教育的家庭成员想从长期护理的负担中走出来,参与到劳动力市场中去,而家庭外成员因为没有制度通道,难以进入失能人员家庭岗位中去。长期护理保险制度的建立,可以打破长期护理服务人力资源"围城",使"围城"内的人员可以走向社会,增加社会财富创造,使"围城"外的人员可以走进失能人员家庭,推动老年服务产业化。

(一)解放劳动力,增加社会财富创造

现代社会是一个高度分工又高度合作的社会,通过构建长期护理保险制度,由专业化的社会护理服务机构和护理人员为失能人员提供长期护理服务,可以将家庭成员解放出来,使

---

①　雷咸胜,崔凤.我国构建长期护理保险制度的现实要求和政策选择[J].湖湘论坛,2016(4):74-80.
②　陈伟.长期照护制度中失能老人的"需求导向型供给侧改革"研究[J].学习与实践,2018(1):91-100.
③　MICHAEL Y L,BERKMAN L F,COLDITZ G A,et al.Living arrangements,social integration,and change in functional health status[J].American Journal of Epidemiology,2001,153(2):123-131.

其全身心地投入劳动力市场,发挥自身特长,为社会创造更多财富。特别是其中受过高等教育或有一技之长的人在合适岗位上所创造的财富可能远远超过其在"家庭护理岗位"所创造的财富①。更不必说其在长期护理岗位提供的护理远逊于专业护理人员提供的服务。

(二)缓解就业压力,推动护理服务产业化

长期护理保险制度通过法律制度方式,打通了社会护理服务与家庭的通道。由专业化、制度化的社会服务机构及人员向失能人员提供护理服务,有利于长期护理服务产业的形成,缓解日益加剧的就业压力,特别是近年来因为产业转移而剩余的劳动人口就业压力。同时,长期护理服务产业的形成,也可以构成第三产业一个新的经济增长点。韩国在开办长期护理保险前,曾以2007年为例对长期护理保险带来的经济波及效果进行估算,结果显示,长期护理保险将带来2 908亿韩元的生产产出、创造3 067个就业机会,同时带来1 222亿韩元的附加值②。而据预测,如果我国当前长期护理总需求中的10%能交予市场,经不断发展,到2040年,这一比例就有可能增加到40%~50%,意味着长期护理服务产业的产值将达到50亿~60亿人民币③。

①　姜春力,张瑾.我国长期护理保险制度试点成效,问题和建议[J].中国经贸导刊,2020(19):29-33.

②　李世代课题组.日本、韩国长期照护保险内容与相关法令之研究[R].台湾地区"行政院"经济建设委员会委托项目,2009.

③　任远,马连敏.老龄社会的市场对策:长期护理保险与社会福利体系[M].北京:中国社会出版社,2005:32-33.

第二章　长期护理保险立法的法理依据

将长期护理保险提升到法律制度层面既是现实需要,也是建设法治国家的要求。具体而言,社会法治国理论、基本权利理论和给付行政理论构成了长期护理保险立法的法理依据。从逻辑维度来看,这三者并不是分割的个体,而是相互统一的整体,其中社会法治国理论发挥统领性作用,是建立长期护理保险法律制度的基本原则,基本权利理论和给付行政理论则发挥具体的规则性功能,对长期护理保险法律制度的构建提出具体要求。

一、社会法治国理论

建立在国家与社会分野基础上的公私法分离是大陆法系的基本,但随着社会的进步,"国家和经济的相互融合剥夺了资产阶级私法和自由主义宪法关系的基础,作为国家干预的结果,国家和社会之间的分离趋势真正消失了"[1],在此背景下,社会法治国理论在德国应运而生。根据社会法治国理论,国家由自由法治国理论下的消极被动国家走向积极主动作为国家,通过积极的作为介入市民社会生活,为实现人民的权利提供了条件和保障。除此之外,社会法治国理论还为社会保障制度法制化提供了生存的土壤,这为国家积极介入失能人员保障、建立长期护理保险制度提供了重要的理论支撑。

(一)社会法治国内涵与历史变迁

社会法治国理论起源于德国[2]。工业革命后,人口快速增长,贫困人口不断增加;无产阶级群体形成,劳资关系紧张,工人运动风起云涌;城市化问题突出,社会治安极差。这些问题困扰着资本主义发展,为缓解这些矛盾,政府不断扩大行政权力,采取一系列措施如兴办公共服务事业、提供社会救助等,但传统的以限制行政权力滥用为核心的行政法理论无法对现有行政行为进行有效规制,在此基础上,德国法学界提出了社会法治国理论。

---

[1]　哈贝马斯.公共领域的结构转型[M].曹卫东,王晓珏,刘北城,等译.上海:学林出版社,1999:12.
[2]　李哲罕.社会国还是社会法治国? ——以当代德国法治国理论为论域[J].浙江学刊,2020(3):62-68.

　　与社会法治国相对应的概念是自由法治国。行政法脱胎于君主政体,当时盛行自由主义的市民社会希望王室能够成为人民的同伴,保留王室强而有力权威的目的是保障人民的权利及维持法律的稳定性。公民的福祉可由社会人人守法即可"自然"获得,不需要国家刻意去追求。国家最重要的功能在于通过警察制度维护社会治安,通过捐税制度维持公共机构运行。行政法的功能则在于通过法律的形式限制国家的行政权力,保障人民的人身、财产自由免受侵犯。

　　自由法治国最早可以追溯到 1215 年英国《自由大宪章》的颁布,《自由大宪章》的主要目的在于限制以王权为核心的行政权力,保障公民自由。此后"干预最少的政府就是最好的政府"这一思想一直贯穿于资本主义萌芽、发展和成熟各个阶段,直至 19 世纪末 20 世纪初,工业革命带来的生产、生活方式巨大变化使"夜警国家"难以有效应对社会现实需要,亟须从顶层制度设计以应对日益变化的世界。如以人口增长和城市化为例,1800 年,欧洲约有18 000 万人,到 1914 年,已增至 45 200 万人;德国人口亦由 19 世纪初的 2 500 万人增至 1910年的 6 500 万人。从分布来看,新增人口主要集中在城市区域,德国 1871 年城市人口比例为36.1%,而 1910 年则为 60%。人口增长和城市化带来的显著变化是人民生存的有效空间逐渐扩大,但可掌握空间却在不断缩小①。如在农业社会,农民可从居住地周围河流取水饮用,河流属于农民可掌握的空间;工业革命后的都市社会可通过自来水满足饮用需要,生存的有效空间扩大,但自来水必须依靠国家公共事业提供,而非农业社会农民可自行解决,由此可掌握空间缩小。

　　都市化的现代生活方式已经完全转变,人们的"社会依赖性"越来越强,国家应担负起越来越多的社会责任以满足人们的生存依赖,同时这种责任的履行也会对社会的发起到推动作用②。事实的确实如此,国家的行政权力在不断扩大,逐渐涉足社会公共事业,特别是在诸如水电气、邮政、公共医疗等领域。据统计,1913 年德国公有经济占国民经济总值为 29%,到 1930 年已高达 53%,政府对公共事业的干预越来越多③。此时古典自由主义思想熏陶下的法律制度已经不能适应社会发展的需要,如以自由主义思想烙印最为深刻的德国民法典为例,用工关系的发展使得传统的合同自由理念及相应法律规则已经无法满足劳工权利保护的需要,由此引发的劳资对立、劳资冲突现象不断发生,严重影响了正常的工业生产。基于保护劳动权益、稳定社会用工关系的劳动法应运而生。而在劳动法中,合同自由原则改造甚至在某种程度上说被舍弃,取而代之的是通过一系列强制性规定来对劳动关系予以调整。在公法领域同样发生着类似的变化,传统的以限制行政权力为核心、自由法治国框架下的行政法理论已经明显不能满足现实需求,融入了社会法治国理念的公法规范不断涌现,从而开启了德国的社会法治国实践。

---

① 可掌握空间指的是人们可以当成主宰并加以拥有的空间,有效空间指的是人们在生活所需要的空间里能够确实地掌握并操纵。参见陈新民.公法学札记[M].北京:中国政法大学出版社,2001:43-44.
② 朱军.民生法治的三维路径考量:政策,权利与社会法治国[J].行政与法,2016(8):38-44.
③ 陈新民.公法学札记[M].北京:中国政法大学出版社,2001:45.

（二）社会法治国的理论目标

社会法治国以保障人民权利实现为根本目标，具体目标包括两个方面：

1.保障人的基本尊严

为陷于困境的公民提供必要的社会给付，使其能够维持基本生活，维护人的基本尊严。所谓陷于困境包括在人格上或社会发展上遇到明显障碍，人格上的障碍如残疾、精神疾病等，社会发展上的障碍如经济极度困难等。

2.保障公民机会平等

缩小经济条件较好者与经济条件较差者在物质与非物质上的差距，以确保宪法所保障的各项自由权能够实现，不至于因社会条件的差距而产生落差。即社会法治国以实质平等为依归，而不是自由法治国下的形式平等①。

（三）社会法治国理论下法律规制的衍变

在自由法治国理论下，行政治理以规制行政方式为主，即国家以强制力作为后盾②，以行政处分等侵益行政为手段，达到维持社会基本秩序的目的，国家发挥的是"守夜人"角色，一般不直接干预市民社会生活，特别是几乎不涉足市民社会的经济生活。行政法体系分为规制行政和给付行政两类，但在社会法治国理论下，给付行政备受关注。在给付行政方面，国家既是拥有统治权力的掌权者，又是扮演服务角色的国家服务机构。此时自由法治国下的行政规制法在调整国家服务者角色时必然会产生矛盾，不符合现代行政社会法治国理论的需要，行政治理法律必须有所变化，以因应国家角色变迁的需要。具体而言，呈现出三个方面的变化。

1.私法开始对行政治理进行调整

在社会法治国理论下，行政治理最大的变化是公私法呈现逐渐融合趋势，对行政特别是给付行政的规制已不再局限于传统的公法范畴，私法开始逐渐发挥作用③。如在早期，水电气等完全由国家公营时，公民与国家之间签署的水电气供应合同便应受合同法调整。

2.调整手段多样化

传统行政规制法的调整手段主要是侵益行政，通过给予公民不利益的评价实现社会治理功能；而在社会法治国理念下，除侵益行政外，授益行政日渐发挥重要作用，通过给予公民利益，实现规范、引导和保障的功能。

3.法律渊源多元化

传统行政规制法因主要采取侵益行政手段，为了防止国家行政权力滥用，法律保留原则要求行政行为的做出必须有法律依据。在社会法治国理念下，给付行政受到重视，为提高行政效率，给付行政的法律渊源呈现出多元化趋势，既有法律的规定，也有其他法律规范形式，如行政规章等等。

---

① 李哲罕.社会国还是社会法治国？——以当代德国法治国理论为论域[J].浙江学刊,2020(3):62-68.
② 倪洪涛.从"道德宪法"到"政治宪法"：一种税权控制的研究视角[J].法学评论,2006(3):3-10.
③ 耿颖.现代社会转型与领域法话语的展开[J].武汉大学学报(哲学社会科学版),2018(6):32-39.

（四）长期护理保险法律制度与社会法治国理论

构建长期护理保险法律制度的主要目的在于通过国家公权力的介入使失能人员能够体面尊严地生活，其既植根于社会法治国理论，也是对社会法治国理论的贯彻。在长期护理保险法律制度的构建过程中，应当体现社会法治国理念的要求。长期护理保险法律制度由诸多法律规范构成，根据社会法治国理论，有必要构建一个以法律为主，行政法规、部门规章等多种法律形式并存的法律规范体系，充分发挥私法的作用，并运用多元化调整手段保障制度运行，实现制度目标。

二、基本权利理论

大部分研究认为，社会保障一开始是作为恩惠措施出现的，是资产阶级为体现其怜悯之心而对贫困者的施恩。实际上，这是对社会保障的误读。追溯历史，社会保障一开始就不是作为恩惠措施出现的，在其发展的 200 多年历史中，更多考虑的是对社会经济发展的保障和推动功能，直到公民权利的觉醒，社会保障逐渐成为公民的一项具体权利并最终上升为基本权利范畴。作为基本权利的社会保障权为长期护理保险等具体社会保障制度的建立提供了理论基础。

（一）基本权利内涵与历史变迁

基本权利理论是市民社会的产物，其具体内涵与市民社会的产生、发展、变化和成熟紧密联系。

1.政治国家、市民社会分治下的基本权利理论

早期，基本权利理论以"防御权"为核心[①]，主要用以对付政治国家的权力干预。资产阶级革命以前，以等级和服从为核心的家、国体制形塑了农业社会的基本社会结构。资本主义生产、生活方式的兴起打破了这一社会结构。随着资本主义经济的发展，专业化分工程度越来越高，商品交换的网络不断扩大，人们越来越依赖以自由为核心的商品市场，传统的自给自足式家庭供给模式被打破。商品交换的日益频繁催生了市民社会的形成，传统的家、国二元结构被打破。与家、国强调等级和服从不同，市民社会建立在自由、平等、独立基础之上，这使市民社会与政治国家之间出现了难以调和的矛盾。为防止政治国家的权力干预，市民社会自发形成了以自由、平等、独立为核心的基本权利理论，用以对抗政治国家。特别是随着古典自然法学派的兴起，国家与社会二元对立的态势正式形成，自由主义在市民社会成为绝对的法则[②]。

2.市民社会自治神话的破灭与传统基本权利理论的困境

基本权利理论是市民社会自治的根基，对推动市民社会和资本主义经济的发展起到了重要作用。但随着自由资本主义向垄断资本主义过渡，资本开始集中，资本的集中又必然伴生权力的集中。资本权力与政治权力一样，本质上都会表现出控制欲，只是在控制方式上前

---

① 李海平.基本权利的国家保护：从客观价值到主观权利[J].法学研究,2021(4):39-54.
② 李忠夏.基本权利的社会功能[J].法学家,2014(5):15-33.

者主要运用经济强力,而后者运用的是国家暴力,即使经济强力也会使市民社会自由、平等、独立的根基被动摇。所谓国家不干涉、契约自由、财产权神圣不可侵犯只是意味着通过市民社会自治默认或加强强者对弱者的控制与剥削①,而强者过度的控制与剥削又导致了工人运动的风起云涌,市民社会自治神话破灭,愈发需要一种外在强力的调控。随着政治民主化的提升,因"没有民主的法治国发展的结果"②造成的市民社会与政治国家绝对分治的情形被打破,市民社会与政治国家呈现出融合趋势。

3.基本权利"主观权利、客观法"的现代属性

在政治国家与市民社会日趋融合的背景下,基本权利开始展现出"主观权利、客观法"的现代属性——在"个人得向国家主张"的意义上,基本权利体现出其"主观权利"属性;在"客观价值秩序"的意义上,基本权利体现出国家政治权力必须自觉遵守这一价值秩序并尽一切可能创造和维持有利于基本权利实现的条件,基本权利体现出其"客观法"属性③。

基本权利"客观法"属性最集中的体现即在于通过宪法的形式对其予以正式、明确确认④。1919年德国《魏玛宪法》首次将基本权利写入成文宪法,实现了近代宪法向现代宪法的转型⑤。《魏玛宪法》第一部分规定政治国家,亦可称"德国联邦组织法",第二部分系统性地规定公民的基本权利和义务。此后,在宪法中规定基本权利成为常态。

4.基本权利的主要内容

以文本宪法的权利构成作为分析基点,基本权利可以分为自我肯定和保存意义上的古典基本权利、自我表现意义上的公民政治权利、自我发展和自我实现意义上的公民社会经济权利⑥。自我肯定和保存意义上的古典基本权利以"防御"国家权力干预为核心⑦,包括生命、自由、安全和追求幸福的权利;自我表现意义上的公民政治权利则使民主政治联通政治国家和市民社会之后,公民得以通过民主政治的途径参与国家事务,包括选举权、被选举权等;自我发展和自我实现意义上的公民社会经济权利则是政治国家介入市民社会之后,公民因"不能指望从自我调节的市场中获得满足,转而倾向于国家调节"⑧,请求国家从事一定行为以确保自身社会经济利益的权利,包括社会安全权、劳动权、受教育权、社会保障权等。

(二)社会保障从惩戒到基本权利的衍变

从历史的维度观察,自1601年英国《伊丽莎白济贫法》(史称《旧济贫法》)颁布至今,社会保障的功能经历了从惩戒到维稳再到具体权利直至基本权利四个阶段。

1.作为惩戒手段的社会保障

社会保障一开始就不是以恩惠手段而是以惩戒手段出现的,这集中反映在英国的新旧

---

① 李忠夏.基本权利的社会功能[J].法学家,2014(5):15-33.
② 哈贝马斯.公共领域的结构转型[M].曹卫东,王晓珏,刘北城,等译.上海:学林出版社,1999:84.
③ 阿历克西.作为主观权利与客观规范之基本权[J].程明修,译.宪政时代,1999(4):83-98.
④ 许瑞超.基本权利第三人效力的范畴与本质[J].交大法学,2021(1):46-59.
⑤ 何勤华,张海斌.西方宪法史[M].北京:北京大学出版社,2006:291.
⑥ 郑贤君.基本权利的宪法构成及其实证化[J].法学研究,2002(2):45-56.
⑦ 纪林繁.基本权利第三人效力的法理逻辑与实现路径[J].北方法学,2021(5):128-140.
⑧ 哈贝马斯.公共领域[M]//汪晖,陈燕谷.文化与公共性.北京:生活·读书·新知三联书店,2005.

《济贫法》上。

圈地运动后,大量失去土地的农民成为无业游民在城市游荡,对市容市貌和社会治安造成了较大的负面影响。而受自由主义思潮和达尔文"进化论"思想影响,彼时的社会观念认为贫穷是个人原因造成的,如纽约的一份贫穷预防报告便指出造成贫穷的原因包括"无知、懒惰、酗酒、浪费、婚姻、草率、赌博、当铺和妓院"等①,这与新教伦理和资本主义精神不符。在古希腊或古罗马,劳动被视为远离精神活动的低级活动,贵族不参与;而在早期基督教教义中,劳动则被看成对原罪的救赎。但在新教伦理中,劳动是响应上帝号召而完成的"天职",取得劳动成果则是上帝荣耀的象征②。为此,英国王室于 1601 年通过《伊丽莎白济贫法》,将需要救助者分为老人、儿童和流浪者三类,老人可以在家接受一定的养老保障,儿童则需送到指定家庭进行监护,长大后再送去做学徒,而对于流浪汉则认为其是可耻的懒惰者,要被送进监狱或教养院,在那里承担沉重的劳动工作③。1834 年,英国政府出台《济贫法修正案》(史称《新济贫法》),规定所有受救济者要想获得救济必须进入贫民习艺所,习艺所内工作负担繁重、待遇低、食物差、住宿条件简陋拥挤,且人们须按年龄、分性别居住,使贫困者家庭被拆散、骨肉分离。新旧《济贫法》完全渗入了新教伦理的精神,都是在国家与新教合一治理后,立法者"以新教伦理观为依据,以惩戒性'矫治'观念作为立法的基本理念。这种理念基于'财富是通过个人努力而获得的'新教教义,认为贫穷是由于个人因素而非社会因素造成的,甚至视'贫穷为万恶之源',进而认为慷慨的救济制度会鼓励或放纵更多的人懒惰,从而主张济贫制度应当是一种惩戒性制度"④。是故,新旧《济贫法》都体现出对受救济者较强的惩罚性,深受百姓厌恶,甚至发出了"砸烂贫民习艺所"的呐喊⑤。

2.作为维稳措施的社会保障

随着社会矛盾的突出和工人队伍的逐渐扩大,工人开始通过成立工会联合起来与资产阶级作斗争,工人运动逐渐兴起,这为社会保障的转型提供了契机,社会保障逐渐成为一种维稳措施。据记载,在以农业为主的法国,早在 1874 年已有 135 个全国性工会⑥;德国 1877年已有 26 个全国性工会⑦;英国 1895—1911 年短短 16 年间,工会会员就由 1 407 836 人增至 3 018 903 人⑧。随着工会力量的扩大,工人运动开始大规模开展,19 世纪 70 年代,德国鲁尔、柏林、莱比锡、纽伦堡等地相继进行了 8 小时工作日大罢工⑨;伦敦码头工人 1889 年连续罢工四周抗议工资过低⑩;法国工人 1882 年、1893 年、1899 年罢工次数分别为 182 次、634

---

① 莫拉莱斯.社会工作:一体多面的专业[M].顾东辉,王承思,高建秀,等,译.上海:上海社会科学院出版社,2009:6.
② 汤剑波.西方早期社会保障制度背后的主流价值观[J].南京师大学报(社会科学版),2009(6):17-22,28.
③ 贺蓓蓓.评析中世纪晚期英国济贫法[J].政法论丛,2013(6):66-71.
④ 郑功成.社会保障学:理念、制度、实践与思辨[M].北京:商务印书馆,2000:380.
⑤ 杨立雄.社会保障:权利还是恩赐——从历史角度的分析[J].财经科学,2003(4):56-60.
⑥ 沈炼之.法国通史简编[M].北京:人民出版社,1990:441.
⑦ 丁建弘,陆世澄.德国通史简编[M].北京:人民出版社,1991:458.
⑧ 韦伯夫妇.英国工会运动史[M].陈建民,译.北京:商务印书馆,1959:519.
⑨ 丁建定.试论近代晚期西欧的社会保障制度[J].史学月刊,1997(4):84-89.
⑩ 廖盖隆,梁初鸿,陈有进,等.社会主义百科要览(上)[M].北京:人民日报出版社,1993:979.

次、771 次①。工人运动对资本主义生产造成了较大的负面影响,为此,资产阶级开始进行"消灭革命的投资"②——通过建立一定的社会保障措施保障工人的最低生活水平,从而稳定资本主义生产。社会保障成为对社会不安全进行管理的一项重要政策工具,政府责任在这里只表现为维持社会稳定的功能③。如在 1881 年 11 月 17 日德皇威廉一世颁布的帝国诏书中,明确指出实施社会保障的理由及目标是"就疗救社会败象而言,采取镇压社会民主暴动的方式并不足以成事,国家应同时关注并增进劳工福祉",社会保障的作用在于"确保祖国崭新且持久的内部和平,并给予贫者所主张的较多的保护与慷慨的扶助"。

3.作为具体权利的社会保障

19 世纪后期,受人文主义思想、人权学说和社会主义思想影响,人们对贫穷的认识发生转变,开始认为,在工业社会,贫穷的根源并不在个人,而是社会政治结构不平衡的产物。资本主义生产方式在为部分人创造财富的同时,也会给部分人带来贫穷。此时,底层人民以生存权为核心的社会保障需要渐次被处于统治地位的资产阶级所接纳,并相继采取立法的形式予以规范。其中最具典范意义的是德国"社会保险三法"的相继颁布:德国帝国议会分别于 1883 年、1884 年、1889 年通过《疾病保险法》《意外事故保险法》《老年和残废保险法》。德国"社会保险三法"最重要的历史意义在于将社会救济确认为公民的一种法定的社会保险权利④,通过法律的形式规范社会保障。德国"社会保险三法"的成功引起了其他国家的竞相效仿,社会保障权迅速获得各国立法的承认。自此,社会保障权作为一项具体的公民权利存在于社会之中。

4.作为基本权利的社会保障

20 世纪 70 年代,随着人权运动的发展,人们对社会保障的观念再次发生转变,认为社会保障权是实现更高人权目标的工具⑤,在人权体系中处于底线伦理地位。社会保障权由此成为基本人权,并通过宪法、国际人权法成为公民基本权。

目前从各国实践来看,宪法对社会保障的确认方式主要有四种:一是通过制定宪法的方式确认,如 1917 年的《墨西哥合众国宪法》、1919 年德国的《魏玛宪法》等;二是通过修改宪法的方式确认,主要发生在政权未发生更迭的国家;三是通过缔结国际人权公约的方式确认⑥;四是通过宪法解释的方式确认,主要发生在普通法国家⑦。

与作为具体权利的社会保险权利、社会救助权利不同,作为公民基本权利的社会保障权发挥着孕育具体社会保障权利,推动具体权利立法的作用,长期护理保险的立法与实践即是对社会保障权基本权利定位的回应。

---

① 沈炼之.法国通史简编[M].北京:人民出版社,1990:441.

② 史探径.社会保障法研究[M].北京:法律出版社,2000:12.

③ 程雷.基于政府责任和公民权利的社会保障制度研究[D].大连:东北财经大学,2012.

④ 李运华.社会保障权原论[J].江西社会科学,2006(5):26-32.

⑤ 陈金钊,吴冬兴.正视社会保障权及其实现方法[J].北京联合大学学报(人文社会科学版),2018(3):74-85.

⑥ 主要有《世界人权宣言》《经济、社会和文化权利国际公约》《欧洲社会宪章》及其修订本、《欧洲联盟基本权利宪章》《美洲人权利和义务宣言》《美洲人权公约》在经济、社会和文化权利领域的附加议定书》《非洲人权和民族权宪章》等。

⑦ 郭日君,吕铁贞.社会保障权宪法确认之比较研究[J].比较法研究,2007(1):56-70.

(三)我国宪法对社会保障权的规定

长期护理保险制度在我国的立法确认以宪法对社会保障权的规定为指引,是保障公民基本权利的体现。中华人民共和国成立伊始发挥着临时宪法作用的《中国人民政治协商会议共同纲领》第二十五条规定,"革命烈士和革命军人的家属,其生活困难者应受国家和社会的优待。参加革命战争的残废军人和退伍军人,应由人民政府给以适当安置,使能谋生立业",这被认为是我国对特殊群体建立优抚安置保障的最早措施;1954年《中华人民共和国宪法》(即五四宪法)第九十三条规定,"中华人民共和国劳动者在年老、疾病或者丧失劳动能力的时候,有获得物质帮助的权利。国家举办社会保险、社会救济和群众卫生事业,并且逐步扩大这些设施,以保证劳动者享受这种权利",这被认为是宪法对社会保障权具体内容的规定;此后的七五宪法、七八宪法也都做了相应规定;现行有效的八二宪法第二章"权利与义务"部分对社会保障进行了规定,其中第四十四条规定,"国家依照法律规定实行企业事业组织的职工和国家机关工作人员的退休制度。退休人员的生活受到国家和社会的保障",第四十五条规定,"中华人民共和国公民在年老、疾病或者丧失劳动能力的情况下,有从国家和社会获得物质帮助的权利。国家发展为公民享受这些权利所需要的社会保险、社会救济和医疗卫生事业,国家和社会保障残废军人的生活,抚恤烈士家属,优待军人家属。国家和社会帮助安排盲、聋、哑和其他有残疾的公民的劳动、生活和教育",2004年的《中华人民共和国宪法修正案》第二十三条规定,"国家建立健全同经济发展水平相适应的社会保障制度",这被认为是对社会保障权的明确规定。此外,我国还于2001年批准了《经济、社会和文化权利国际公约》,表明我国已承诺对国际人权包括社会保障权的保护义务。社会保障权通过宪法得到确认,并成为公民的一项基本权利,为具体社会保障权立法提供了前提和依据。

(四)构建长期护理保险法律制度是实现公民基本权利的要求

公民基本权利的主要功能是孕育具体权利,社会保障权被宪法确认为公民基本权利之后,还必须通过立法构建具体权利,才能将理论中的权利转变为实在利益[①]。基本权利是宪法对立法者的委托,立法者负有实现基本权利的立法义务。如果不构建具体的法律制度,社会保障权不过是"空中楼阁",无法实施。仅停留在国家政策层面的长期护理保险政策措施不过是政府的一种福利和慈善,只有通过法律的权利义务配置功能,长期护理保险各主体的权利、义务和职责才能明晰化,也才能使长期护理保险制度更加持续稳定、公平有序地运行。

20世纪末,随着老龄化的到来,社会保障在观念上又一次发生变化,人们认为社会保障不仅在于保障公民的基本生活,还应保障这种生活以一种体面的方式进行[②]。特别对于老年失能群体,有必要通过构建长期护理保险制度使其安享晚年。基于这一观念,德国、日本等国家相继制定长期护理保险法,对失能群体生活予以保障。我国2001年进入老龄化社会以来,党和国家高度重视老龄工作,党的十八大,十八届三中、四中、五中全会,"十三五"规划纲要都对老龄工作进行了专题研究和部署。在2016年5月27日中共中央政治局就我国人口

---

① 陈征.论部门法保护基本权利的义务及其待解决的问题[J].中国法律评论,2019(1):51-57.
② 华颖.全球社会保障的最新动态与未来展望[J].社会保障评论,2018(2):3-17.

老龄化的形势和对策进行的第三十二次集体学习中,习近平总书记强调,要建立相关保险和福利及救助相衔接的长期护理保险制度;此后人社部下发《长期护理保险试点意见》,开始进行长期护理保险试点。2020年9月,在首批试点城市的基础上,国家医保局、财政部出台了《扩大长期护理保险试点意见》,将试点地区扩展到天津等14个城市。自此,全国开展长期护理保险的城市已达27个省、59个城市(区)。2021年3月,全国人大审议通过的《中华人民共和国国民经济和社会发展第十四个五年规划和2035年远景目标纲要》指出,"十四五"期间,国家将稳步建立长期护理保险制度。2021年5月31日,习近平总书记主持召开中央政治局会议,审议通过的《关于优化生育政策促进人口长期均衡发展的决定》指出"要探索建立长期护理保险制度框架"。由此表明,我国已将获得长期护理服务权利作为一项具体权利纳入社会保障体系,必须尽快通过完善相关立法,规范长期护理保险制度的建立和实施。

三、给付行政理论

传统行政法主要以规制行政为主,通过负面评价与国家强制力实现社会治理,国家发挥"守夜人"角色[1],随着福利国家的发展,给付行政越来越受到重视。广义上而言,社会保障是一种行政给付行为,以给付行政理论为理论基础,为失能人员提供保障的长期护理保险立法应以给付行政理论为指引。

(一)给付行政理论内涵与历史变迁

早期行政行为主要是规制行政,通过对相对人权利和自由的限制达到社会规制的效果[2]。给付行政是国家由"夜警国家"向"福利国家"转变后出现的概念[3],最早由德国行政法学家恩斯特·福斯特霍夫提出。在其1938年出版的《作为给付主体的行政》一书中,福斯特霍夫提出随着科技的发展和城市化进程的加快,虽然人们的"有效生活空间"不断扩大,但实际上"可掌握空间"却日益缩小,公民互相之间、公民与国家之间联系越来越紧密。在此基础上,福斯特霍夫提出"生存照顾"的概念,认为国家应负担起照顾公民生存的职责[4]。

福斯特霍夫提出的给付行政概念基本上是描述性的,对给付行政的具体内容并没有给出完整清晰的界定。日本学者在其基础上对给付行政的具体内容进行了全面归纳,认为主要包括三个方面:社会保障行政,如社会救助、社会保险、社会福利等;供给行政,指提供现代社会生活特别是城市生活所必需的日常生活必需品的行政活动,如水、电、气等产品的供给;资金补助行政,指行政相对人执行公益任务时,由行政主体进行一定资金补助的行政活动,如补助金、出资、融资、债务担保等[5]。

长期护理保险是人口结构变迁背景下国家为失能人员提供的照顾服务,是社会保障体系的重要一环,本质上是一种社会保障给付行政。长期护理保险立法应以给付行政理论为

① 李亚旗.行政私法行为探析[J].中共南宁市委党校学报,2015(3):48-52.
② 杨建顺.规制行政与行政责任[J].中国法学,1996(2):76-82.
③ 胡锦璐.公共服务共享制:给付行政新格局及其创新路径[J].西北民族大学学报(哲学社会科学版),2021(2):114-122.
④ 陈新民.公法学札记[M].北京:中国政法大学出版社,2001:50.
⑤ 村上武则.给付行政的诸问题[M]//雄川一郎,监野宏,园部逸夫.现代行政法大系(第一卷).东京:有斐阁,1983:103.

基础,并参与给付行政理论下的立法争论。

(二)给付行政与法律保留

法律保留原则是行政法中的一项重要规则,由德国著名行政法学家奥托·迈耶提出[1],是指国家限制公民基本权利的立法只能由立法机关制定的法律予以规定,任何行政行为必须有法律的明确授权[2]。法律保留与立法保留不同。立法保留更为宏观,考察的是代议机关与行政机关之间权力的划分,法律保留是行政法的基本原则,是对"法与行政"之间关系的全面考察,是在立法保留基础上提出的包括"法规、规章保留"在内的"法律保留"。法律保留中的"法律",其渊源是广义上的,既包括国家立法机关制定的法律,又包括国家立法授权行政机关制定的法规、规章等[3]。

法律保留的主要功能在于防止行政机关滥用行政权力侵害公民利益,其对象最初是规制行政。给付行政的目的在于使公民获益,对于其是否适用法律保留原则,学界争议较大,主要有以下四种观点。

1.侵害保留说

该说认为只有侵害公民自由和财产权利等的侵益行政行为才适用法律保留原则,给付行政属于授益行政,属行政自由裁量范围,不应适用法律保留[4]。适用法律保留原则反而不利于给付行政功能的发挥,对公民利益没有好处,因为法律存在滞后性,如果给付行政必须要以法律为依据,则在没有法律依据的情况下,行政机关将不会采取行政给付行为,公民的境况将会变得更加糟糕[5],同时这也会给立法机关带来沉重的负担,使法律体系变得臃肿[6]。

2.全部保留说

该说认为所有的行政行为都适用法律保留原则,无论是侵益行政还是授益行政,都需要有法律的明确授权。因为对于授益行政,"国家不给予公民行政补贴的行为同干涉公民自由或所有权的行为同样严重"[7]。除此之外,给付行政适用法律保留还有两个原因:一是基于行政的本质及其权利救济需要,必须通过法律途径予以规定,从而确保权利被侵害时可得到救济[8];二是税收法定原则的要求,根据税收法定原则,应依法征税,同理用税也须依法[9]。

3.重要事项保留说

该说认为应对给付行政进行切分,对给付行政中可能涉及人民基本权利的实现与行使以及涉及公共利益尤其是影响公共生活的给付行政,应适用法律保留[10],对于非属于重要事

①　王贵松.行政活动法律保留的结构变迁[J].中国法学,2021(1):124-144.
②　迈耶.德国行政法[M].刘飞,译.北京:商务印书馆,2002:64.
③　我国理论界经常混用"法律保留"与"立法保留",杨登峰在《行政法定原则及其法定范围》一文中,对二者进行了详细区分。参见杨登峰.行政法定原则及其法定范围[J].中国法学,2014(3):91-110.
④　翁岳生.行政法(上)[M].北京:中国法制出版社,2002:179.
⑤　毛雷尔.行政法学总论[M].高家伟,译.北京:法律出版社,2000:114.
⑥　南博方.行政法[M].杨建顺,译.北京:中国人民大学出版社,2009:7.
⑦　迈耶.德国行政法[M].刘飞,译.北京:商务印书馆,2002:5.
⑧　黄学贤.给付行政适用法律保留原则若干问题探讨[J].江海学刊,2005(6):114-119.
⑨　黄学贤.给付行政适用法律保留原则若干问题探讨[J].江海学刊,2005(6):114-119.
⑩　周佑勇.行政法基本原则研究[M].武汉:武汉大学出版社,2005:192.

项的给付行政则无须适用法律保留,可由行政主体自由裁量。"重要事项保留说"的关键在于"重要事项"的判断标准,目前比较有影响的是部分学者提出的依据"公民范围大小、争议强弱、影响的持久性、财政影响的大小、改革幅度的强弱等方面"①。

4.机关功能说

该说认为应根据权力和机关各自的特点和功能,将权力在机关中进行最优配置,由具备最优条件的机关作出相应的国家决定,力求国家决定尽可能正确②。"重要事项保留说"最为人诟病的是其判断标准的不确定性③,"机关功能说"对"重要事项保留说"进行了修正。"机关功能说"认为应根据权力和机关各自的特点和功能,将权力在机关中进行最优配置,由具备最优条件的机关作出相应的国家决定,力求国家决定尽可能正确。"对国家之决定而言,不仅以最高度的民主合法性为依据,尤其要求尽可能正确,也就是说,依照机关的组织、编制、功能与程序方式等考虑,由具备最优条件的机关来作出国家决定。"④如科技领域的行政行为由科技部门自由裁量,无须适用法律保留。

(三)法律保留原则视域下的长期护理保险

1.法律保留原则的作用

给付行政是否适用法律保留需要从法律保留原则的本质功能面分析。法律保留理论虽由奥托・迈耶于20世纪系统提出,但法律保留思想产生于君主立宪时代,早在法国1789年的《人权宣言》中即有所体现。为限制由封建君主掌控的行政权,《人权宣言》第四条规定:"自由就是指有权从事一切无害于他人的行为。因此,各人的自然权利的行使,只以保证社会上其他成员能享有同样的权利为限制。此等限制仅得由法律规定之。"进入议会民主时代,法律保留则主要发挥划分国家权力的作用⑤,即将重要事项划归国家立法部门,行政部门主要负责执行,且为防止行政权力滥用,规定行政行为的作出必须有法律授权,行政主体在一定范围内享有自由裁量权,以提高行政效率。但彼时行政行为多为侵益行政行为,自由裁量空间较小,法律保留原则适用范围较广。随着国家自"夜警国家"过渡到"福利国家",国家所担负的职责越来越多,管理工作更加精细化,且多数工作专业性、技术性强,此时作为传统民意代表的立法部门一方面对接踵而至的立法工作应接不暇,另一方面也愈发难以胜任,因此法律保留原则的适用面必然受到一定限制。

2."重要事项保留说"可作为判断标准

从法律保留原则的本质功能面分析,"重要事项保留说"既贯彻了法律保留思想的初衷,又兼顾了现代行政效率的要求,可作为判断给付行政是否适用法律保留的标准。即应构建一个给付行政适用法律保留的梯级结构,法律保留适用于那些对公民基本权利影响深远、紧迫的事项;其他事项则可以通过法规规章、政策等进行调整,即毛雷尔提出的"完全重要的事

① 许宗力.法与国家权力[M].台北:月旦出版公司,1993:189.
② 杨东升.给付行政之法律保留适用探讨[J].南昌大学学报(人文社会科学版),2016(1):66-71.
③ 毛雷尔.行政法学总论[M].高家伟,译.北京:法律出版社,2000:99.
④ 陈清秀.依法行政与法律的适用[M]//翁岳生.行政法(上).北京:中国法制出版社,2002.
⑤ 叶海波,秦前红.法律保留功能的时代变迁:兼论中国法律保留制度的功能[J].法学评论,2008(4):3-8.

务需要议会法律独占调整,重要性小一些的事务也可以由法律规定的法令制定机关调整;一直到不重要的事务,不属于法律保留的范围"①。

毛雷尔构建的梯级结构在理论层面具有重要指导意义,但需要注意的是,法律保留原则作为规制行政权力的一项基本原则,在必要时,即使对于极微小的事项,如果从实践效果评估来看需要法律进行规制,仍然应通过法律的形式予以规范。

3.长期护理保险对法律保留原则的适用

长期护理保险是社会保障体系的一环,涉及内容较多,立法中应根据有关事项性质和影响以及现有立法情况,确定是否需要立法以及立法的层次。如长期护理资金筹集法律制度中就涉及长期护理社会保险制度、政府补贴制度、个人付费制度、基金运行制度等,其中有些涉及公民的基本权利,如社会保险制度,需要通过法律的形式进行规制,而政府补贴制度则可能仅需通过法规或规章规制,个人付费制度通过现有的私法制度即可解决,不需再行立法,叠床架屋。

---

① 毛雷尔.行政法学总论[M].高家伟,译.北京:法律出版社,2000:100.

第三章　长期护理保险立法模式

长期护理保险制度是有关规制长期护理保险、长期护理服务的法律规范的总称,其具体内容与长期护理运行模式密切相关。长期护理运行模式又与一国社会保障制度、经济发展水平相关,《长期护理保险试点意见》选择社会保险型长期护理运行模式与我国现有社会保障制度和现阶段经济发展水平是相契合的。在社会保险型长期护理运行模式下,又分为保险、服务合一与保险、服务分立两种立法模式,而对具体的立法模式的选择,与一国既有法律体系和已有长期护理实践紧密相关。

一、长期护理运行模式

长期护理保险法律制度的构建与长期护理运行模式有关,目前各国因对失能风险的认识不同以及社会保障体系的差异,在长期护理运行模式上主要有社会救助型、社会保险型和社会福利型三类。

(一)社会救助型长期护理运行模式

社会救助型长期护理运行模式将长期护理纳入社会救助体系,只针对最弱势群体提供长期护理服务。采取此模式的主要有英国和美国。

1.英国

英国在长期护理运行模式上采取社会救助型与其医疗保障体系有关。英国实行的是全民免费医疗保障制度,每一位公民都可以通过"国民医疗保障"体系获得免费的医疗服务。正因为如此,很多英国人想方设法留在医院以便接受免费医疗护理,社会性住院问题突出①。英国政府遂于 20 世纪 80 年代开始,要求将难以区分类别的免费医疗护理项目划入长期护理项目,不再免费提供,只对经过服务需求评估和家庭状况调查的困难群体提供社会救助。在 1990 年颁布的《全民医疗服务与社区护理法案》中,长期护理服务被化为社会照料体系范

---

① 张洁,陶四海,郝海滨,等.英国护理津贴制度介绍及其对我国的启示[J].护理研究,2021(13):2356-2361.

畴,主要目的在于通过居家护理服务或机构护理服务以减轻或补偿因老年疾病伤残、认知困难等造成的生活窘境。1999 年,英国皇家委员会曾建议建立社会福利型老年长期护理制度,但该制度最后仅在苏格兰地区得到实施。英国政府还于 2003 年颁布了《社区护理——拖延出院惩罚法》,规定凡因老年长期护理社会救助供给不上造成的失能人员滞留医院,医院有权就失能人员住院费向老年长期护理事业委员会请求给付①。

在实际运行中,英国的长期护理运行模式是一个异常复杂的体系(图 3.1)。在保障对象上,因为采取的是社会救助型模式,因此保障对象必须是经过严格的家庭情况调查的、65 岁以上的、具有迫切护理需求的人群;在资金筹集上主要来自国家、地方的税收,还有较少部分来自私人保险以及通过慈善方式筹集的资金;在服务的供给上,主要有家庭、社区邻里提供非正式的护理服务,只有被评估为具有最迫切需求的老人,才有资格享受正式的长期护理服务②。

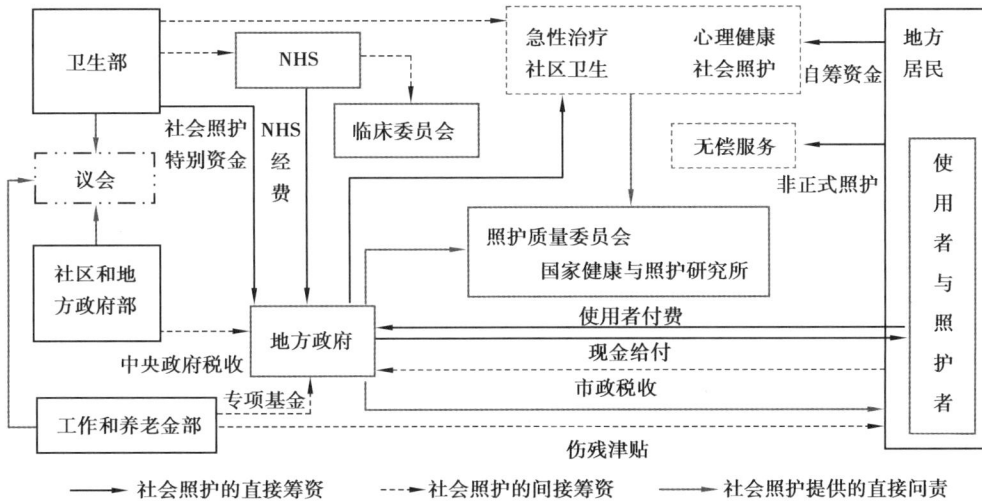

图 3.1 英国的长期护理运行模式

Fig 3.1 Long term care operation mode in the UK

资料来源:赵青,李珍.英国长期照护:基本内容、改革取向及其对我国的启示[J].社会保障研究,2018(5):96-103.

2.美国

有学者认为,美国是世界上最早建立长期护理保险的国家③,而此处的"长期护理保险"主要是指由美国政府实施的公共保障计划。该计划是由医疗保险计划、医疗救助计划、社区生活帮助和支持计划、长期护理合作计划、社会服务补助金计划、老年法案、退役军人福利计划等组成的综合体。其中医疗保险计划所保障的对象是 65 岁以上的老人或者符合一定条件的 65 岁以下的长期残障人士或晚期肾病患者,医疗救助计划保障的对象是经过家计调查的低收入个人或家庭,社区生活援助和支持计划保障的对象是自愿购买了长期护理保险的

① 张盈华.老年长期照护:制度选择与国际比较[M].北京:经济管理出版社,2015:61-62.
② 赵青,李珍.英国长期照护:基本内容、改革取向及其对我国的启示[J].社会保障研究,2018(5):96-103.
③ 荆涛,杨舒.美国长期护理保险制度的经验及借鉴[J].中国卫生政策研究,2018(8):15-21.

中低收入人群,长期护理合作计划保障的对象是自愿购买由政府和商业保险公司合作推出的长期护理保险人群,社会服务补助金计划保障的对象是接受子女补助金和补充保障收入人群,老年法案保障对象是 60 岁以上有最大经济和社会需要的老年人,退役军人福利计划则主要是针退役军人。① 虽然名目较多、保障对象各异,但从资金筹集以及保障对象方面来看,主要还是以税收为支撑、以家计调查为前置程序、针对特定群体的社会救助型长期护理保险制度,且尚未形成独立的长期护理保险制度。奥巴马政府曾计划于 2012 年建立公共老年长期护理保险计划——"社区生活援助服务和支持计划",以帮助失能失智人员获得长期护理服务,但该计划并未在国会通过。目前美国主要还是通过公共保障计划对失能失智人员提供救助。

(二)社会保险型长期护理运行模式

社会保险型长期护理运行模式是以社会保险筹集资金为主,通过政府提供一定补贴、个人承担部分费用建立的长期护理保险制度。其代表国家有荷兰、德国、日本、韩国。

1.荷兰

荷兰是第一个以社会保险形式开展长期护理服务的国家。② 目前荷兰的长期护理保险制度主要是依据 1967 年制定、1968 年正式实施的《特殊医疗费用支出法》。其对象是所有患有疾病(主要是慢性疾病)的人员,不论其是否具有荷兰公民身份,凡在荷兰居住或在荷兰合法工作的外国人都可以享受个人照顾、护理、陪同协助、治疗和机构护理等五类主要护理项目。2007 年,荷兰政府还通过了《社会支持法》,取代此前的《身心障碍者护理法》《福利法》以及部分《特别医疗费用支出法》规定③。

2.德国

德国的长期护理保险制度最具代表性。1974 年,德国老年扶助管理委员会发表《老年疾病机构式治疗与法定健康保险人费用负担评估报告》,将长期护理视为生活中普遍存在的风险。此后历经 20 多年的争论,1994 年 5 月 28 日德国公布《护理需求性风险之社会保障法——护理保险法》,将其作为《德国社会法典》的一部分于 1995 年正式实施,建立了通过长期护理社会保险筹集资金应对失能风险的一系列制度安排。

3.日本

日本是世界上老龄化最严重的国家之一。1989 年日本政府推出"高龄者保健福祉推进策略(黄金计划)",开始重视机构护理服务和居家护理服务;1994 年又推出了"高龄者保健福祉推进策略(新黄金计划)",确立了社会保障所应有的基本方向及目标的福利蓝图。1996 年在此前两个"黄金计划"的基础上,日本政府开始研究制定介护保险法④,1997 年获得通过并于 2000 年正式实施。2000 年日本政府又推出了"21 世纪高龄者保健福祉推进策

---

① 荆涛,杨舒.美国长期护理保险制度的经验及借鉴[J].中国卫生政策研究,2018(8):15-21.
② 代懋.长期护理制度的发展模式探析:以荷兰、北欧和英国为例[J].北京航空航天大学学报(社会科学版),2021(4):58-66.
③ 林美色.长期照护保险:德国荷兰模式析论[M].台北:巨流图书公司,2011:5-14.
④ 长期护理保险在日本被称为介护保险。

略(21世纪黄金计划)",将老人保健福利计划与介护保险事业计划合二为一。介护保险的施行,使日本继德国之后成为世界上第三个以社会保险方式推动建立长期护理保险制度的国家[①]。

4.韩国

韩国《老人长期护理保险法》于2007年通过,2008年7月正式实施。此后,老人长期护理保险制度为取代先前阿尔茨海默病、中风老人的家属负责对老年人的长期护理问题,将这些重担借由社会连带原理转化到国家和社会。老人长期护理保险制度不仅针对老年人,还包括直接担负长期护理责任的中壮年层及其子女[②]。

(三)社会福利型长期护理运行模式

社会福利型长期护理运行模式是以税收筹资为主、个人承担一定费用建立起来的长期护理保险制度,长期护理服务构成社会福利的一环,惠及全体国民。该种模式的代表国家有瑞典、丹麦、西班牙和奥地利。

1.瑞典

作为典型福利国家,瑞典早在20世纪50年代就废止了规定子女应赡养父母的《济贫法》,并通过《社会服务法》规定由政府承担护理工作。在20世纪80年代末以前,政府只支持机构护理,不支持居家和社会护理,80年代末之后,政府开始重视家庭护理等非正式护理,1989年通过的《护理休假法案》规定护理临终家庭成员可以获得100天护理休假,休假期间保留80%的工资[③]。

2.丹麦

丹麦亦实行全民覆盖的税收筹资老年长期护理保险制度。为实现家庭育工作的平衡[④],丹麦规定无论失能失智程度,只要公民提出需求申请,都可获得服务内容和程度不等的护理服务。2003年之前,丹麦政府仅支持公立长期护理服务机构开展服务,随着2003年《社会服务互助法》的实施,私人护理机构同样可以获得政府资助,但提供的服务范围较为有限,以餐饮和清洁工作为主。在管理方式上,丹麦主要采取案例式管理,对护理保障对象提供全程跟踪式服务,包括护理需求评估、护理计划安排和实施、多种护理目的整合与监管等[⑤]。

3.西班牙

西班牙于1982年建立了老年残疾津贴制度,此后直到2006年,老年长期护理工作仅限于依据1978年《宪法》的老年人权益保障条款通过医疗卫生体系和社会服务体系进行:医疗

---

① 李世代课题组.日本、韩国长期照护保险内容与相关法令之研究[R].台湾地区"行政院"经济建设委员会委托项目,2009.

② 李世代课题组.日本、韩国长期照护保险内容与相关法令之研究[R].台湾地区"行政院"经济建设委员会委托项目,2009.

③ WEBER S. Long-term care benefits and services in Sweden[M]∥BECKER U, REINHARD H J. Long-term care in Europe: A juridical approach. Cham:Springer International Publishing AG, 2018.

④ 文太林,孔金平.中国长期照护筹资与公共财政转型[J].行政论坛,2020(1):114-119.

⑤ SCHULZ E, BERLIN D. The long-term care system in Denmark[R]. Brussels:European Network of Economic Policy Research Institutes, 2010.

卫生体系提供免费医疗护理服务(药品、骨科和牙科护理除外);社会服务体系向通过家庭经济调查的社会成员提供政府购买的社会护理服务。2006年,西班牙通过了《推动失能者护理与自立法案》,建立了失能者长期护理保险制度。根据该计划,西班牙劳动和社会事务部将对三类流向护理需求等级分阶段分步骤推进,并在2014年底实现对所有符合资格要求的护理服务需求者全覆盖①。

4.奥地利

20世纪90年代之前,奥地利无论是民众还是政府都认为长期护理是家庭责任。② 但随着奥地利老龄化程度和社会抚养比的不断增压,奥地利联邦和州为解决失能人员长期护理问题,于1993年通过了《长期护理法案》。起初,奥地利在长期护理事务时实行联邦、州分工合作的模式。根据联邦的《长期护理法案》,其服务人群为享受社会保障退休金的人,约占总人口的90%;州级《长期护理法案》则主要用于解决剩余10%人口的长期护理。但实施仅1年后,为有效整合联邦与各州的长期护理资源,奥地利国会通过了《长期护理津贴法案》,对联邦和州层面的长期护理保险制度进行了统一管理。奥地利长期护理保险制度的特点在于给护理需求者直接发放护理津贴,目的在于增强需求者的自主和自觉意识,并缓解家庭非正式护理人员的经济和情感压力,同时刺激地方服务产业的发展和服务质量的改善③。根据《长期护理津贴法案》,长期护理津贴共分为三类:第一类是直接面向失能人员的长期护理津贴,凡失能失智时间不少于6个月或每月至少需要50小时护理的人员皆可获得该类津贴;第二类是面向非正式护理人员的长期护理津贴,主要提供给非正式护理人员,通常为家庭成员;第三类是24小时特殊护理津贴,仅面向提供24小时看护的护理服务者④。2009年,奥地利再次对长期护理保险制度进行了改革,改革的主要内容包括护理津贴需求标准、非正规护理人员支持等。此后为了缓解长期护理保险制度的财政危机,联邦、州、市达成协议,形成了共同出资建立长期护理保障基金的财政体系⑤。

(四)我国应选择社会保险型长期护理运行模式

长期护理运行模式主要与一国的社会保障体系有关。当今社会保障主要有"贝弗里奇模式"和"俾斯麦模式"两种:贝弗里奇模式认为社会保障是人人都应享有的权利,国家应通过税收的方式建立社会保障制度,实行按需分配,惠及全体国民,国家在社会保障中起主导功能,公民选择空间较小;俾斯麦模式则认为社会保障是公民的一项社会权利,主要通过社会保险方式建立社会保障制度,并根据投保人的需求给予一定补偿,国家在社会保障中扮演

---

① CABRERO G R, GALLEGO V M. Long-term care in Spain: Between family care tradition and the public recognition of social risk[M]//RANCI C, PAVOLINI E. Reforms in long-term care policies in Europe. New York: Springer, 2013.

② 赵斌.奥地利长期护理保障制度述评[J].北京航空航天大学学报(社会科学版),2019(2):52-59,126.

③ EVERS A, LEICHSENRING K. Pay for informal care: An issue of growing importance[J]. Ageing International,1994(1): 29-40.

④ BRODSKY J, HABIB J, MIZRAHI I. Long-term care laws in five developed countries: A review[R]. Geneva: World Health Organization, 2000.

⑤ MIKLAUTZ A, HABERSBERGER J. Long-term care—the problem of sustainable financing: The Austrian long-term care system[R]. Ljubljana: ÖSB Consulting, 2014.

制度提供者、市场监管者和服务担保者的角色,公民选择空间较大。有关我国长期护理运行模式,在 2016 年人社部《长期护理保险试点意见》以前,大致有四种观点:一是社会救助型①;二是认为应以社会保险为主,商业保险为补充②③④;三是认为应采取商业保险模式⑤;四是认为应采取过渡性措施,长期护理保险分三步实施⑥。大多数观点主张我国长期护理采保险模式,且倾向于社会保险模式,只是在实现路径上尚存差异。

　　长期护理运行模式选择与一国现有的社会保障模式和社会经济发展水平相关。在我国现有社会保障制度中,社会救助和社会福利主要针对特定的少数群体,而覆盖全民的社会保障采取的主要是社会保险模式。在社会经济发展水平上,我国财政尚不足以支撑普惠制的长期护理保险制度。社会保险模式应是建立长期护理保险制度的选择,有鉴于此,《长期护理保险试点意见》选择的是医保划转筹集护理保险资金的模式。基于此,下文将着重就社会保险型长期护理保险制度立法模式进行研究。

二、社会保险型长期护理立法模式

　　在社会保险型长期护理运行模式下,从已有立法实践来看,主要有保险、服务分立和保险、服务合一两种立法模式。

(一)保险、服务分立立法模式及其评价

　　1.荷兰的立法实践

　　荷兰采取保险、服务分立的立法模式,首先通过的是长期护理保险立法,随后基于实践需要,在长期护理保险立法约 40 年后,通过了长期护理服务立法。目前荷兰规制长期护理保险的主要有两部法律:1967 年 12 月 14 日通过并在 2006 年进行了较大修正的《特殊医疗费用支出法》,主要规制长期护理保险;2006 年 6 月 29 日通过并于 2007 年 1 月 1 日正式实施的《社会支持法》,主要通过采取一系列激励措施以提高长期护理的服务品质。

　　《特殊医疗费用支出法》共 10 章⑦,除第 1 章、第 10 章总则与附则外,对长期护理保险的保险范围、保险给付请求权、保费来源(对护理保险费率进行了规定,但并未规定具体费率,而是作出授权性规范:具体费率由行政命令规定)、保险公司(长期护理保险的保险人)、健康保险局(长期护理保险管理机构)、保险信息资料使用、被保险人救济途径,以及法律责任分章进行了规定。

　　《社会支持法》分 10 章对六个方面的主要内容作出了规定:第 1 章总则对一般概念进行界定;第 2、3 章主要对省级、市级议会与政府的责任进行了宏观规定;第 4—7 章规定了议会

①　何文炯.老年照护服务补助制度与成本分析[J].行政管理改革,2014(10):28-33.
②　戴卫东.中国长期护理保险制度构建研究[M].北京:人民出版社,2012.
③　吕国营,韩丽.中国长期护理保险的制度选择[J].财政研究,2014(8):69-71.
④　朱铭来,贾清显.关于构建我国长期护理保险制度的思考[C]//金融危机:监管与发展——北大赛瑟(CCISSR)论坛文集·2009.北京:北京大学中国保险与社会保障研究中心,2009.
⑤　王新军,郑超.老年人健康与长期护理的实证分析[J].山东大学学报(哲学社会科学版),2014(3):30-41.
⑥　荆涛.长期护理保险理论与实践研究:聚焦老龄人口长期照料问题[M].北京:对外经济贸易大学出版社,2015:98-106.
⑦　1967 年立法时共有 11 章,2006 年修法时删除了第 7 章整章。

和政府的具体责任内容,包括负担部分费用,提供财务津贴、特别补助金、奖励性支付,提供相关信息资料;第 8 章仅 1 条,规定自该法施行后 3 年内,以及在此之后每 4 年 1 次,主管机关应对该法实施效果进行评价;第 9 章为一些其他规定;第 10 章则较为重要,内容主要是为实施该法对其他法律进行了一些修订,如对《公共卫生补贴框架法案》《民法典》《身心障碍服务法》《儿童保育法》等进行了一定修订,这是荷兰立法较为特殊之处。

2.保险、服务分立立法模式评价

有关保险、服务分立立法模式的探讨,德国、日本因采保险、服务合一模式,理论研究中少有涉及。荷兰理论界目前也并未对现有立法模式展开研究,其原因主要有三个方面:一是荷兰最早开展长期护理保险立法,并无制度可遵循,其立法时尚处于探索阶段;二是在荷兰,长期护理保险是作为特别医疗保险的分支进行立法,有关长期护理保险给付的内容可参照医疗保险执行;三是荷兰《社会支持法》中,对其他法律进行了修改,这是其特有的制度。

立法是原则性与技术性的统一,所谓原则性是指立法必须符合法治国家的基本原则,具体在此处即要符合法律保留原则的要求;所谓技术性是指立法必须掌握一定的技巧,否则一部法律的出台极易不适应社会需要或被束之高阁或需频繁修改,有损法的权威性。根据法律保留原则,法律保留适用于那些对公民基本权利影响深远、紧迫的事项,长期护理保险作为一项覆盖广泛的社会保险制度,事关人民之基本权利,需通过法律的形式确立。[①] 而长期护理服务立法中,有关长期护理服务资源配置、机构管理、设施供需、设置标准、服务供给者资格、质量规范与监管标准是否均属须以法律制定的事项范畴,值得商榷。除服务供给者资格、护理质量涉及人民基本权利义务而须以法律形式规范外,其余以行政命令规定为妥,以体现授权立法的优势,提高行政效率。关于此点,我国有学者也提出,将其长期护理服务法中有关服务供给者资格、护理品质等规定移至保险法,那么长期护理保险法将因此臻于完整,至于长期护理服务资源配置、机构管理、设施供需、设置标准与评鉴标准等项目,可通过长期护理保险法的授权,由主管机关制定,以彻底厘清保险与服务两项法规范围,避免重叠或抵触[②]。且此类事项技术性较强,主管部门更熟悉具体业务,由其立法更具针对性和操作性[③]。

(二)保险、服务合一立法模式实践

目前较具代表性的采保险、服务合一立法模式的有德国和日本,其中德国是大陆法系长期护理保险立法最具代表性的国家,日本在立法上虽然主要移植德国,但其注重儒家文化的文化背景与我国具有相似性,有一定的参考借鉴价值。

1.德国的立法实践

德国 1994 年通过的《护理需求性风险之社会保障法——护理保险法》作为《德国社会法

① 汪庆华.法律保留原则,公民权利保障与八二宪法秩序[J].浙江社会科学,2014(12):54-64.
② 林谷燕.长期照护保险制度之立法建议:以德国长期照护保险法为借镜[J].高龄服务管理学刊,2011(1):1-46.
③ 钟秉正.德国长期照护法制之经验[J].长期照护杂志,2006(2):119-135.

典》的一部分出现在其第十一篇①。该法分别于 2001 年、2002 年和 2008 年进行了一定程度的修改，从其立法体系和内容来看，体现了护理保险与护理服务立法的贯穿统一，形成了护理保险与护理服务不可分割的法律体系。

德国护理保险法共 12 章②。第 1 章总则用 13 条规定了长期护理保险法的一些原则性内容，涵盖了长期护理服务立法所需要的原则性规定，包括长期护理保险给付原则（自决原则、居家护理优先原则、预防与医学康复优先原则），给付类型与范围，护理责任主体（既是个体自己责任同时又是社会集体责任），以及长期护理保险给付与其他社会给付间的关系等。

随后的几章涉及给付受领权人、投保人，保险组织、长期护理保险财源、护理保险人与护理服务供给者间的关系、护理费用支付、保险资料、私人长期护理保险、法律责任等。

第 4 章专章就长期护理保险给付作出规定，是长期护理保险法的重点内容。其分 5 节，第 1 节规定给付的基本类型并重申了给付的基本原则；第 2 节是有关给付的一般性具体规定，如给付前提、给付之排除、给付请求权之中止，给付请求权之消灭等；第 3 节是给付具体内容，包括居家护理给付、部分护理式护理、全机构式护理和协助身心障碍者的全机构式护理；第 4 节是对护理服务人员的给付，具体内容包括社会保障、护理假和护理课程培训；第 5 节是对不属于护理等级范围但显著需要一般护理的特殊规定。

第 11 章为 2001 年修法时所增加，是对长期护理服务品质和保护保障对象权益的规定，目前也成为该法的重要内容之一，共 12 条，主要规定了品质责任、品质核查等内容。

2.日本的立法实践

长期护理保险在日本称为介护保险，1997 年，日本《介护保险法》通过，并于 2000 年实施，此后该法经过了一些较小的修改。目前的《介护保险法》除附则外，共有 14 章，其立法体系和主要内容③也体现了保险与服务合一的观念，使长期护理保险和长期护理服务立法成为不可分割的整体。

具体而言，该法除第 1 章总则外，以后各章分别就以下事项作出规定：投保人（范围、资格的取得与丧失、申报程序等）、介护认定审查委员会、保险给付、服务供给者、地区支持、介护保险事业计划（为确保介护保险事业相关保险给付顺利进行，要求中央和各级地方政府制定）、保险费用（包括费用负担、财政安定化基金等内容。财政安定化基金是介护保险的财务

---

① 德国《社会保障法典》是有关社会保障法律的汇编，其既包括早在 1883 年、1884 年、1889 年通过的《疾病保险法》《意外事故保险法》《老年和残废保险法》，又包括晚近才通过的长期护理立法。目前，《社会保障法典》的基本结构是：第一篇总则，第二篇求职者基本保障法，第三篇就业促进法，第四篇社会保险法总则，第五篇法定医疗保险法，第六篇法定养老保险法，第七篇法定工伤事故保险法，第八篇儿童、青少年救助法，第九篇残疾人康复与参与法，第十篇监督机制、争议调解机制，第十一篇护理保险法，第十二篇社会救济。参见周培.德国社会保障法律体系研究[J].理论月刊，2010(2)：137-139.
② 本书有关德国、荷兰长期护理立法的法律文本来源于台湾地区学者江清馧主持的有关课题研究报告中对德国、荷兰相关法律的翻译。参见江清馧课题组.德国、荷兰长期护理保险内容与相关法令之研究[R].台湾地区"行政院"经济建设委员会委托项目，2009.
③ 本书有关日本长期照护立法的法律文本来源于台湾地区学者李世代主持的有关课题研究报告中对日本相关法律的翻译。参见李世代课题组.日本、韩国长期照护保险内容与相关法令之研究[R].台湾地区"行政院"经济建设委员会委托项目，2009.

平衡机制)、财政安定化基金使用、国民健康保险团体联合会开展介护保险相关业务[①]、介护给付费用审查委员会(机构组成、权限、工作程序)、特殊事项(如保费留置权在破产债权中的顺位,保费缴纳时效,保险资料提供等)、法律责任。

其中,第4章有关保险给付的规定,是该法的重要内容之一,分6节规定了给付的认定、介护给付、预防给付、市町村特别给付以及给付的限制等。第5章对服务供给者的规定,亦为该法重要内容之一。因日本对服务供给者采取的是特许制度,因此该章着重对服务人员、居家介护服务经营者、居家介护支持服务经营者等7种介护服务从业机构进行了规范,并规定了获得特许的条件和程序以及这7类机构的信息公开义务。

(三)我国应采保险、服务合一模式

保险、服务分立立法模式实践多囿于该国家(或地区)已有法律体系或已有长期护理保险实践,需要将长期护理服务单独以法律形式加以规范。我国没有将长期护理服务单独立法的法律或实践环境。我国宜采保险、服务合一立法模式,一是长期护理保险需要通过法律形式确立;二是长期护理服务纳入保险体系,作为保险给付的内容加以规定,更有利于从"零"发展起来的长期护理服务实践规范、顺利发展;三是将长期护理服务的一般规定纳入长期护理保险立法,再将其中技术性强、需关注细节、适时进行调整的内容通过授权立法加以规定,更有利于提高长期护理保险立法的可操作性。

1.社会保险需立法保留

《中华人民共和国立法法》(以下简称《立法法》)第八条规定了立法保留,共计10类事项属于立法保留范围,根据该条第(二)项、第(六)项、第(九)项的规定,涉及政府组织和职权、财政、税收基本制度的需要通过全国人大制定法律予以规定。基本财政法律制度包括三个方面:一是财政基本法,规定财政的基本原则、组织建制和运行规律;二是预算法,规定预算的拘束力同时及于财政收入、支出和监管;三是财政收支划分法,着眼于政府间财政关系[②]。社会保险首先必然涉及保险的管理体制问题,这属于政府组织和职权的立法保留范围,其次社会保险还涉及预算法,须立法保留[③];最后鉴于社会保险要求相关主体必须承担缴费义务,制度预期必须稳定可靠,只能通过全国人大制定的"法律"这一高阶法律渊源规范。而"法律化"也是各国社会保险制度实践的必然要求[④],如从现有长期护理保险立法来看,无论采合一还是分立立法模式,都制定了长期护理保险法[⑤]。

2.长期护理服务相关内容可授权立法

高阶性"法律"的优势主要体现在其权威性与刚性,但其亦有缺点,其劣势主要体现在立

[①] 国民健康保险团体联合会是依据国民健康保险法设置的公共法人,是针对医疗机构提交的诊疗报酬账单的审核以及保险机构(城镇街道乡村国民健康保险、船员保险以及互助会的患者部分)向医疗机构支付医疗费等中介行为而设立的民间法人。参见工藤征四郎.日本的医疗制度[J].陈小梅,黄富表,译.中国康复理论与实践,2013(1):36-41.

[②] 刘剑文.论财政法定原则:一种权力法治化的现代探索[J].法学家,2014(4):19-32.

[③] 如我国《社会保险法》第七十一条规定,国家设立全国社会保障基金,由中央财政预算拨款以及国务院批准的其他方式筹集的资金构成,用于社会保障支出的补充、调剂。

[④] 郑功成.让社会保险运行在法制轨道上[J].中国社会保障,2015(11):18-19.

[⑤] 我国台湾地区先行通过所谓"长期照顾服务法",主要与其已存在长期照护事实有关。

法程序的烦琐和成本的高昂,立法经常滞后于社会现实需要。如果将给付行政完全纳入"法律"规范范围,行政行为的主动性、灵活性优势将会受到极大削弱,社会生活中出现的问题将无法得到及时处理,急需保障的权利将得不到保障①。此时,需要通过授权立法,由立法机关将特定事项的立法权授予行政部门,由其根据需要制定相应的规范性法律文本,对相关行为进行规制。在现代国家,随着国家职能的日益扩大,通过授权立法,由行政机关享有部分立法权是必要的:一是现代国家立法任务繁重,立法机关没有时间、能力甚至意愿就每一细节问题都通过法律予以规范;二是立法机关有时对规范对象的技术性不了解,特别是涉及对现代科技的规范;三是行政机关立法先行,进行试点,可以保证后续立法机关的立法更具科学性;四是行政机关立法更灵活,能够及时满足社会生活需要②。具体到长期护理保险立法,在通过《社会保险法》对长期护理保险进行一般规定后,有关护理需求认定标准、服务机构资质、服务质量标准、服务质量监管等事项授权行政部门制定即可,无须再行制定专门的长期护理服务法。

三、我国长期护理保险立法进路

我国长期护理保险立法,一方面可以参酌社会保险型国家或地区的立法经验,进行适当的法律制度移植;另一方面应结合我国社会保险制度现状,制定符合实际需要的法律规则。长期护理保险法律规范在法律渊源上,涵盖了从宪法到法规规章等诸多法律渊源;在法律适用上,既需要通过专门立法对长期护理保险作基础性规定,也可以通过现有法律对其中的部分内容进行规制;规制长期护理保险有关法律的性质,既有公法规范、社会法规范,也有私法规范。即长期护理保险立法应以宪法为依据,以长期护理保险基本法为核心,以行政法规、部门规章为配套形成完备的综合性法律规范体系。

具体路径上,我国长期护理保险立法应以《社会保险法》为基本法,通过授权条款完成长期护理保险资金筹集、保障对象、服务供给和护理给付配套立法。

(一)以《社会保险法》为长期护理保险基本法

根据人社部《长期护理保险试点意见》,我国长期护理保险试点阶段原则上覆盖的是城镇职工基本医疗保险参保人群,因城镇职工基本医保保险不涉及国家补贴,故不通过立法确立有其合理性。当前长期护理保险的资金筹集主要是通过优化职工医保统账结构、划转职工医保统筹基金结余、调剂职工医保费率方式,今后长期护理保险全面推开,从现有相关国家或地区经验以及我国已有社会保险实践来看,还会涉及国家财政补贴,因此必须以立法的形式对长期护理社会保险进行规定。长期护理保险立法需考虑两个选择,一是单行立法与专章规定的选择,二是规范性立法与概括性立法的选择。

1.单行立法与专章规定的选择

单行立法是指以专门立法的形式规定长期护理保险,如日本、韩国;专章规定则是在社

① 杨登峰.行政法定原则及其法定范围[J].中国法学,2014(3):91-110.
② 陈伯礼.授权立法研究[M].北京:法律出版社,2000:69-74.

会保险法中以专章的形式规定长期护理保险,如德国长期护理保险法即作为其社会保险法的一篇进行规定。

我国于2020年6月出台的《基本医疗卫生与健康促进法》第六章规定"国家推动长期护理保障工作,鼓励发展长期护理保险",即将长期护理保险纳入国家基本医疗卫生与健康促进法律体系的一员。而在由国家医保局起草并于2021年6月对外公开征求意见的《医疗保障法(征求意见稿)》中,则出现了前后矛盾的表述,其在总则第二条规定"国家建立以基本医疗保险为主体,医疗救助为托底,补充医疗保险、商业健康保险、慈善医疗救助等相互衔接、共同发展的医疗保障制度体系",意将长期护理保险排除在基本医疗保险体系之外,而其在第二十三条规定"国家建立和发展长期护理保险,解决失能人员的基本护理保障需求。长期护理保险覆盖全民,缴费合理分担,保障均衡适度,筹资和待遇水平动态调整。制定完善与长期护理保险制度运行相适应的失能评估和需求认定等标准、基本保障项目范围以及管理办法等。健全符合长期护理保险特点的经办服务体系。支持社会力量参与制度体系建设,鼓励建立多元综合保障格局",这似乎又有将长期护理保险纳入基本医疗保障体系并以"医疗保障法"为基本法、通过授权性条款制定行政规则之嫌①。

我国现行的《社会保险法》于2010年通过,彼时长期护理保险试点尚未开始,自然未将长期护理保险纳入,因此当前的长期护理服务只能算作一项"老龄事业"②。有学者基于长期护理保险的这一现状,同时考虑当前我国"整个社会保障制度尚处于探索之中,许多方面远未成熟,制度定型的任务也未完成,进行集中立法或制定统一的社会保障基本法,对社会保障作出全面、系统规定的条件尚不成熟"③,长期护理保险立法应采取专项立法模式比较合适,即应出台一部专门性的《长期照护保险法》④。

本书认为,我国长期护理保险的立法选择必须考虑现有的社会保险立法实际。我国社会保险立法采取的是统一立法形式,2010年通过的《社会保险法》第一章规定了社会保险法的基本原则等内容,接下来的第二章至第六章则分别规定了五种具体的社会保险内容,最后在第七章至第十一章分别从社会保险费征缴、社会保险基金、社会保险经办、社会保险监督和法律责任对五种社会保险进行了统一规定。长期护理保险是社会保险的一种,社会保险立法不能将长期护理保险内容排除在外,现代意义语境下"五险"的真正含义应是老年年金(养老)保险、健康(医疗)保险、失业(就业)保险、职业伤害(工伤)保险和长期护理保险,长期护理保险制度作为一个统一的福利性、普惠性和强制性的社会保障制度基于社会保险体系考虑应作为《社会保险法》的一章进行规定,不宜单行立法⑤。当然,在试点以及过渡期可以考虑出台专门的行政规章对长期护理保险予以规制,但从长远来看,我国还是应将长期护理保险纳入《社会保险法》,且目前我国社会保险法领域正在进行长期护理保险试点和生育

① 刘兰秋.长护险立法应避免"碎片化"[J].中国卫生,2021(9):98-99.
② 李涛.我国人口老龄化问题的法律应对研究[M].武汉:武汉大学出版社,2017:68.
③ 余卫明.社会保障立法模式探析[J].法学杂志,2003(5):37-38.
④ 李涛.长期照护保险立法模式选择与难点突破[J].社会科学战线,2019(6):226-230.
⑤ 郑尚元.长期照护保险立法探析[J].法学评论,2018(1):131-139.

保险并入医疗保险试点工作,这也为修改《社会保险法》提供了契机。

2.概括性立法与规范性立法的选择

在立法技术层面,立法可分为概括性立法和规范性立法。概括性立法是指立法仅订立出大的框架、大的原则,具体规范留待今后低层次立法完成[1];规范性立法则是立法就具体事宜作出明确规定,不再通过低层次立法完善。

有研究认为我国长期护理保险立法宜采取规范性立法,其原因有三:一是长期护理保险内容多且重要,规范性立法可以增强权威性,避免法律实施的随意性;二是已进行过试点,有能力进行规范性立法;三是德日相关立法可供借鉴、移植[2]。

上述观点并未考虑到现行《社会保险法》的立法结构,从《社会保险法》规定的五种社会保险来看,皆为概括性规范,授权立法典型语词——"按照国务院规定"经常见诸该法条文中,如长期护理保险章节选择具体规范,一方面与整个《社会保险法》体系不符,另一方面也会造成社会保险法结构畸形——我国《社会保险法》共计98条,若长期护理保险采取规范性立法则仅该章节就会超过98条。此外,更为重要的是规范性立法虽然权威性较强,但是灵活性不足,难以适应社会实际需要,有可能造成《社会保险法》的频繁修改,这实则亦有损法的权威性。基于此,建议长期护理保险立法也采取概括性立法形式,将与社会实际结合紧密的部分内容通过授权立法条款授予地方立法机关或行政机关予以具体细化。

(二)通过授权立法形成配套体系

如上所述,我国长期护理保险立法宜采取概括性立法形式,主要对长期护理保险需立法保留的内容如长期护理保险管理体制以及有关长期护理保险的原则性、重要性事项予以规定,其他则通过授权条款由低层次立法完成,从而形成一个以长期护理保险法为核心,相关配套立法为支撑的长期护理保险法律体系,其具体内容包括长期护理保险资金筹集运行、长期护理保险保障对象、长期护理服务供给和长期护理保险给付法律制度。

1.长期护理保险资金筹集运行法律制度

长期护理保险资金筹集运行法律制度是有关长期护理保险资金筹集和长期护理保险基金运行的法律制度。在长期护理保险资金筹集方面,主要通过相关立法明确长期护理保险资金的来源以及各来源中相关的具体制度,如以长期护理保险资金最主要的来源——长期护理社会保险为例,其涉及保险人、投保人、保险费率、保费分摊等具体规定,以及服务对象付费时付费的比例、特殊困难群体付费的减免等;在长期护理保险基金运行方面,主要涉及长期护理保险基金的运行原则以及具体的运行方式。

2.长期护理保险保障对象法律制度

长期护理保险保障对象是长期护理保险制度所保障的直接受益人,长期护理保险保障对象法律制度主要涉及如何规定享受长期护理服务的"准入门槛",即长期护理保险保障对象主体资格法律制度以及对"门槛内"保障对象的权利保障,即长期护理保险保障对象权利

① 黎建飞.社会保险立法的时机、模式与难点[J].中国法学,2009(6):138-147.
② 周阳.我国社会性长期护理保险法律制度研究:以人口老龄化为背景[D].重庆:西南大学,2015.

保障法律制度。

3.长期护理服务供给法律制度

长期护理服务供给法律制度是为了确保长期护理保险保障对象能够接受应有数量和质量的护理服务而通过相关立法构建的有关长期护理服务供给的法律制度。这在福利多元化背景下显得尤为重要。

4.长期护理保险给付法律制度

长期护理保险给付法律制度是对长期护理保险的给付进行规范的法律制度,其内容主要包括给付原则、给付方式和给付监管三个方面,是规制具体保险给付运作的法律制度。

第四章　长期护理保险管理体制

法律以其公正性和强制性而成为社会保障制度的支撑点,法制化是建立与发展社会保障制度的必由之路①。长期护理保险管理体制是国家对长期护理保险事业的组织机构、人员编制、职责划分的总称,是社会保障管理体制的一部分。作为社会保障制度的运行主体,社会保障管理体制必须通过法律形式予以明确、规范,以确保相关职能部门各司其职,经办社会保障事务时既不"缺位"也不"越位"②,同时这也是法律保留的要求——有关政府的组织和职权必须通过法律予以规范。长期护理保险是社会保障体系的一部分,长期护理保险管理体制的设计应遵循国家在社会保障中的角色定位。长期护理保险管理体制的主要内容包括:一是在宏观层面,国家在长期护理保险制度中的功能定位;二是在中观层面,中央和地方在长期护理保险制度中的分工;三是在微观层面,长期护理保险管理体制的具体组织形态。

一、国家在社会保障中的角色变迁

长期护理保险制度是社会保障体系的一部分。从各国社会保障实践来看,社会保障制度受社会经济发展水平的制约③,在不同历史阶段,国家在社会保障中发挥的作用并不相同。总体而言,国家在社会保障中的角色大致经历了置身事外者、一线责任者和二线责任者三个阶段的变迁。

(一)置身事外者

19世纪中叶以前,贫困被认为是个人风险,甚至在一定时期被认为是懒惰造成的④,要受到惩罚。彼时思想界奉行自由主义,认为政府只是"守夜人",对社会生活不宜介入过多,

---

① 郭伟伟.新加坡社会保障管理体制及对中国改革的启示[J].行政管理改革,2010(7):68-71.
② 李春根,赖志杰.论城乡一体化社会救助体系的构建[J].财政研究,2010(3):31-35.
③ 李胜会,宗洁.经济发展、社会保障财政支出与居民健康:兼对逆向选择行为的检验[J].宏观经济研究,2018(11):26-43.
④ 张浚,周弘.国家行为责任观念的差异[J].欧洲研究,2021(2):1-24.

国家对处于贫困状态的社会成员没有救助的责任,穷人只能自救。"在这场合,像在其他许多场合一样,他受着一只看不见的手的指导,去尽力达到一个并非他本意想要达到的目的。……他追求自己的利益,往往使他能比在真正出于本意的情况下更有效地促进社会的利益。"①此时,应对贫困风险主要依靠家庭、互助和市场三种救助形式,但随着工业化和城市化的到来,这三种模式更加难以有效地解决贫困群体的基本生存问题。

在家庭救助方面,家庭是社会的细胞,在工业化革命以前也是社会生产的基本单位。在自给自足的自然经济社会,家庭是为老、弱、病、残等弱势群体提供保护的唯一避风港。此时的家庭通常是包括三个甚至更多世代的大家庭,但工业化及伴随而来的城市化打破了这样的家庭结构,大家庭不再是主要的家庭类型,取而代之的是核心家庭。家庭的经济生产功能被削弱,就业向城市集中,大量"空巢家庭"出现,家庭的社会保障功能日渐式微。

在互助救助方面,社会成员间的互助是以行会形式进行的。行会早在工业化革命之前即已产生②,是相同行业者通过联合产生的一种自治组织,其对内除发挥自治作用外,还发挥着一定的互助功能③。如英国的友谊社即是工人自愿建立、通过社员缴纳的会费为老、弱、病、伤成员提供特殊津贴的组织④。据统计,截至19世纪80年代末,友谊社成员总数已达400万到500万人,约占英国成年男性人口的50%⑤。但这种互助行为毕竟与保险有别,没有经过科学的精算,又欠缺妥当的管理,不能坚持长久、逐渐破产是其通病。"一个友谊社能维持50年以上是不平常的事;如能维持50年而又不呈现衰微征兆则是非常的不平常了。"⑥

市场机制的救助即通过商业保险形式化解劳动者的社会风险。但逆向选择和道德风险使商业保险形式的保障在实践中发挥的作用极为有限⑦。

(二)一线责任者

工业革命以后,普通劳动者的境遇较工业革命前不仅没有改善,反而变得更差。首先,工业革命将传统农业、手工业生产者转变为工人,使其生产甚至生活处于资本家控制之下。一是圈地运动使劳动者与其劳动资料所有权分离,将社会生产和生活资料转化为资本,并将直接生产者转化为工资劳动者⑧;二是机械化大生产淘汰了传统的手工业生产,传统手工业者被迫成为领取计件工资的工人。其次,资本家利用其对生产资料的控制,最大限度地攫取工人创造的剩余价值,尽可能地压低工资,工人不仅不能享受到工业化生产带来的好处,生活处境反倒变得更差,面临贫困的风险较工业革命前进一步加大⑨。

① 亚当·斯密.国民财富的性质和原因的研究(下)[M].郭大力,王亚南,译.北京:商务印书馆,1974:30.
② 如早在1050年,尼德兰圣奥梅尔的商人行会势力已经相当强大,并已拥有了自己的会馆。参见金志霖.论西欧行会的组织形式和本质特征[J].东北师大学报(哲学社会科学版),2001(5):71-77.
③ 刘继同.英国社会救助制度的历史变迁与核心争论[J].国外社会科学,2003(3):60-66.
④ 丁建定.从济贫到社会保险[M].北京:中国社会科学出版社,2000:140-142.
⑤ 黄素庵.西欧"福利国家"面面观[M].北京:世界知识出版社,1985:39.
⑥ 巴顿.论影响社会上劳动阶级状况的环境[M].薛蕃康,译.北京:商务印书馆,2011:67.
⑦ 郑秉文.商业保险参与多层次社会保障体系的方式、作用与评估:基于一个初步的分析框架[J].辽宁大学学报(哲学社会科学版),2019(6):1-21.
⑧ 中共中央马克思恩格斯列宁斯大林著作编译局.资本论(第一卷)[M].北京:人民出版社,2004.
⑨ 郭家宏.工业革命与英国贫困观念的变化[J].史学月刊,2009(7):52-56.

随着工人队伍的进一步扩大和权利意识的觉醒,工人运动开始风起云涌,资本主义生产方式受到威胁。此时资产阶级不得不承认,贫穷并不完全是个人的原因,资本主义生产方式亦是造成贫穷的原因之一[①]。为了维护资本主义生产方式,资产阶级不得不考虑建立相应的机制缓解社会贫困问题。

以德国分别于 1883 年、1884 年和 1889 年通过的"社会保险三法"——《疾病保险法》《意外事故保险法》《老年和残废保险法》为开端,国家开始介入社会保障事业,推动社会救助、社会保险等社会保障事业发展。特别是在经历了 20 世纪二三十年代的大萧条之后,强调国家干预的"凯恩斯主义"认为市场并不是万能的,在某些领域,市场这只"无形的手"难以发挥作用,这在社会初次分配领域体现得尤为明显,国家有必要通过干预手段,解决民众的贫困问题,在所有干预手段中最为直接也最为有效的即是建立社会保障制度[②]。此后直至 1973 年国际石油危机爆发,政府全面推进社会保障制度建设,并出现了以北欧、英国为代表的福利国家形态,这一时间段堪称"福利国家的黄金时代"[③]:所有欧洲国家,即便是不同党派的执政者,皆有促进高就业、高税收以支应福利国家扩张所需经费的政策共识,具体内容包括扩大社会安全、健康与教育方案,给付提高,给付范围与服务品质提升,纳入新的受益群体及推出新计划等。

(三)二线责任者

国际石油危机的爆发引起了社会保障的理论转向[④],在新古典自由主义影响下,自由主义福利国家模式开始受到追捧,减轻国家社会保障责任的呼声与实践逐渐增多,国家在社会保障中的角色定位开始由一线责任者转为二线责任者。

1973 年国际石油危机爆发后,主要资本主义国家在经济上陷入了长期的滞涨阶段,经济增长缓慢甚至呈负增长,社会保障公共支出占国民生产总值(GNP)的比重逐年上升,财政赤字越来越大。如以瑞典为例(表 4.1),石油危机发生后,其公共支出占国民生产总值的比例和财政赤字大幅增加,将福利国家推向了危险的边缘。

表 4.1　1972 年石油危机前后瑞典公共支出占 GNP 比值及财政赤字

Table 4.1　The ratio of public expenditure to GNP and fiscal deficit before and after the 1972 oil crisis in Sweden

年度/年	公共支出占 GNP 份额/%	财政赤字/亿克朗
1970	44.8	32.3
1975	49.9	72.1
1980	62.6	429.1

资料来源:周缘园."福利多元主义"的兴起:福利国家到福利社会的转变[J].理论界,2013(6):59-63,105.

---

① 余斌.资本主义生产方式的诸多矛盾与经济危机[J].中共杭州市委党校学报,2013(5):69-76.
② 汪毅霖.告别贫困,当代的经济现实与凯恩斯的失算[J].读书,2021(3):3-11.
③ ESPING-ANDERSEN G. The three worlds of welfare capitalism[M]. Princeton:Princeton University Press, 1990.
④ 小岛克久.日本经济发展与社会保障:以长期护理制度为中心[J].王茜铃,译.社会保障评论,2019(1):76-88.

在理论界,凯恩斯主义宣告破产,新古典自由主义开始占据统治地位①。新古典自由主义对福利国家展开了批判②,其典型代表哈耶克提出:一方面,福利国家对个人自由构成了威胁,福利国家实际上是一个"家族式国家","家长"控制着社会的大多数人,他根据他所认为的社会成员需求或应当得到满足的需求的数量和品种来分配财富③;另一方面,福利国家对古典自由主义经济的发展亦构成威胁,打击了福利创造者的积极性,助长了懒汉思想④。弗里德曼则更为激进,认为社会保障体系导致财政支出的膨胀,虽然其目标是崇高的,但结果却令人失望,应逐步取消社会保险⑤。布坎南在弗里德曼的基础上更进一步,他不仅提出要舍弃福利国家,还认为福利国家象征了一个世纪的错误⑥。

根据非商品化程度的不同,哥斯塔·艾斯平-安德森将福利国家分为社会民主主义福利国家、保守主义福利国家和自由主义福利国家三种类型。社会民主主义福利国家以英国为代表,又称贝弗里奇模式,实行普惠制,福利的享有与个人工作业绩关系不大,非商品化程度最高;保守主义福利国家模式以德国为代表,又称俾斯麦模式,福利的享有与个人工作业绩关联,主要通过社会保险运作;自由主义福利国家模式以美国为代表,以剩余模式为特征,国家的社会保障只起到补充性作用。受新古典自由主义思潮影响,自由主义福利国家模式渐渐受到追捧,国家在社会保障中的职能开始收缩,如世界上最早建立"从摇篮到坟墓"福利模式的英国⑦,在1979年撒切尔夫人上台后,要求合理减轻国家在社会保障方面的责任,更加突出个人在社会保障中的义务与责任⑧。政府经营所有的社会保障事务,不仅加重政府的财政负担,而且不利于公民个人责任和义务感的发挥,对整个保障事业发展起到负面作用⑨。同时期的美国里根政府也对社会保障进行了改革,大幅度削减社会保障系统的开支,决定自1981年起,美国联邦政府在社会保障项目上的开支每年削减750亿美元⑩。

二、国家在长期护理保险体系中的功能定位

自由主义福利国家模式是当前社会经济发展条件下,较符合现代国家社会保障制度建设需求的模式选择。在自由主义福利国家模式下,国家在长期护理保险制度中的功能定位应为制度供给者、调控监管者和最终责任者。即在市场经济条件下,长期护理服务可从市场购买,此时政府的职责有三:一是培育长期护理服务市场,制定规则、实施监管,使之健康运

---

① 最明显的例证就是在石油危机发生后的13年时间里,有3位新古典自由主义代表人物——弗里德里希·奥古斯特·冯·哈耶克(1974)、米尔顿·弗里德曼(1976)、詹姆斯·布坎南(1986)获得了诺贝尔经济学奖。

② 杨磊.医疗卫生政策与健康不平等:兼对西方新古典自由主义思潮的批判[J].福建论坛(人文社会科学版),2021(4):169-178.

③ 哈耶克.自由秩序原理(下)[M].邓正来,译.北京:生活·读书·新知三联书店,1997:13.

④ ESPING-ANDERSEN G. The three worlds of welfare capitalism[M]. Princeton: Princeton University Press, 1990:86.

⑤ 弗里德曼夫妇.自由选择:个人声明[M].胡骑,席学媛,安强,译.北京:商务印书馆,1982:122.

⑥ 布坎南,马斯格雷夫.公共财政与公共选择:两种截然不同的国家观[M].类承曜,译.北京:中国财政经济出版社,2000:189.

⑦ 陈毅.从民生到民主的转型:中国民主选择的突破口[J].党政视野,2017(2):53-54.

⑧ 张晓东,赵婷婷.英国撒切尔政府社会保障改革述评[J].当代经济,2020(11):115-117.

⑨ 丁建定.论撒切尔政府的社会保障制度改革[J].欧洲,2001(5):76-82.

⑩ 龚莉.美国社会保障制度的纷争与演变[J].经济体制改革,1995(3):123-125.

行;二是为特别困难的失能人员直接提供或购买长期护理服务;三是建立有效的筹资机制,使失能人员有能力购买社会化长期护理服务①。

(一)制度供给者

与慈善事业时代和济贫制度相比,现代社会保障制度表现出来的一般规律是先有社会保障方面的立法,于后才有社会保障项目的具体实践②。以法律为首的正式制度是推动社会保障的最大动力。制度是一种公共产品③,其既可以由市场供给,也可以由国家供给。但由市场供给一方面存在"搭便车"问题,另一方面更重要的是对后发国家来说,不可能像发达国家那样让政府作为"守夜人"在漫漫长夜中守望制度的自发形成。由国家作为制度供给者一方面是由某些正式制度④的特殊性决定的,如法律是国家意志的表现,只能由国家立法机关制定;另一方面也是因为制度只有借助于国家的权威性才能在社会中发挥最大功用,如相较于其他非正式制度,法律在社会生活中能够得到最好贯彻实施的原因即在于其以国家强制力为后盾。长期护理保险制度作为社会生活中的一项正式制度,涵盖了法律、法规、规章、政策等一系列制度表现形式,只有依靠政府的力量,才能推动长期护理保险法律法规的发展⑤。国家作为制度提供者,必须主动承担起供给责任,积极开展调研、深入研究,"生产"出适合需要的长期护理保险制度规范,推动长期护理保险事业健康、有序、高效发展。

(二)调控监管者

在长期护理保险制度中,长期护理保险呈多元化发展面向。但多元化是一把双刃剑:一方面若不同部门均能借其优势与专业担负起更多的责任来回应长期护理所需,则有助于填补国家在供给上的不足⑥;另一方面多元化也可能意味着不同部门自身缺陷的"多元化",以市场机制为例,市场机制有助于趋向消费者取向,服务更能回应个体的差异性需求,但以"营利"为目的的市场主体在竞争与效率等诉求下,可能会因过度竞争为降价成本而影响服务品质,或根本无竞争而导致服务供给者出现垄断的可能⑦,如智利养老金私营化改革中,养老金的经营曾一度被两大经济集团(威尔和克鲁扎-洛蓝)独占⑧。不同护理方式运作机制及其缺点见表4.2。

①　何文炯.老年照护服务补助制度与成本分析[J].行政管理改革,2014(10):28-33.
②　郑功成.社会保障学:理念、制度、实践与思辨[M].北京:商务印书馆,2000:138.
③　林毅夫.关于制度变迁的经济学理论:诱致性变迁与强制性变迁[C]//科斯,阿尔钦,诺斯,等.财产权利与制度变迁:产权学派与新制度学派译文集.刘守英,等译.上海:上海三联书店,上海人民出版社,1994:374.
④　制度可以分为正式制度与非正式制度:正式制度是指人们自觉发现并加以规范化和一系列带有强制性的规则,包括政治(及司法)规则、经济规则和合约;非正式制度包括行为准则、伦理规范、风俗习惯和惯例等,它构成了一个社会文化遗产的一部分并具有强大的生命力。非正式制度是正式制度的延伸阐释或修正,它是得到社会认可的行为规范和内心行为准则。参见道格拉斯·C.诺斯.制度、制度变迁与经济绩效[M].刘守英,译.上海:生活·读书·新知三联书店上海分店,1994:64.
⑤　陈超.美国老年人长期照护法律体系及其对我国的启示[J].浙江树人大学学报(人文社会科学版),2007(2):68-72.
⑥　赵碧华.社会福利民营化的迷思:公部门的困境? 私部门的愿景?——社会福利资源配置的思考[J].东吴社会工作学报,2003(9):1-44.
⑦　考夫曼.德国福利国家的挑战[M].施世骏,译.台北:五南图书出版股份有限公司,2002:134.
⑧　郑功成.社会保障学:理念、制度、实践与思辨[M].北京:商务印书馆,2000:176.

表 4.2　不同护理方式运作机制及其缺点

Table 4.2　Different care methods' operational mechanism and their shortcomings

制度	国家	市民社会	共同体	市场
产出部门	公部门	第三部门	非正式部门	营利部门
行为主体	公行政	非营利组织	家族	企业
运作原理	科层体制	自愿	人格信赖	竞争
沟通媒介	法律	议论对话	情感互惠	货币
发展基础	合法性/平等	连带/专业	个人化	效率/自由
主要缺点	家长式干预	分配资源效度有限,经营与组织非效率	道德义务的选择制约、对象局限	不平等、不关注无法量化的需要

资料来源:宫本太郎.福祉多元主义の理论と现実、福祉社会と非营利セクターヨーロッパの挑戦と日本の课题[M].东京:日本经济评论社,1999.

相较于传统国家供给的单一模式,长期护理服务多元化运作只是调整了国家的部分直接给付义务,并不意味着国家供给责任的解除,此时国家除需发挥制度供给者功能外,还需要担负起调控监管者的角色,让多元化部门的积极作用发挥加乘效果,并避免出现负作用。长期护理服务的发展虽呈现出"去国家化"趋势,但不论如何调整,国家仍须主动发挥调控监管作用,调和不同部门因为参与护理所衍生的利益冲突,同时对参与长期护理保险的各相关主体进行监管,确保长期护理保险制度持续、高效运行。

(三)最终责任者

在多元化运作背景下,国家开始避免积极介入长期护理服务供给,通过"实质的私部门化"或"任务的私部门化",将国家任务移转给私部门,国家不再执行此项任务,借以减轻国家负担[1]。虽然多元化运作可以充分实现服务对象的选择权,但这都建立在市场服务供给充足的假设之上,若护理服务供给不足,则不但服务对象选择权会受到限制,还会造成服务供给者选择服务对象的"逆选择"效果:因护理机构床位供给不足,护理程度低的服务对象因服务费用较少可能被拒绝提供护理服务;对于经济条件较差且护理需求性高的失能人员,因难以承担费用亦可能被拒绝提供服务。虽然立法可以规定服务供给者负有强制缔约义务,无正当理由不得拒绝提供服务,但被拒绝的失能人员要证明其"无正当理由"事实上相当困难。

基于国家与社会责任分配观点,私部门化仅意味着从"履行责任"转变为"中间责任"或"补充责任",国家并非自该领域完全抽离[2],即国家无法免除其长期护理保险最终责任者义务,在发生危险情形或有重大照顾不足之时,仍须由国家提供或要求私人提供相关给付:如提供服务的私营业者服务品质欠佳,经限期整改未果或经改善后仍无法达到规定标准的,国家须负起对护理需求者的责任,要能立即补位、降低可能冲击,避免护理需求者得不到服务

---

① 陈爱娥.国家角色变迁下的行政任务[J].月旦法学教室,2003(3):104-111.

② 詹镇荣.民营化后国家影响与管制义务之理论与实践:以组织私法化与任务私人化之基本型为中心[J].东吴大学法律学报,2003,15(1):1-40.

之风险,尽快解决护理需求者的护理问题①;由于服务供给者重大明显瑕疵无法继续提供护理服务时,在未确定服务供给者前,国家应提供护理服务;因合同期限届满而结束护理关系时,在未寻得合适的服务供给者前,国家除了要求原服务供给者在一定期间内继续提供护理服务,还可能需要直接提供护理服务;偏远地区的服务供给有可能"无人问津"或民间业者无意愿承担时,此时仍须由国家承担②。

三、中央与地方在长期护理保险中的分工

理清了国家在长期护理保险制度中的功能定位,需要进一步明确的是根据该功能定位如何在不同层级政府、不同职能部门之间进行分工、协调,以实现长期护理保险制度的有序高效运行。国家在长期护理保险制度中的具体职责是通过"三个"政府间的博弈与协调实现的。这三个"政府"分别是:作为最高决策层的中央政府——中共中央、全国人大和国务院;作为执行层的中央政府部门——各个主管部委(总局和局、办);执掌一方的地方政府,特别是省级和市级政府③。不同政府间不仅是领导与合作的关系,也呈现出竞争与博弈的关系④,必须通过法律对不同政府间的权利与职责进行划分,才能确保长期护理保险制度落到实处。

(一)理论争议

关于社会保障这一公共产品供给的中央与地方政府分工,现有理论较多支持由地方政府负责具体事务。如施蒂格勒提出的最优分权模式指出,地方政府比中央政府更接近公众,更了解辖区内选民的偏好与需求。为有效配置资源,在公共物品供给上,应由地方政府对公共物品供给进行决策,中央政府的职责主要在于解决分配不平等和地区间的竞争摩擦⑤。奥茨的分权定理同样支持由地方政府负责经办社会保障事务。"对于某种公共物品来说——关于这种公共物品的消费被定义为是遍及全部地域的所有人口的子集的,并且,关于该物品的每一个产出量的提供成本无论对中央政府还是对地方政府来说都是相同的——那么,让地方政府将一个帕累托有效的产出量提供给它们各自的选民,则总是要比由中央政府向全体选民提供任何特定的并且一致的产出量有效得多。"⑥特里西从信息不完全和非确定性出发,支持由地方政府负责社会保障事务。地方政府较中央政府能更好地掌握居民偏好,中央政府提供公共物品受失真信息误导造成资源浪费或者公共物品供给不足,地方政府则可以避免该类问题的发生⑦。

①　周怡君,庄秀美.德国照护保险中的国家监督管理[J].台大社工学刊,2014(29):199-242.

②　萧文高,黄源协.老人机构照顾民营化:英国、瑞典和香港经验之比较分析[J].社会政策与社会工作学刊,2004(2):83-124.

③　蔡昉.刘易斯转折点与公共政策方向的转变[J].中国社会科学,2010(6):125-137.

④　杨瑞龙.我国制度变迁方式转换的三阶段论:兼论地方政府的制度创新行为[J].经济研究,1998(1):3-10.

⑤　STIGLER G. The tenable range of functions of local government [R] // Joint Economic Committee, US Congress. Federal expenditure policy for economic growth and stability. Washington, 1957:213-219.

⑥　OATES W E. Fiscal federalism[M]. New York:Harcourt Brace Jovanovich,1972:35.

⑦　TRESCH R W. Public finance:A normative theory[M]. Plano:Business Publications,Inc., 1981:574-576.

（二）日本的实践

虽然荷兰和德国的长期护理保险制度较具代表性，但是因其实行联邦制，与我国现行政治体制差异较大，其有关中央与地方分工的法律制度安排对我国借鉴意义不大。在行政管理体制上，日本与我国相似，其在长期护理保险方面有关不同层级政府间的分工做法对我国具有借鉴意义。在长期护理保险管理体制上，日本不同层级政府间的分工都遵循这样的原则："中央"政府的主要职责在于确立长期护理保险相关制度，一般不直接负责长期护理保险具体事务，而是交由地方政府负责具体经办，与经济学理论界的相关理论相符。其具体做法如下。

根据日本长期护理保险相关立法，日本的长期护理保险实行三级负责制。在中央层面由厚生劳动省具体负责，其主要职责包括：确定长期护理保险各项事务的标准，如护理需求性的认定标准、长期护理服务报酬额度、给付上限额度、营利性机构准入门槛；负担部分费用，如保险给付费用、市町村调整补助金、都道府县财政安定化基金等；根据各市町村的长期护理保险事业计划，制订确保保险给付顺利实施的基本方针；对长期护理服务机构、都道府县进行指导与监督；指导市町村正确运营长期护理保险；指导监督长期护理保险相关的支付基金；指导监督国民健康保险团体联合会；从健康保险人征收相关报告；支持市町村与都道府县长期护理保险工作。

在次一级的道府县层面，其主要职责包括：支持市町村之事务，具体内容有指导及支持市町村进行长期护理保险事业，支持市町村共同设置长期护理需求认定审查会，受市町村委托审查判定业务时，设置都道府县长期护理需求认定审查会，制订都道府县长期护理保险事业支持计划以及对市町村计划提出建议，设定去年度居家服务给付上限基准额；指定、许可、指导及监督长期护理服务从业机构；给予财政支持，具体内容有负担部分保险给付费用，设置及营运财政安定化基金；设置长期护理保险审查会，接受投保人之诉求；指导监督国民健康保险团体联合会；教育训练长期护理保险经理人。

基层地方政府层面，石油危机后，日本逐步强化地方政府在社会保障体系中的作用，其长期护理保险的保险人由基层自治组织——市町村担任[1]。其主要职责包括：运营长期护理保险（护理对象的认定、保险给付、征收及管理第二类投保人[2]的保险费）；依厚生劳动省所定的基本方针，每3年必须制订5年为一期的市町村长期护理保险事业计划；其他各种具体的长期护理保险事务，如长期护理需求认定委员会的委员员额，市町村的特别给付，追加居家长期护理服务费分类给付上限的基准额，设定居家长期护理服务费种类给付上限基准额，追加居家长期护理福利用具购买费给付上限基准额，追加居家长期护理住宅修改费给付上限基准额，计算第一类投保人保险费率等有关事项，普通征收之保险费缴纳期限，减免保险费或缓期征收，市町村保健福利事业（包含预防保健事业、支持长期护理者事业、借贷服务费用之资金事业等），制定有关罚金的规则，设定居家服务的过渡性给付上限基准额。

---

① 黄万丁，李珍.日本护理保险制度的理念得失及其对中国的启示[J].现代日本经济,2016(3):73-83.

② 第二类投保人为在市町村区域内有住所的40岁以上未满65岁的医疗保险加入者。第一类投保人不论是否加入医疗保险，年满65岁的均成为住所地市町村的投保人。

（三）我国中央与地方在长期护理保险中的分工

长期护理保险制度是社会保障制度的组成部分，其制度运行中中央与地方的分工必然受现有社会保障体系的制约。我国现有社会保障体系在中央与地方分工上主要存在着四个方面的问题：一是制度设计层面"统放不分"问题突出，中央和地方对社会保障制度设计与政策制定职责不清，地方政府积极性与主动性难以调动；二是对社会保障具体项目分工不明晰，不同层级政府"越位""缺位"现象明显[1]；三是分税制改革后，中央与地方政府在财权与事权方面不协调；四是在社会保障具体经办和监督方面，分工不清，相互推诿情况严重[2]。

为改变中央与地方政府分工问题引起的社会保障体系运转不畅，中共十六届三中全会通过的《中共中央关于完善社会主义市场经济体制若干问题的决定》明确提出，要"根据经济社会事务管理责权的划分，逐步理顺中央和地方在财税、金融、投资和社会保障等领域的分工和职责"；中共十八届三中全会通过的《中共中央关于全面深化改革若干重大问题的决定》进一步要求"建立事权和支出责任相适应的制度。适度加强中央事权和支出责任，……部分社会保障、跨区域重大项目建设维护等作为中央和地方共同事权，逐步理顺事权关系；区域性公共服务作为地方事权。中央和地方按照事权划分相应承担和分担支出责任。中央可通过安排转移支付将部分事权支出责任委托地方承担。对于跨区域且对其他地区影响较大的公共服务，中央通过转移支付承担一部分地方事权支出责任"，同时要求"加快健全社会保障管理体制和经办服务体系"。

长期护理运行虽受现行社会保障体系约束，但作为一项新的社会保障制度，在立法进行顶层设计时可以对中央与地方政府的责任进行妥善的制度安排，避免出现其他社会保障制度运行时凸显的问题。如在制度设计上，中央政府应对基础性、全局性政策进行设计，对细节性、区域性问题在加强指导的基础上交由地方政府自主设计；地方政府则负责细化、落实中央相关政策精神。具体如对于营利机构进入长期护理服务市场准入门槛的设计，中央政策可以作基础性要求，如要求必须是公司法人，至于其他标准，如机构规模、人员配备等可授权地方根据各地实际进行规定。其他诸如长期护理保险基金组织管理、护理服务组织管理方面的中央与地方政府分工下文作具体分析。

四、长期护理保险组织管理

长期护理保险组织管理主要涉及两个方面的问题，一是长期护理保险基金的组织管理，二是长期护理服务的组织管理。目前我国社会保险的具体组织管理事务主要由人力资源和社会保障部门承担，但其并不管理社会服务事业，社会服务事业目前主要由民政部门牵头管理。我国长期护理保险在管理上，应由人社部门管理长期护理保险基金，民政部门负责管理长期护理服务。

① 吴香雪,杨宜勇."立"与"守"协同治理:构建社会保障共同体——社会契约视域下的社会保障责任划分与践行[J].西部论坛,2020(4):12-23.
② 黄书亭,周宗顺.中央政府与地方政府在社会保障中的职责划分[J].经济体制改革,2004(3):19-22.

(一) 长期护理保险基金管理

长期护理保险基金管理主要涉及保险费的征缴、支付和护理需求评估。根据《长期护理保险试点意见》,试点期间,长期护理保险资金主要来自优化职工医保统账结构、划转职工医保统筹基金结余、调剂职工医保费率等途径,在基金管理上,参照社会保险基金有关管理规定执行。但作为一项新型社会保险制度,将来长期护理保险立法时,其在基金管理上应汲取医疗保险的经验教训,提高长期护理保险基金管理水平。

1.提高统筹层次

社会保险基金统筹层次低是我国社会保险制度存在的突出问题。根据《社会保险法》的规定,在社会保险基金统筹目标上,除基本养老保险实行全国统筹外,其他社会保险应逐步实行省级统筹①。但目前社会保险基金统筹水平多数处于县一级,少数到市一级,仍处于较低水平。统筹层次低会给社会保险基金管理带来一系列问题,如抗风险能力差,基金结余难以调控、资金使用率低,相关政策难以落实到位,区域内不公平,异地就医难,等等②。长期护理保险在试点阶段由医保基金直接划转,可要求各统筹单位按照一定比例划转至省级医保部门,由省级医保部门统一调配;至长期护理保险立法时,则直接规定由省级社保部门负责辖区内的保险基金管理。

2.长期护理保险应由社保部门统一管理

目前医疗保险主要由城镇职工基本医疗保险、城镇居民基本医疗保险和新型农村合作医疗保险组成,其中前两者由人社部门管理,新型农村合作医疗保险则是由财政部门和卫生部门监督、新型农村合作医疗经办机构具体管理。长期护理保险若适用该种管理体制可能带来城镇和农村长期护理服务有差异、不均衡等问题。长期护理保险试点阶段原则上仅覆盖城镇职工基本医疗保险参保人群,尚不存在此类问题。长期护理保险立法时其保障对象应是全体国民,在基金管理上,不能再走医疗保险的老路,人为地造成城乡不均衡,而应由社保部门统一管理。

(二) 长期护理服务组织管理

长期护理服务管理具体包括服务供给主体资格的确定,服务内容、服务质量管理等。目前,民政部门在社会服务的具体经办和管理上,具有较为丰富的经验,由其负责对长期护理服务进行管理是较为妥当的。

---

① 高传胜.新时代我国城乡居民社会保险制度改革建设再思考:兼论人口流动对现行社会保险制度的挑战与应对[J].新疆师范大学学报(哲学社会科学版),2021(3):112-129.
② 何林生,阙俊忠.医疗保险基金省级统筹运行机制初探[J].中共福建省委党校学报,2011(12):68-74.

第五章　长期护理保险资金的筹集与运行

长期护理保险资金筹集运行法律制度是有关规制长期护理保险资金筹集和运行的法律规范的总称。长期护理保险资金筹集运行法律制度是长期护理保险法律体系的重要组成部分,是长期护理保险制度得以运作的前提。为确保长期护理保险制度持续稳定运行,我国应采取多元化的长期护理保险资金筹集方式,通过社会保险、政府补助、服务对象付费等方式进行资金筹集。在长期护理保险基金的运行上,基于收支平衡和相对独立原则的考量,应采取部分提存准备金的基金运行方式。

一、长期护理保险资金筹集模式

作为一项社会保障制度,长期护理保险在资金筹集上虽有固定模式可循,但其具体筹资模式的选择主要还是与一国经济发展水平和整体社会保障制度有关。通过比较与借鉴以及对我国现有社会保障制度的分析,我国长期护理保险资金应采取社会保险、政府补助和服务对象付费等多元化筹集模式。

(一)社会保障资金筹集模式

社会保障资金筹集模式大致可以分为"贝弗里奇模式""俾斯麦模式"和"混合模式"三种,长期护理保险资金采取何种筹集模式,既与其性质或目的有关,又与国家的整体社会保障制度和经济发展水平有关。

1.贝弗里奇模式

贝弗里奇模式系按照 1942 年英国威廉·贝弗里奇爵士的蓝图设计而成并因此而得名①,其又被称为社会救助模式,筹资来源以国家税收为主。早期的贝弗里奇模式仅对经济困穷者给予最基本的救助,但时至今日,贝弗里奇模式已不限于济贫性质的社会救助,亦包含对贫困者以外者所提供的各种社会福利服务,如在身心障碍福利或儿童福利领域往往以

---

① 丁纯.德英两国医疗保障模式比较分析:俾斯麦模式和贝弗里奇模式[J].财经论丛,2009(1):22-27.

具体服务或生活津贴的方式满足特定社会政策目的。贝弗里奇模式以国家税收为主要财源，受领给付时不以事先缴纳费用为前提条件，亦即具有"无对价性"，符合同等资格或达到相同条件者均能接受同等给付，与受领给付者的经济条件或负担能力无关①。因此，贝弗里奇模式提供的社会保障给付往往伴随着严格的资产调查程序，以避免福利资源的浪费。采用贝弗里奇模式的代表性社会保障制度有社会救助、社会福利和社会津贴。

贝弗里奇模式的优势在于，其以税收为财源，政府可以主动划定保障的标准和范围，以最有效率的方式集中财源在最需要保障的对象上，以达到保障目的。而且受领给付不以事先缴纳费用为前提，符合条件者均能依法受领给付，不会发生如社会保险投保人因未缴纳或延误缴纳保险费而不得受领给付的情况，因此贝弗里奇模式较适用于具有紧急性或亟须政府介入保障的情况，例如落入贫穷线的社会救助，或身心障碍者的福利措施等。

贝弗里奇模式亦有其劣势。首先是政府财政负担沉重，因贝弗里奇模式过度依赖政府财政，使政府财政负担较重，特别是随着人口老龄化进程加快和社会保障刚性发展②，政府的负担愈加沉重。其次是易造成资源浪费，贝弗里奇模式下，个人无须缴纳任何费用，个人负担和社保给付之间并无关联，容易诱发道德风险，符合条件者若无限制地领取给付，将造成服务重叠与资源浪费，有限的福利资源无法妥善分配，虽然为防止资源浪费，贝弗里奇模式多配以资产调查程序、排富条款，或要求保障对象自负部分负担，以限制无益的利用，但实际上仍难以避免滥用福利的情况发生。最后是可能带来"烙印"效果③，在贝弗里奇模式中，领取救助以资产调查为前提条件，而在资产调查程序中，因会对接受救助者进行详细的家庭经济情况调查，有可能会对其产生负面的"烙印"效果，这在强调公民权利的今天已经开始遭受诸多质疑。

2.俾斯麦模式

俾斯麦模式因其在德国俾斯麦时期（1883年）首创而得名④，其又被称为社会保险模式，筹资方式系运用"保险原理技术"的社会保险制度。俾斯麦模式资金主要来源于投保人所缴纳的保险费，未缴纳保险费者原则上不得受领保险给付，依规定缴纳保险费者即享有受领保险给付的权利，无须经过资产或所得调查程序⑤。与商业保险相比，社会保险给付的高低并不由所缴纳保险费的高低决定，而是以"需求程度"决定保险给付额度，因此社会保险给付和保险费之间不具有绝对的对价性，而是具有"缓和的对价性"。虽然社会保险不重视个别投保人保险费与保险给付间直接精确的数理比例关系，但社会保险财务上重视的是保险费"整体"收入与保险支出的平衡，同时还强调保险财务的独立性，基本上不容许保险费收入挪作保险给付以外的用途。

与贝弗里奇模式相比，俾斯麦模式的优势体现在其财源独立性强，与政府财政负担能力

---

① 刘晓梅，闫天宇.英国福利思想与制度变化的再思考[J].社会保障研究，2020（4）：93-101.
② 郑功成.社会保障学：理念、制度、实践与思辨[M].北京：商务印书馆，2000：155-156.
③ 林义.关于东亚社会保障模式的理论思考[J].中国人民大学学报，2012（2）：10-17.
④ 丁纯.德英两国医疗保障模式比较分析：俾斯麦模式和贝弗里奇模式[J].财经论丛，2009（1）：22-27.
⑤ 徐清.欧洲福利制度主要模式的比较与借鉴[J].现代经济探讨，2021（3）：126-132.

关联性较弱。且社会保险财务独立运作,投保人对增加保险费能有充实保险给付的期待,对提高保险费的接受度比增税的接受度高,社会保险的改革相对容易进行。此外,社会保险方式下个人所负担的保险费是依照特定计算公式得出的,相较于个人可能负担的多种税收种类及项目,保险费较能预测并特定出一定金额的负担,保险费和所受给付的关系亦较易进行调整。且保险费的缴纳作为受领保险给付的前提要件,即意味着社会保险方式下个人的权利性较强,得以强化投保人的权利意识,有助于提高制度运作的效率[①]。

俾斯麦模式的劣势在于:首先是对贫困群体不利,投保人因生活困境一时或长期无法缴纳保险费,即无受领保险给付的权利,或虽然仍可以受领给付,但给付额度可能被扣减以至于难以维持生活,相较于贝弗里奇模式,贫困群体获得充分保障给付的机会减少;其次是会加重用人单位负担,俾斯麦模式下的保险筹资通常采取雇员与雇主共同缴费的方式,这将提高用人单位的人力资源成本,加重用人单位负担;最后是不利于财源稳定性,社会保险同样遵循保险的大数法则,大数法则是保险业经营的一个重要数理基础[②],要求通过保险经营的规模性来确保保险财务的稳定性。但在社会保障制度中,特别是对长期护理保险制度而言,因社会公众对失能风险的认识不同,有可能选择不缴纳该项社会保险,若不缴纳保险费的状况持续恶化,整体缴纳率降低,将危及整个保险财源的充足性,从而影响社会保险风险分担功能的发挥。

3.多元模式

鉴于贝弗里奇模式和俾斯麦模式各有优劣势,各国在构建社会保障资金筹集模式时,通常会选择多元模式,以试图微幅弥补其中一种筹集模式的不足,并兼采他种方式的优点。最常见的方式是在社会保险运作模式下,由国家负担一部分比例的财源,以减轻投保人缴纳保险费的负担。

(二)我国长期护理保险资金筹集模式

关于我国长期护理保险资金筹集模式的选择,理论界已经开展了较为充分的讨论,大多数观点认为应该采取多元资金筹集模式,这同时也被实践证明为行之有效的,将来长期护理保险立法时应继续坚持。

1.我国长期护理保险资金筹集模式选择

长期护理保险制度面向的失能风险是社会上每个人都有可能遭遇的风险,风险的普遍性决定了其不宜单纯依靠政府财政支持,即采取贝弗里奇模式难以充分保障长期护理保险的普遍需求。而单纯通过社会保险筹资,又存在不利于特困群体保障、加重用人单位负担、财源稳定性欠缺等问题。从目前已有长期护理保险立法的国家和地区实践来看,均采取多元模式筹集资金,其资金来源除社会保险外,还来自政府的财政补贴、个人付费等[③]。

鉴于长期护理服务需求的迫切性,我国理论界就长期护理保险资金筹集模式进行了较为充分的探讨。有观点认为应采取社会救助模式,长期护理保险技术复杂、成本高,从日本

①　胡竣凯.长期照顾财政制度之研究:以日本长期照护保险施行之经验为借镜[D].台北:台湾大学,2015.

②　张艳辉.保险经营中的大数法则与规模经济性[J].财贸研究,2003(3):36-38.

③　华颖.国际视野下的中国长期护理保险政策选择[J].学术研究,2021(7):91-97.

经验看,困难较多,不宜采用社会保险方式,普惠性的公共福利模式成本太高亦不适用。因此建议采用社会救助模式,建立老年护理服务补助制度,护理保险以补充保险方式实施,由商业保险或互助合作保险组织办理①。

考虑我国社会保障制度实际以及长期护理保险制度保障对象的特殊性,我国长期护理保险资金筹集宜采多元模式,通过多元化的渠道筹集长期护理保险资金。采用多元模式是对我国社会保障制度传统筹资机制的延续②,如目前的养老、医疗保险都以保费为主要资金来源,同时,政府补助也占有一定比例,除此之外,保险基金支付无法涵盖的部分,则由服务对象个人负担。

采取多元模式筹集长期护理保险资金有其现实可行性。有研究通过测算证明了多元筹资模式的可行性。其以浙江省为例,按照 2012 年的护理费用水平(城镇 37 910 元/年、农村 14 996 元/年)并考虑费用增加,设定政府补助与保费负担各占 50%、投保人为 40 岁及以上人员、60 岁及以上人员的缴费标准为 40~59 岁的 50%、低收入群体保费由政府承担等条件进行测算,则 2012 年城乡 40~59 岁非低收入人员的年缴费金额分别为 58.17 元、30.48 元,政府财政负担 10.85 亿元。可见政府财政负担并不高,个人缴费也比较低③。

我国长期护理保险制度目前尚处于探索建立初期,可以分步实施,逐步实现多元筹资的长期护理保险制度构建。有研究提出了长期护理保险筹资实现多元模式的"三步走"路径:第一步采取商业长期护理保险的模式;第二步国家、企业、个人共同参与的社会基本长期护理保险和商业长期护理保险相结合,商业长期护理保险作为补充保险;第三步,实行政府强制的全民长期护理保险模式④。

2.我国长期护理保险资金筹集原则

综合考虑长期护理保险制度的立法初衷、我国现阶段经济发展水平和对长期护理服务的现实需求,我国长期护理保险资金筹集应坚持以下四个原则。

(1)充分性原则

充分性原则,又称为可持续性原则⑤,是指基于长期考虑,长期护理保险资金财源必须稳定、充分,能够满足保险基金支出的需要,维护财务平衡,达到长期经营的目的⑥。实践证明,任何单一的筹集模式都难以保障长期护理保险资金的需要,如主要依靠社会保险筹资的德国,其在长期护理保险法实施 4 年后,即连续 6 年出现保险基金年度收支赤字,直到提高保险费率才"扭亏为盈",而提高保险费率又引起了民众的不满。因此,必须通过多元化筹资渠道确保长期护理保险基金的充足、稳定。

① 何文炯.老年照护服务补助制度与成本分析[J].行政管理改革,2014(10):28-33.

② 林宝.对中国长期护理保险制度模式的初步思考[J].老龄科学研究,2015,3(5):13-21.

③ 浙江省老年人长期照护保障制度研究课题组.浙江省老年人长期照护费用保障机制研究[J].老龄科学研究,2013(2):38-47.

④ 荆涛.长期护理保险理论与实践研究:聚焦老龄人口长期照料问题[M].北京:对外经济贸易大学出版社,2015:98-106.

⑤ 李佳.中国长期护理保险制度财政负担可持续性研究:基于 17 种试点方案测算[J].社会保障评论,2021(4):53-71.

⑥ 郑文辉课题组.长期照护保险法制财务机制及财源筹措之评估[R].台湾地区"行政院"经济建设委员会委托项目,2009.

（2）公平性原则

公平性原则是指作为社会保障制度的长期护理保险虽然是通过社会连带来分散风险，但在筹资上必须体现公平性，以避免道德风险，确保长期护理保险制度可持续发展[①]。公平性原则又包括"受益原则"和"量能原则"两个方面：前者是指为避免道德风险，服务对象需支付一定的费用，以促进长期护理保险资金的妥善使用；后者是指社会保险费应视投保人的经济能力采取不同的征缴比例。

（3）中立性原则

中立性原则是指资金筹集应尽量避免对经济活动造成影响，避免扭曲生产要素价格而导致经济发展受阻。在单纯采取社会保险模式筹资且用人单位应分担保费的情形下，保费的征缴会不可避免地会给用人单位带来一定程度的支出负担，影响其经济活动和经济发展。

（4）体系性原则

体系性原则是指长期护理保险筹资模式选择应尽量保持与现有社会保险体系一致。各国在具体社会保障制度筹资模式的选择上，除理念偏好外，最主要考虑的是制度的传承与协调[②]。我国长期护理保险建议采《社会保险法》专章规定的立法形式，而《社会保险法》规定的现有社会保险制度基本上都采取了多元化的筹资方式，为了保持《社会保险法》的体系性以及社会保险制度的统一性、协调性，长期护理保险亦应选择多元化筹资方式。

3.我国长期护理保险资金筹集具体路径

实际上，在2016年人社部办公厅发布《长期护理保险试点意见》以前，青岛市、南通市和长春市已就长期护理保险进行试点，在三个试点城市中，青岛市通过划转医保基金和福彩公益金进行筹资，长春市和南通市则通过划转医保基金和财政补助进行筹资，总体上看，这三个试点城市都取得了不错的效果[③]。因此2016年发布的《长期护理保险试点意见》就长期护理保险资金筹集指出，在当前试点阶段，主要通过优化职工医保统账结构、划转职工医保统筹基金结余、调剂职工医保费率等途径筹集长期护理保险资金，并在试点期间逐步探索建立互助共济、责任共担的长期护理保险多渠道筹资机制。这既是对青岛、南通和长春经验的延续，亦与我国社会保险体系相符。其通过"责任共担"指明今后长期护理保险将采取多元筹资方式。而从当前试点的城市来看，除极少数城市采取了单一的医保划转筹集方式外，绝大部分都采取了医保划转，财政补助，个人、单位缴费，社会捐助等多元化的筹资手段，详见表5.1。我国将来在长期护理保险立法时，应基于长期护理保险筹资的充分性原则、公平性原则、中立性原则和体系性原则考量，在地方实践的基础上，考虑我国社会保险体系实际，选取最有利于长期护理保险制度持续性发展的多元化筹资方式。

---

① 向春华.长期护理保险筹资体系：原则与制度[J].盐城工学院学报(社会科学版),2021(4):41-45.
② 米红,赵殿国.海峡两岸农村社会保险理论与实践研究[M].北京：华龄出版社,2011.
③ 张慧芳,雷咸胜.我国探索长期护理保险的地方实践、经验总结和问题研究[J].当代经济管理,2016(9):91-97.

表 5.1 试点城市长期护理保险筹资模式

Table 5.1 Pilot city long-term care financing model

试点城市	筹资方式
重庆市	医保基金、个人缴费、财政补助等,接受企业、单位、慈善机构等社会团体和个人的捐助
宁波市	从市区职工基本医疗保险统筹基金累计结余中划拨 2 000 万元作为启动资金,逐步探索建立互助共济、责任共担的长期护理保险多渠道筹资机制
昆明市	按照"多方筹资、责任分担、权利义务相统一"原则,建立个人和单位缴费为基础,医保基金划拨、福利彩票公益金划拨、财政补助、社会捐助、其他资助方式为补充的多渠道筹资机制
乌鲁木齐市	个人缴费、医保统筹基金划拨、财政补助、社会捐助
石河子市	个人缴纳、单位缴纳、划转医保统筹基金、调剂职工医保费率,以及政府补助、拓展福彩体彩公益金收入、社会捐赠等途径多渠道筹集
天津市	单位和个人缴费为主;必要时从上年度福利彩票公益金中安排一定比例资金充实长期护理保险基金;鼓励各类经济组织、社会团体和个人等捐赠资金支持长期护理保险事业
成都市	个人、单位缴费,财政补助,社会捐助等
上海市	医保划转
汉中市	个人、单位缴费,医保划转
晋城市	个人、单位缴费,财政补助,医保划转,社会捐助
济南市	医保基金划转、财政补助、福彩公益金、个人缴费、接受社会团体和个人捐助
青岛市	个人、单位缴费,财政补助,医保划转,社会捐助
淄博市	医保划转、财政补助、福彩公益金
枣庄市	医保划转、单位补充医保划转、个人缴费、财政补助、福彩公益金
东营市	个人缴费、医保划转、财政补助、社会捐赠
烟台市	医保划转、个人缴费、财政补助、福彩公益金
潍坊市	医保划转、财政补助、福彩公益金
济宁市	医保划转,个人缴费,财政补助,福彩公益金,企业、单位、慈善机构等社会团体和个人捐助
泰安市	职工医保统筹基金、单位补充医保资金、个人缴费及财政补助、福彩公益金
威海市	个人缴费、医保划转、财政补助、福彩公益金
日照市	医保划转,财政补助,个人缴费,企业、单位、慈善机构个人等捐助
临沂市	医保划转、个人缴费和财政补助等
德州市	医保划转、单位补充医保资金、个人缴费、财政补助、福彩公益金等
聊城市	职工医保统筹、单位补充医保资金、个人缴费、财政补助、福彩公益金
滨州市	个人和单位缴费、财政补助以及社会捐助
菏泽市	医保划转、单位补充医保资金、个人缴费及财政补助、福彩公益金等
呼和浩特市	单位和个人缴费为主,财政适当补助,接受社会捐助,起步阶段单位缴费由医保划转

试点城市	筹资方式
盘锦市	以单位和个人缴费为主
上饶市	医保划转、财政补助、单位缴费、个人缴费、社会捐助等
苏州市	个人缴费、政府补助、医保划转
南通市	政府补贴、医保划转、个人缴纳、社会捐助
长春市	医保基金划转一次性启动资金
吉林市	医保划转
通化市	以用人单位和个人缴费为主、政府补助等为辅、互助共济多渠道
松原市	医保划转
梅河口市	个人、单位缴费,财政补助,社会捐助
珲春市	医保划转
湘潭市	单位和个人缴费为主,鼓励企业、社会团体和个人捐助,医保一次性划拨 500 万元作为启动资金
荆门市	个人缴纳,医保划转,财政补助,企业、单位、慈善机构捐赠
齐齐哈尔市	医保划转,企业、单位、慈善机构等社会团体和个人的捐助
开封市	保险、财政补助、社会捐助
承德市	保险、医保划转、社会捐赠
黔西南布依族苗族自治州	单位缴纳、个人缴纳、财政基金补助、社会捐赠
南宁市	捐助、个人缴纳
广州市	单位和个人缴费、财政补助
甘南藏族自治州	个人和单位缴费、财政补助
福州市	单位和个人缴费、财政补助、社会捐助
石景山区	个人、单位缴费
安庆市	个人缴费、医保划转、财政补助

资料来源:笔者根据各试点城市相关文件整理。

二、长期护理保险资金筹集法律规制

在确定了长期护理保险资金多元化筹集模式之后,需要着重研究如何通过法律规范明确资金筹集的具体问题。鉴于长期护理保险资金筹集涉及保险精算等保险学、经济学方面的专业内容,非本书研究主旨范围,以下主要就长期护理保险资金筹集中涉及特别需要法律明确的相关问题进行讨论。

(一)保险筹资

长期护理社会保险是长期护理保险筹资的主要方式,长期护理保险立法时需要核心考虑的问题是长期护理保险与医疗保险间的关系,即长期护理保险独立性的问题。此外,投保人范围、保费分摊、保费基数和保险费率等应在我国社会保障制度现状的基础上,适当借鉴国外经验,妥善设计,以确保长期护理保险可持续发展,推动长期护理保险制度的实施。

1.长期护理保险的独立性

长期护理保险的独立性所关注的问题是护理保险资金是应独立筹集运行还是依附于医疗保险基金。青岛市、南通市和长春市先行试点城市及《长期护理保险试点意见》都将医保基金划转作为长期护理保险基金来源方式,而即便在 2020 年之后第二批试点的城市中仍然有不少城市将医保划转作为长期护理保险资金的重要来源,甚至是唯一来源,这似乎预示着长期护理保险资金有可能附属于医疗保险基金运作。我国理论研究中,有不少学者反对依附方式,建议长期护理保险作为一项独立的社会保险存在。有学者借助保险精算平衡理论的方式对试点城市长期护理保险依托医疗保险的模式进行了测算,发现预计到 2025 年,15 个试点省、市中将会有 6 个省、市的医疗保险基金累计结余出现 4 898.4 亿元的赤字,全国医保基金累计结余将减少 28 944.5 亿元[1];有学者则通过测算城乡居民长期护理服务需求和架构医疗保险精算模型发现,对于当前试点城市普遍采取的依托城镇职工医疗保险方式,其将会威胁到职工医保统筹基金的安全,应谨慎采用,而对于城乡居民医疗保险,将会增加保险基金的赤字,且必须将医保划转严格控制在 20% 以内,否则城乡居民医保基金安全同样受到威胁[2]。有学者则提出,护理资金来源于医保将不利于长期护理保险制度的独立性、也不符合社会保险法规定的专款专用要求[3]。长期护理保险属于长期的支付制度,如果过于依赖医保基金势必会对医保的运行产生负面影响,且部分地区医保基金自身收支平衡已遇到严峻挑战,医保基金不是应对人口老龄化背景下老年护理费用增长的恰当措施,应该慎用医保基金支付长期护理服务费用[4]。

长期护理保险是否应独立于医保关键不在于医保基金是否充足,因为近年来我国医保基金运转良好,结余不断增大(图 5.1),而且即使在医保基金压力增大时还可以通过调整医保费率、增加财政补助等改善。长期护理保险应独立于医保运行,其与医疗保险分离的关键在于长期护理保险制度作为一项独立的社会保障制度,其在保障对象、给付内容、给付方式等方面与医疗保险存在根本性区别,如将二者混合运行,将会湮没长期护理保险制度的制度价值,再次将医疗与护理合二为一,其对现行医保制度而言不过是变成了一项增加医保基金收入的渠道,原来存在的问题将会继续甚至数倍放大地存在。

2.投保人

根据保险的大数法则和社会保险的目的,投保人的立法设计应尽可能涵盖所有国民群体。审视国外长期护理保险立法,对投保人的规定都采取了宽口径设计[5]。

---

[1] 荆涛,邢慧霞,万里虹,等.扩大长期护理保险试点对我国城镇职工医保基金可持续性的影响[J].保险研究,2020(11):47-62.

[2] 田勇,殷俊."依托医保"长期护理保险模式可持续性研究:基于城乡居民与城镇职工的比较[J].贵州财经大学学报,2019(2):91-101.

[3] 张慧芳,雷咸胜.我国探索长期护理保险的地方实践、经验总结和问题研究[J].当代经济管理,2016(9):91-97.

[4] 杨燕绥,于森.人口老龄化对医疗保险基金的影响分析[J].中国医疗保险,2014(10):12-15.

[5] 陈诚诚.长期护理保险试点地区筹资机制的实施现状与政策述评[J].学习与实践,2020(6):88-96.

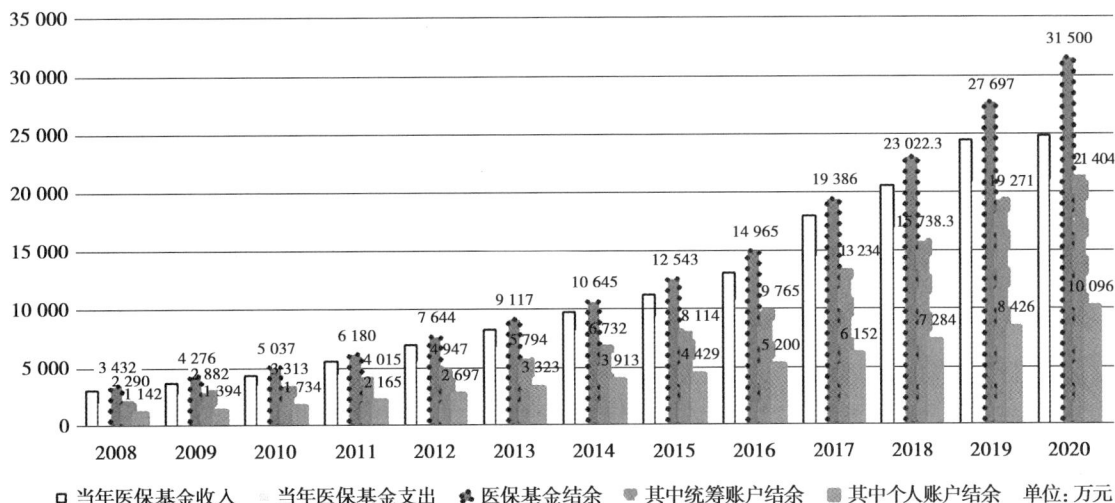

图 5.1　我国医疗保险基金 2008—2020 年运行情况

Fig 5.1　Operation of medical insurance fund in China in 2008-2020

数据来源：《2008—2017 年人力资源和社会保障事业发展统计公报》《2018—2020 年全国基本医疗保障事业发展统计公报》。

如德国长期护理保险投保人可分为强制投保人、自愿投保人和眷属加保三类。其中强制投保人是指所有法定健康保险的投保人；自愿投保人是立法者为了长期护理保险保障范围尽可能扩及全体人民而规定的法定健康保险的自愿成员[1]有权利亦有义务投保长期护理险；眷属加保是指投保人的配偶、同居伴侣和子女以及配偶或同居伴侣的子女可以加入长期护理险，但需要满足一定条件[2]。

日本《介护保险法》将投保人分为两类：第一类投保人为在市町村区域内有住所的 65 岁以上者；第二类投保人为在市町村区域内有住所的 40 岁以上未满 65 岁的医疗保险加入者。第一类投保人不论是否加入医疗保险，年满 65 岁的均成为住所地市町村的投保人。而第二类投保人除了年龄限制外，尚须加入医疗保险方取得投保人资格。若为 40 岁以上未满 65 岁的低收入户，由于无法加入国民健康保险，亦不具长期护理保险投保人资格[3]。

在我国当前的长期护理保险试点中，绝大部分试点城市在投保人范围上仅限于城镇职

---

① 根据德国健康保险法的规定，高收入者、少量工作者、公务员、雇主、雇农、艺术家以外的自由职业者可以自行选择是否加入法定健康保险。

② 德国《长期照护保险法》对眷属加保规定了明确的条件，其中配偶或同居伴侣成为投保人需同时满足的条件：在德国境内有住所或居所；非为强制投保人或自愿投保人；无固定职业；每月收入不超过《社会保险法》第 4 篇第 18 条规定的月收入标准的 1/7 等。子女符合以下任意条件即可成为投保人：未满 18 岁；未满 23 岁且未就业；未满 25 岁且仍在接受教育（含职业教育）或依《青少年自愿服务法》自愿从事社会服务、环保服务；若接受教育（含职业教育）因服役而中断或迟延，则可以延长至超过 25 岁；身心障碍者无年龄限制。

③ 低收入户者受雇于适用健康保险的事业单位的则可以加入健康保险，此时即属于第二类投保人，依法加入长期照护保险。即便低收入户加入长期照护保险，其所应缴纳之保险费由社会救助制度的"生活扶助"负担，利用服务或进入机构时的费用亦由"长期照护扶助"提供（参照日本《生活保护法》第 15 条）。未加入长期照护保险之低收入户需要使用长期照护相关服务时，其所需之费用全额由长期照护扶助负担。简而言之，低收入户如欲使用长期照护服务，不论是否依法加入长期照护保险，均无须负担任何费用，由社会救助制度全额负担。

工医保参保人群(30个城市),部分扩大到居民基本医保参保人群(7个)、城乡居民基本医保参保人群(8个),仅山东东营和日照两市面向了全体人民,还有部分试点地区将长期护理保险扩大到了居民医保,但将年轻人群体(儿童、学生)排除在外(表5.2)。这受到了不少学者的批评,如:有学者认为这将对长期护理保险有真正需求的人群权利受到剥削,增加了此部分人群的负担①;有学者提出在"老龄化、空巢化、老年人失能化"大背景下,农村老年群体比城市老年人更需要长期护理保险②,而试点主要面向城市展开,不利于在农村推行;还有学者提出为了提高年轻人的风险意识,应将年轻人纳入等③。

表 5.2 试点城市长期护理保险投保人范围

Table 5.2 Scope of long-term care insurance policyholders in pilot cities

试点城市	投保人
重庆市	职工医保参保人群
宁波市	职工医保参保人群
昆明市	职工医保参保人群
乌鲁木齐市	职工医保参保人群、居民基本医保参保人群
石河子市	职工医保参保人群
天津市	职工医保参保人群
成都市	职工医保参保人群、城乡居民基本医疗保险的参保人群(不含学生儿童、大学生城乡居民基本医疗保险参保人群)
上海市	职工医保参保人群、城乡居民基本医保参保人群
汉中市	职工医保参保人群
晋城市	职工医保参保人群
济南市	职工医保参保人群
青岛市	职工医保参保人群、居民基本医保参保人群
淄博市	职工医保参保人群
枣庄市	职工医保参保人群
东营市	城乡居民
烟台市	职工医保参保人群
潍坊市	职工医保参保人群
济宁市	职工医保参保人群
泰安市	职工医保参保人群
威海市	职工医保参保人群
日照市	全市居民

---

① 曹信邦,张小凤.中国长期护理保险制度的目标定位与实现路径[J].社会政策研究,2018(3):46-56.

② 吕晓莉.中国城乡失能老人长期照料需求比较研究[M].北京:中国社会科学出版社,2016.

③ 李月娥,明庭兴.长期护理保险筹资机制:实践,困境与对策——基于15个试点城市政策的分析[J].金融理论与实践,2020(2):97-103.

试点城市	投保人
临沂市	职工医保参保人群
德州市	职工医保参保人群
聊城市	职工医保参保人群
滨州市	职工医保参保人群
菏泽市	职工医保参保人群
呼和浩特市	职工医保参保人群、城乡居民基本医保参保人群
盘锦市	职工医保参保人群
上饶市	职工医保参保人群、城乡居民基本医保参保人群
苏州市	职工医保参保人群、城乡居民基本医保参保人群
南通市	职工医保参保人群、居民基本医保参保人群
长春市	职工医保参保人群、居民基本医保参保人群
吉林市	职工医保参保人群、居民基本医保参保人群
通化市	职工医保参保人群、居民基本医保参保人群
松原市	职工医保参保人群、居民基本医保参保人群
梅河口市	职工医保参保人群、城乡居民基本医保参保人群
珲春市	城镇职工基本医疗保险、灵活就业人员基本医疗保险、离休及二等乙级伤残军人医疗保险生活自理能力重度依赖的人员
湘潭市	职工医保参保人群
荆门市	职工医保参保人群、城乡居民基本医保参保人群
齐齐哈尔市	职工医保参保人群
开封市	职工医保参保人群
承德市	职工医保参保人群
黔西南布依族苗族自治州	职工医保参保人群
南宁市	职工医保参保人群
广州市	职工医保参保人群、年满18周岁的城乡居民医保
甘南藏族自治州	职工医保参保人群
福州市	职工医保参保人群
石景山区	职工医保参保人群、城乡居民医保（不含学生、儿童）
安庆市	职工医保参保人群

资料来源：笔者根据各试点城市相关文件整理。

　　我国长期护理保险立法在投保人的选择上可借鉴医疗保险已经较为成熟的投保人制度设计，将投保人分为城镇职工长期护理保险投保人和城乡居民长期护理保险投保人两类，并实行强制投保政策。至于是否应借鉴日本经验，对投保人进行年龄限制，本书认为不应设置年龄限制:首先,失能可能发生在所有年龄段,若对投保人年龄予以限制则不在年龄段范围内的失能人员如何救济将难以抉择,给予救济不符合保险原则,不给予救济则长期护理保险制度将会成为仅针对一部分人的社会保障制度;其次,不设置年龄段限制可以确保保险基金的稳定与充足,40岁以上为失能多发期,将40岁以下失能发生率较低群体纳入投保人范围可以降低总体的保险事故发生率,充分发挥保险分散风险的功能。

3.保费分摊

在保费分摊上,各国做法基本上与其他主要社会保险一致,即对于有固定工作者由个人和用人单位各负担50%,对于无固定工作者则由本人支出,费用相对于前者相应减少,减少部分由政府财政负担。至于雇主(我国指用人单位)分摊长期护理保费的原因,德国理论界认为在劳动关系中,雇主对雇员负有"生存照顾义务"[1],德国联邦宪法法院也认为"照顾原则"是现代劳动关系的典型特征,雇主分摊保费是此原则的体现[2];国家分摊保费则是国家作为长期护理保险最终责任者的体现,是财政补助的一种方式。我国医疗保险、养老保险保费分摊设计都采取了上述模式,地方试点中,约有1/3的试点城市采取了保费分摊机制,其中绝大部分采取了同比例分摊,少数部分城市单位分摊比例高于个人,其中汉中市个人分摊比例高于单位分摊比例(表5.3)。

表5.3 试点城市个人与单位保费分摊情况

Table 5.3 Distribution of insurance premiums between individuals and units in pilot cities

试点城市	分摊情况
昆明市	同比例分担
石河子市	未明确分摊比例
天津市	同比例分担,皆为120元/年
成都市	以城镇职工基本医疗保险缴费基数为基数: 单位按每人每月0.2%的费率从统筹基金中划拨; 40周岁(含)以下未退休人员个人缴费部分,按每人每月0.1%的费率从个人账户中划拨; 40周岁以上未退休人员个人缴费部分,按每人每月0.2%的费率从个人账户中划拨; 退休人员按每人每月0.3%的费率从个人账户中划拨
汉中市	个人50元/年,单位30元/年
晋城市	单位以用人单位缴纳职工基本医保缴费基数为基数,按0.15%比例缴纳;个人以个人缴纳职工基本医疗保险缴费基数为基数,在职按0.15%缴纳,灵活就业按0.3%缴纳,退休按0.15%缴纳
滨州市	单位以用人单位缴纳职工基本医保缴费基数为基数,按0.2%比例缴纳;个人以个人缴纳职工基本医疗保险缴费基数为基数,按0.1%缴纳

---

[1] 李国兴.超越"生存照顾"的给付行政:论给付行政的发展及对传统行政法理论的挑战[J].中外法学,2009(6):826-834.

[2] 江清馦课题组.德国、荷兰长期照护保险内容与相关法令之研究[R].台湾地区"行政院"经济建设委员会委托项目,2009.

试点城市	分摊情况
呼和浩特市	同比例分担
盘锦市	同比例分担
上饶市	未明确比例
通化市	未明确比例
湘潭市	单位以上年度基本医疗保险年缴费基数为基数,按 0.12% 缴纳;个人以本人上年度工资收入为基数,在职按 0.12% 的费率缴纳;退休按 0.24% 的费率缴纳,灵活就业人员以上年度湖南省全口径城镇单位就业人员平均工资为基数,按 0.24% 的费率缴纳
黔西南布依族苗族自治州	同比例分担
广州市	单位缴费费率按当年度职工医保缴费基数 0.05% 缴纳;未满 35 周岁参保人员个人不缴费,满 35 周岁至未满 45 周岁参保人员按当年度职工医保缴费基数 0.02% 缴纳,满 45 周岁至退休前参保人员、退休延缴人员按当年度职工医保缴费基数 0.08% 缴纳,享受职工医保退休待遇参保人员按当年度职工医保缴费基数 0.12% 缴纳
甘南藏族自治州	同比例分担,皆为 120 元/年
福州市	同比例分担
石景山区	同比例分担

资料来源:笔者根据各试点城市相关文件整理。

　　将来长期护理保险立法时,是否继续沿用此种个人、单位共同分担的比例,以及如采取、采取何种比例、如何核算缴费基数等需要慎重考虑。据统计,我国当前企业所缴纳的"五险"已占到单位职工工资总额的 39.25%,负担水平在全球列入统计的 173 个国家和地区中排名第 13 位[①]。为此,2019 年 4 月,国务院办公厅出台了《降低社会保险费率综合方案》(以下简称《降费方案》),提出要"降低社会保险费率"以"减轻企业负担、优化营商环境、完善社会保险制度"。根据《降费方案》要求,一是要降低养老保险的单位缴费比例,高于 16% 的要降至 16%;二是要阶段性降低事业、工伤保险的费率;三是要调整社保缴费基数。在此背景下,新增的长期护理保险如仍要企业负担,则与上述《降费方案》相违背,特别是在当前新冠肺炎疫情大流行的背景下,企业经营面临着极大的困难[②]。针对此种情况,有学者提出通过调整我国的社会保险费率结构达到不增加企业社保费用负担的方式,同时完成长期护理保险单位缴费的目的[③],即参照德国推行长期护理保险以来,虽然不断调高费率,但因养老保险和失业保险费率下降而很好地中和了企业负担[④](图 5.2)。但从国家减税降费的初衷来看,此种方

①　杜鹏程,徐舒,张冰.社会保险缴费基数改革的经济效应[J].经济研究,2021(6):142-158.
②　邢丽,梁季,施文泼,等.2020 年减税降费政策评估:精准施策对冲疫情和经济社会发展风险——基于浙江、四川和海南的调研[J].财政科学,2021(2):85-98.
③　尹海燕.可持续的公共长期护理保险筹资机制:国外经验与中国方案[J].宏观经济研究,2020(5):166-175.
④　刘涛.德国长期护理保险制度的缘起、运行、调整与改革[J].安徽师范大学学报(人文社会科学版),2021,49(1):74-86.

式在现阶段并不可取,如果在调低养老和失业保险费率的同时,新增长期护理保险,将在一定程度上对冲掉降费的效果。因此建议设定过渡期,在过渡期内采取与医保相协调、抑或以医保统筹资金划转的方式免除单位的缴纳义务,视医保基金使用情况,再行决定何时向企业征缴、如何征缴。

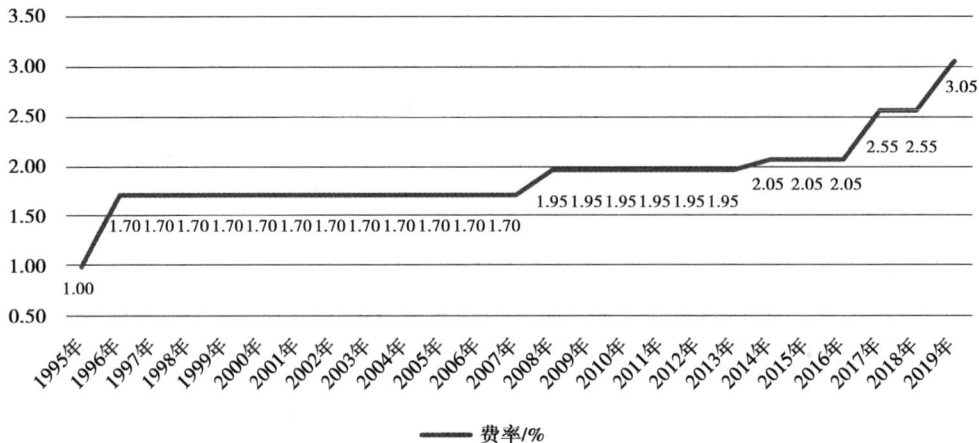

图 5.2 德国长期护理保险费率变化情况

Fig 5.2 Changes in German long-term care insurance rates

资料来源:刘涛.德国长期护理保险制度的缘起、运行、调整与改革[J].安徽师范大学学报(人文社会科学版),2021,49(1):74-86.

4.保费基数

社会保险缴费通常依据"量能负担"原则[①],通过保险费率和保费基数予以确定。保费基数通常被确定为投保人的经常性、固定性收入,且一般设置上限。长期护理保险亦不例外,各国长期护理保险的保费计算基础一般为"税前工资或者年金收入",并设有上限,非工资的不动产、动产等其他收入不列入保费的计算基础。

就此问题,德国理论界认为保险费完全倚赖工资收入,使经济增长放缓时,保险收入随之减少。而随着社会经济的发展,国民收入呈现出多元化趋势,工资收入占个人总所得的比例逐渐降低,长期护理保险费计算基础已不符合实际状况,应扩大纳入其他收入,并适当提高投保金额上限,强化社会保险制度重新分配的功能[②]。这一观点与我国当前的经济发展较为契合,我国在长期护理保险立法时,保费基数的确定应考虑劳动力市场特点和多元化收入来源情况。

5.保险费率

保险费率需要通过科学精算予以确定,从现有典型长期护理保险立法来看,各有特色,对我国具有一定借鉴意义。

[①] 量能负担又称应能负担,最初作为一种财税思想体现于财税制度中,用于确定纳税人的税收负担水平,即税负能力相同者应负担相同的税收,税负能力强者应多负担,能力弱者可少负担,无能力者可以不负担。详见李秀凤.量能负担的适用与限制:社会保险费的责任配置分析[J].太原理工大学学报(社会科学版),2016(5):1-6.

[②] ROTHGANG H. Social insurance for long-term care:An evaluation of the German model[J]. Social Policy & Administration,2010,44(4):436-460.

（1）日本的经验与启示

日本的保险费率设计极为精细，主要通过《介护保险法》和《介护保险法施行令》对保险费率予以规制，并规定了3年动态调整机制，以适应实际需要。其首先根据第一类、第二类投保人的不同，设计不同的保险费率，其中对第二类投保人实行统一费率，2014年的费率为收入的1.72%；对第一类投保人则并未明确规定保险费率，而是授权保险人——市町村自行确定。市町村在确定第一类投保人保险费率时，又根据投保人情况，将其再分为不同的层级，确定缴费基准额①之后，实行不同的保险费率，表5.4以2012—2014年日本气仙沼市保险费率及额度为例进行说明。

表5.4　2012—2014年日本气仙沼市第一类投保人保险费率及额度

Table 5.4　Premium rate and amount of the first class policy-holder in Kesennuma in 2012-2014

层级	缴纳对象		缴纳标准	年缴纳保费额/日元
1	接受老年福祉年金（直系亲属收入均无须纳税）；社会生活救助		基准额×0.5	27 000
2	本人及直系亲属收入均无须纳税且上一年度本人收入与年金之和在80万日元以下		基准额×0.5	27 000
3	本人及直系亲属收入均无须纳税（第1级、第2级除外）		基准额×0.75	40 500
4	本人及直系亲属收入均无须纳税	上一年度收入与年金之和小于80万日元	基准额×0.875	47 200
		上一年度收入与年金之和大于等于80万日元	基准额×1	54 000
5	本人收入需纳税且上一年度收入与年金之和小于190万日元		基准额×1.25	67 500
6	本人收入需纳税且上一年度收入与年金之和大于等于190万日元		基准额×1.5	81 000

资料来源：林斌.日本介护保险制度十五年回顾与展望[J].保险理论与实践,2016(3):107-126.

日本的精细化保险费率设计，受到了不同群体的欢迎，扩大了参保人群范围。我国在相关社会保险保险费率设计上，通常采取的是较为粗犷式的分类，体现为两个"一刀切"——城乡"一刀切"和"职业一刀切"，难以满足现实需要，不利于扩大参保人群范围。建议长期护理保险立法时，应借鉴日本经验，对参保人群进行较为细化的分类，进行精细化保险费率设计。

（2）德国的经验与启示

德国保险费率设计最为突出的特点是其根据投保人有无子女而规定不同的保险费率②。

---

① 缴费基准额的确定较为复杂，其公式为：基准额＝长期照护给付所需费用总额×第一类投保人的负担比例×预估的保险费缴纳率÷补正第一类投保人人数。其中补正第一类投保人人数系将投保人人数按相关层级给予不同的加权比重，亦即"第1级所得投保人×0.5+第2级所得投保人×0.5+第3级所得投保人×0.75+第4级所得投保人×1+第5级所得投保人×1.25+第6级所得投保人×1.5"计算所得的总人数。参见胡竣凯.长期照顾财政制度之研究：以日本长期照护保险施行之经验为借镜[D].台北：台湾大学,2015:45.
② 苏健.德国长期护理保险制度：演化历程,总体成效及其启示[J].南京社会科学,2019(12):67-73.

因随收随付模式社会保险的实质是依靠下一代劳动人口缴纳上一代所需的保险支出,故为衡平投保人因是否养育子女而产生的不公平现象,德国联邦宪法法院于 2001 年 4 月 3 日作出判决,认为养育子女对随收随付制度具有正面效果,为平衡投保人因养育子女而产生的负担不公平现象,长期护理保险费率应依投保人是否育有子女而异。这一判决影响很大,以致在 2004 年德国《长期护理保险法》修改时,直接规定自 2005 年 1 月 1 日起,超过 23 岁无子女的投保人应多缴 0.25%的保险费,这一立法使德国成为唯一一个针对有无子女而采取不同保险费率的国家。

德国这一做法并未引起其他国家的效仿,如奉德国法为圭臬的日本在制定《介护保险法》时即未采取这一做法。此外,这一做法还受到了理论界的质疑,如有学者认为如果长期护理保险制度为衡平有子女者因生育子女对世代契约的贡献,而有不同的保险费率负担,则其他采随收随付制的社会保险制度是否也应采取同样做法?此外,这一立法暗含的依据是有子女者付出了教育抚养费用,而其子女在未来工作时向社会缴纳了社会保险费,那么未履行教育抚养义务的父母是否应多缴纳保险费[①]?

我国社会保险立法从未作此相关规定,且考虑到我国的孝道文化传统和相关立法,育有子女者其在失能时亦会受到子女的护理与赡养,因此我国长期护理保险立法时对有无子女的参保人员保费应作统一规定。

(3)韩国的经验与启示

韩国保险费率设计的突出特点是长期护理保险费率与医保费率挂钩。其 2007 年通过的《老人长期护理保险法》第 9 条规定,长期护理保险金额为国民健康保险金额乘以长期护理保险费率。其中国民健康保险金额应扣除其《国民健康保险法》第 66 条所规定的减免费用金额。长期护理保险费率由长期护理保险委员会[②]审议确定,并以总统令的形式对外公布。韩国长期护理保险费率在其开办第一年的 2008 年为健康保险费的 4.05%(约为当时国民收入的 0.2%)[③]。

韩国长期护理保险与医疗保险挂钩的制度设计考虑到了长期护理保险与医疗保险的相似性[④],我国青岛市在 2012 年长期护理保险试点时,长期护理保险基金即按照一定比例从医保基金划转,其中城镇居民(不含少年儿童和学生)医保的划转比例为统筹账户的 0.2%,城镇居民医保根据当月职工医保个人账户记入比例的 0.2%算出资金量,再以该资金量的 2 倍

[①] 林谷燕.长期照护保险制度之立法建议:以德国长期照护保险法为借镜[J].高龄服务管理学刊,2011(1):1-46.

[②] 长期护理委员会是依据韩国《老人长期护理保险法》设置的管理长期护理相关事项的专门机关,其功能为审议以下事项:长期护理保险费率,家属护理费、特例护理费及照护医院护理费的支付基准,居家及机构给付费用,其他由总统令所定之主要事项。其成员由 16 人以上 22 人以下的委员组成,委员长由卫生福祉部副部长担任,副委员长由委员长在委员中指定。非担任委员长的委员由卫生福祉部长任命,委托以下各类团体人士组成,每一类团体任命的人数应相同。这些团体人士包括:劳工团体、服务对象团体、市民团体、老人团体、农渔业团体以及自营业者团体的代表人士;长期照护机构及医疗界代表人士;以总统令所定的相关中央行政机关的高层公务员团体所属的公务员、长期照护相关学界及研究界代表人士、公社理事长推荐人士。其任期为 3 年。

[③] 李世代课题组.日本、韩国长期照护保险内容与相关法令之研究[R].台湾地区"行政院"经济建设委员会委托项目,2009.

[④] 李骅,蔡忆思,林卡.韩国家庭护理员制度及其对中国的启示[J].社会工作,2019(5):52-61.

从统筹账户划转至长期护理保险基金账户①，从比例数值上看，与韩国开办初期几乎一致。上海市2016年底公布的《上海市长期护理保险试点办法》（沪府发〔2016〕110号）亦采取了长期护理保险保费计算与医保保费挂钩的方式，其规定对于城镇职工医保参保人员，由用人单位按照本单位职工医保缴费基数之和的1%，缴纳长期护理保险费；在职职工个人按照其本人职工医保费基数的0.1%，缴纳长期护理保险费，试点阶段个人部分暂予减免。从便于长期护理保险开展的角度，我国长期护理保险立法时，建议采取保费计算与医保保费挂钩的方式。

(二)财政补助筹资

财政补助筹资是指政府通过财政给予长期护理保险基金一定补贴，以确保保险基金充足、稳定。这是国家作为最终责任者的体现。

1.财政补助的必要性

国家对社会保险予以补助的原因可概括为三点：

①社会保险的性质决定应给予补助。社会保险属于强制性保险，国家给予补助是其与商业保险的区别所在，可以争取广大社会公众对社会保险的支持②。

②有效提升社会保险的筹资能力。尤其是当社会保险发生财政赤字、提高保险费又有困难时，即需要国家适度予以补助，此外，政府补助亦是为了填补因免除或减轻低收入者保险费、非受雇者保险中无雇主可代为分摊保险费的财源缺口③。

③财政补助是国家责任的具体体现④。归根结底，政府补助旨在保证长期护理保险基金的财政稳定，实现政府的兜底功能。如在完全以保险作为长期护理保险资金来源的德国为例⑤，其1995年开始实施长期护理保险，除开办时曾短期保持收支平衡外，自1999年便开始出现支出高于收入的情形，并持续多年。虽然德国在2000年和2005年分别调整了保险费率，但从图5.3来看，效果并不明显，直到2008年将保险费率全面提高0.25%后，收支不平衡问题才有所缓解。但长期护理保险费率的提高不仅对社会公众造成负担，也对企业发展不利，且其也只能暂时缓解收支不平衡，长远财务危机并未解除。随着人口结构变迁，未来世代不可能得到类似今天的给付程度，因为对其而言，无法获得似今日"付保费世代"这样庞大的人口来帮他们付费。因此，有学者预测，德国2050年长期护理服务的实质价值将仅只有1995年该服务价值的50%，且2055年的保险费率还可能提升到4.5%至6.5%，几乎是开办

---

①　详见青岛市《关于建立长期医疗护理保险制度的意见（试行）的通知》（青政办字〔2012〕91号）。

②　胡竣凯.长期照顾财政制度之研究：以日本长期照护保险施行之经验为借镜[D].台北：台湾大学,2015.

③　良永弥太郎.费用负担と财政[M]//河野正辉.社会保险改革の法理と将来像.京都：法律文化社,2010:135.

④　堀胜洋.社会保障法总论[M].2版.东京：东京大学出版会,2004:54-56.

⑤　德国《长期照护保险法》第54条第1项规定，长期照护保险财源来自保险费与其他收入。所谓"保费"系投保人、雇主或第三人为满足保险人财务需要，依法提供的现金给付；"其他收入"则如营运资产或准备金的投资收益、投保人所缴纳的滞纳金、罚款、费用偿还或请求损害赔偿以及基于第67条第2项规定，因"财务平衡"而自平准基金受偿的现金。详见江清馦课题组.德国、荷兰长期照护保险内容与相关法令之研究[R].台湾地区"行政院"经济建设委员会委托项目,2009:35.德国对长期照护的政府介入主要通过社会救助和对照顾服务机构的兴建以及设施设备的补助实现。详见陈明芳.福利国家的重构：以德国长期照护保险制度的建置与改革为例[J].台大社工学刊,2012(25):157-207.

时的 5 倍(1995 年费率是 1%)[1]。在我国,根据学者测算,为了维持长期护理保险基金的正常运转,采取保险模式的长期护理筹资模式需要的财政补贴率为 0.04%~0.2%,救助模式下为 0.07%~0.35%,商业保险模式下为 0.05%~0.27%,且随着社会人口结构的变化,在 2050年时这一比率将增加 5 倍[2]。其实,随着人口结构变迁,不仅长期护理保险制度,所有的以老人为核心保障对象的社会保障制度的财务平衡都将受到严重影响。人口结构老化使养老、医疗与长期护理保险等社会保障对象人数渐增,现金的平均领取期间以及服务使用的周期与密度都会增加,导致社会保障支付额度大幅增长,此时只有依靠政府的补助才能保证社会保险不至于崩盘。

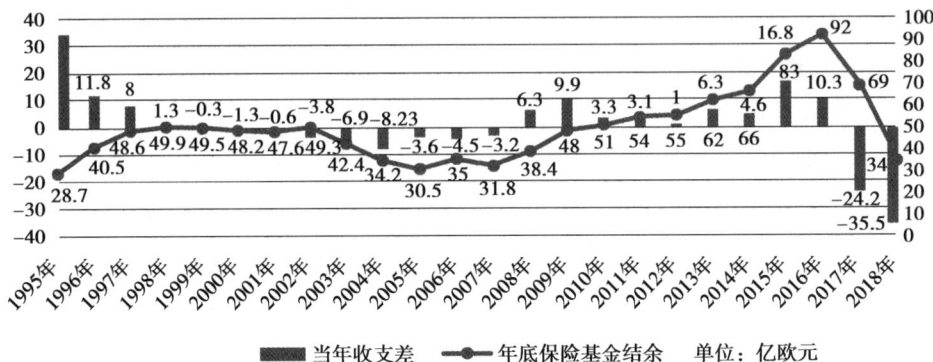

图 5.3 德国长期护理保险基金收支情况

Fig 5.3 Long-term care insurance fund income and expenditure in Germany

资料来源:刘涛.德国长期护理保险制度的缘起、运行、调整与改革[J].安徽师范大学学报(人文社会科学版),2021,49(1):74-86.

2.财政补助比例

虽然财政补助有利于维持长期护理保险基金的稳定性,但是补助比例不能过低或过高。过低对维持长期护理保险基金稳定性意义不大,过高亦不利于维持长期护理保险的稳定性,因为一旦政府补助比例过高,就意味着长期护理保险可能受政府委托而承担保险以外的其他社会政策目的,且政府补助偏高之财源结构将受限于政府预算情况[3],容易招致政府当局介入长期护理保险的运作经营,更将进一步减损社会保险所具有的"自治"特性,长期护理保险即有可能沦为国家额外向人民收取保险费,借以减轻政府财政负担的手段。

在已开办长期护理保险的国家或地区,德国未规定财政补助筹资;日本规定除个人付费承担的 10%,剩下的 90% 由政府承担 45%,其中中央和地方政府各承担 22.5%;韩国在开办长期护理保险的当年,长期护理保险基金共收入 6654 亿韩元,其中有 895 亿韩元来自政府补助,占 13.5%[4]。

① THOMSEN S L. The social long-term care insurance in Germany: Origin, situation, threats, and perspectives [R]. ZEW Discussion Papers, 2010.

② 王保玲,孙健.三种筹资模式下老年人长期护理保险缴费与财政补贴研究[J].重庆社会科学,2018(11):18-35.

③ 熊伟,张荣芳.财政补助社会保险的法学透析:以二元分立为视角[J].法学研究,2016(1):110-126.

④ 郑文辉课题组.长期照护保险法制财务机制及财源筹措之评估[R].台湾地区"行政院"经济建设委员会委托项目,2009.

我国《社会保险法》并未明确规定社会保险筹资中政府应承担的比例,而是设置了兜底条款,即其第六十五条第二款规定的"县级以上人民政府在社会保险基金出现支付不足时,给予补贴"。为保障保险对象利益,建议在我国长期护理保险立法时设置政府补助下限。若不设置补助下限,在国家担任保障对象评估主体时,有可能为了控制保险支出,而进行较为严苛的护理需求性认定。至于是否设置补助上限,鉴于我国的社会主义性质,政府最终必然要担负保障人民利益的兜底责任,即使设置上限,在保险基金不足时,也需要政府"买单",因此建议不设置补助上限。

（三）服务对象付费

服务对象付费是指服务对象在接受长期护理服务时,负担该服务费用的一部分。服务对象付费与保险筹资、财政补助共同构成了长期护理保险的资金来源,但服务对象付费不能作为主要财源,仅为辅助性财源。

1.服务对象付费的必要性

在长期护理服务中由服务对象承担一部分费用,主要基于四个方面的考虑:

①受益者负担原则要求服务对象付费。依据受益者负担原则,在风险公摊的基本理念下,仍需考虑投保人之间的公平性,确保利用服务者与未利用服务者间的公平性[①],但公平性的考虑应不以损害风险公摊理念为前提,故服务对象付费比例不能太高。

②结余福利资源的内在要求。基于成本考虑,通过个人付费,增强服务对象的成本意识,避免有限的福利资源被滥用[②]。

③可以减轻长期保险筹资压力。就保险筹资而言,服务对象付费也是长期护理保险的补充性资金来源,提高服务对象付费比率,保险费费率相对降低,可以减轻长期护理保险的财源筹措压力。

④长期护理保险补充性功能的体现。通过服务对象付费强调长期护理是家庭（个人）与社会的共同责任,长期护理保险是"部分覆盖保险",其功能主要是作为以家庭为主的护理服务的补充[③]。

2.付费额度

服务对象付费作为长期护理保险资金的辅助性来源,各国或地区在立法时都对服务对象的付费额度进行了规定,概括起来有"无固定比例方式"和"固定比例方式"两种规制方式。所谓无固定比例方式,如德国《长期护理保险法》并未规定服务对象付费的固定比例,而是就不同失能等级设置保险基金支付上限,超过给付上限部分由服务对象自行承担,同时膳食与住宿费用由服务对象承担;所谓固定比例方式,如日本规定服务对象应自付护理服务费用的10%以及全部的膳食、住宿费用。

在我国已开展长期护理保险试点的几个城市中,南通市采取的是无固定比例方式,规定

① 胡竣凯.长期照顾财政制度之研究:以日本长期照护保险施行之经验为借镜[D].台北:台湾大学,2015.

② 河野正辉,中岛诚,西田和弘.社会保障论[M].2 版.京都:法律文化社,2011:298-299.

③ BLANK F. When "choice" and "choice" are not the same: Institutional frameworks of choice in the German welfare system [J]. Social Policy & Administration, 2009, 43(6): 585-600.

了护理基金支付上限,其中护理机构为 36 元/日、养老机构为 25 元/日、居家为每月不超过 1 200 元①;青岛市则采取固定比例方式,其中城镇职工参保人员个人承担 10%,学生、儿童和按一档缴费的城镇居民医保参保人员个人承担 20%,按二档缴费的城镇居民医保参保人员只能享受巡护服务,且个人须承担 60%的费用,相对而言负担较重②。长春市亦采取固定比例方式,其中城镇职工医保参保人员自付 10%,城镇居民医保参保人员自付 20%。

两种模式相比,设定护理基金支付上限因使基金支付额度可控③,有利于维护长期护理保险基金的稳定性,对保险人较为有利,但对失能群体,特别是收入低且护理需求高的失能人员较为不利;固定比例方式正好相反,对失能人员有利,对基金的稳定性不利。从长期护理保险制度的初衷来看,我国似采取固定比例模式为宜。

但必须考虑的是固定比例模式除了不利于长期护理保险基金的稳定性,还有可能诱发道德风险④,造成失能人员间的不公平:在长期护理服务多元化供给模式下,经济条件好的失能人员可能会选择质量高、收费高的护理服务,虽然其个人要承担的费用较高,但同时护理保险基金支出也较高;而对于经济条件差的失能人员,因其经济承受能力有限,只能选择质量差一些、收费相对低廉的护理服务,虽然其个人承担的费用低一些,但护理保险基金承担的费用也较低。

有鉴于此,建议在我国长期护理保险立法时,对于个人付费部分,除规定固定比例外,同时设置上限,但这里的上限不同于德国法中的高限。德国法中的上限设置水平较低,其目的仅在于统一给付标准;我国长期护理保险立法设置的上限可以相对高一些,其目的则在于防止道德风险下护理费用畸高的情形出现,维护长期护理社会保险的公平性。

3.低收入群体特殊保护

长期护理服务个人付费数额的计算依据的是实际使用服务费用的高低,并未考虑服务对象的经济条件,因此有可能出现经济条件较差者因难以承担费用而被排斥在护理服务范围外,而继续由家庭成员提供非正式护理⑤。如在一项针对上海广群护理站等 7 个护理站开展的"上海市老年人长期照护需求调查"显示,接受长期护理服务的老年人"集中在高龄、失能人群,并且他们的经济状况较差,对护理服务费用的支付意愿和支付能力较低"⑥。这既使贫困失能人员难以接受高质量的护理服务,又给其家庭带来沉重的经济负担,使其越发贫

① 耿晨.南通市照护保险构建实践[J].中国社会保障,2016(10):81-82.
② 姜日进,李芳.中国建立长期护理保险制度的发展思路:以青岛市长期护理保险制度为例[J].社会福利,2016(3):44-46.
③ 郑文辉课题组.长期照护保险法制财务机制及财源筹措之评估[R].台湾地区"行政院"经济建设委员会委托项目,2009.
④ 有研究认为,在长期照护保险制度下,失能人员的失能程度及所需的各项服务项目皆需经过专业评核,其才能接受服务。不像健康保险,只要自觉健康有问题即可到医疗院所寻求医疗服务。所以在长期照护保险中较可不必通过服务对象付费来处理道德危险的问题。参见郑文辉课题组.长期照护保险法制财务机制及财源筹措之评估[R].台湾地区"行政院"经济建设委员会委托项目,2009:38.这种观点并未考虑照护服务多元化供给下,照护服务质量和价格参差不齐的情况。
⑤ BLOME A, KECK W, ALBER J. Family and the welfare state in Europe:Intergenerational relations in ageing societies[M]. Cheltenham:Edward Elgar Publishing, 2009:135.
⑥ 彭亮.长期护理保险试点背景下老年人长期照护需求研究:以接受长期护理保险服务的上海市社区居家老年人为对象[J].老龄科学研究,2021(9):59-68.

困。这与长期护理保险保障失能人员基本生活权益、促进社会公平正义、维护社会稳定的功能定位相左。

为解决低收入群体利用服务的经济障碍，日本《介护保险法》规定了"高额护理服务费"给付项目，授权投保人在每月付费超过一定额度时有权要求保险人承担该超出部分费用，在利用机构服务额外缴纳的住宿费或伙食费负担过重时，亦可以申请"特定入所者护理服务费"以缓解其经济负担。此外，市町村对符合条件的低收入群体提供部分负担减免措施，减免范围包括服务对象个人付费部分及住宿费、伙食费，减免程度由市町村自行决定，原则上应减免个人负担费用的25%。减免程序系由服务对象提出申请，市町村调查确认其家庭经济状况后作出决定。

我国长期护理保险立法，应借鉴日本经验，对贫困群体个人付费给予一定减免，并且应通过授权地方制定具体减免标准的方式，体现地区差异性，对贫困人群较多的地区，尤其是我国西部农村地区，给予一定的政策倾斜，加强对低收入群体的保护。

三、长期护理保险基金运行

基金运行探讨是长期护理保险基金运行方式的法律规制。基于收支平衡和相对独立基金运行原则的要求，我国长期护理保险应采取部分提存准备金的基金运行方式。

（一）基金运行原则

长期护理社会保险是长期护理保险制度最主要的资金筹集模式，为确保长期护理保险制度的持续性，其基金运行需满足收支平衡原则和相对独立原则的要求。

1.收支平衡原则

收支平衡原则是社会保险运行的基本原则，是指保险人所收受的保险费总额应等于所支付的保险金总额。我国《社会保险法》明确规定社会保险基金要通过预算实现收支平衡。县级以上人民政府在社会保险基金出现支付不足时，给予补贴。但收支平衡的实现不是仅通过预算即能实现，也不能过分依赖政府补贴。在前者，保险费的计算主要运用的是大数法则，但经济发展和社会公众利益偏好的不确定性使社会保险征缴有可能产生较大波动；在后者则有不符合收支平衡原则的嫌疑，如在日本，长期护理保险基金有一半来自国家财政，有学者提出这表明单凭保险费收入并不足以支付长期护理保险给付，因此日本的长期护理保险并不完全符合收支平衡原则要求[①]。

收支平衡的实现必须依托具体制度的建立。德国长期护理保险运行中，为确保基金收支平衡，其《长期护理保险法》将长期护理保险基金分为营运资产、准备金和平准基金三个部分：营运资产是保险人用以支付当前支出以及稳定收入与支出波动的资产，其主要来源为保费收入，营运资产实行年度预算并设置上限，总额不得超过保险人预算所计划每月分摊金额的一倍，多余部分划入准备金或平准基金；准备金是为确保支付能力而由保险人留存的资金，同样设置上限，总额最高为预算计划平均每月分摊支出款项的50%，当年度预算出现赤

---

① 新田秀树.介護保険の"保険性"[M]//菊池馨実.社会保険の法原理.京都:法律文化社,2012:174-178.

字时,准备金划入营运资产,若准备金超过规定上限,首先划入营运资产,若营运资产亦超过上限,则划入平准基金;平准基金是由联邦保险署管理、属于全体护理保险人的"特别财产",是长期护理保险收支平衡的核心,其资金来源主要有保费、营运资产和准备金溢出部分、资本收益、滞纳金等,作用在于填补护理保险基金赤字。

日本亦通过建立财政安定化基金实现基金收支平衡:为避免市町村因实际缴纳保险费额度过低导致入不敷出,都道府县设置了财政安定化基金,以确保护理保险基金的稳定,所需资金由市町村、都道府县和国家各负担1/3。其用途主要体现在两个方面:一是当保险费缴纳率低于预期导致保险费收入不足时,都道府县可用财政安定化基金向市町村支付不足部分的1/2;二是当市町村的收入不足以负担预算外增加的支付时,都道府县可以财政安定化基金向市町村全额支付增加部分。此外,不同市町村之间可共同成立"市町村相互财政安定化事业",通过设定"调整保险费率"方式,在事业实施期间将保险费缴纳标准平均化,以均衡市町村间的长期护理保险给付总额和收入总额,进行长期护理保险基金调整[①]。

我国长期护理保险立法时,应借鉴德国和日本的规定,通过具体的收支平衡措施确保长期护理保险基金持续稳定地运行,改变《社会保险法》仅通过预算和政府补贴实现收支平衡的做法。

2.相对独立原则

相对独立原则是指虽然长期护理保险基金来源多元,但基金应保持一定程度的自主性,主要体现在以下两个方面。

(1)运作相对独立

在保险的具体运作上,从投保人加入保险、缴纳保险费、护理需求认定,到保险给付等保险事务,虽然应接受国家的指导与调控,但在实际运作过程中应保持一定的独立性,不受政府直接干涉。特别是在保险费率的调整上,更应独立运作,不能成为某些部门敛财的工具。

(2)财务相对独立

包括收支两个方面,在收入方面,其可以采取多元化筹资模式,但应以社会保险费为主体,不能过度依赖其他收入,如过度依赖服务对象付费或政府补贴,则其社会保险属性泯灭,而成为社会救助;在支出方面,保险基金专款专用,仅能用于保险支出,不能挪作保险给付以外用途。

(二)基金运行方式

我国长期护理保险基金运行方式的选择除借鉴国内外已有经验外,最为重要的是从我国实际出发,选择适应我国长期护理保险制度建设背景和制度需求的基金运行方式。

1.社会保险基金运行方式

社会保险基金运行方式有"随收随付制"和"提存准备金制"两种,其中提存准备金制又可根据准备金的规模,分为"完全提存准备金制"和"部分提存准备金制"[②]。

---

① 胡竣凯.长期照顾财政制度之研究:以日本长期照护保险施行之经验为借镜[D].台北:台湾大学,2015:80.
② 陶纪坤.共享发展视角下我国社会保障再分配机制及实现方式研究[J].当代经济研究,2020(2):78-87.

（1）随收随付制

随收随付制又称现收现付制，是指当年度所应支付的保险给付费用完全由当年度的保险费收入支付，其强调不同世代间所得的重新分配，具有代际互助功能[①]。其优势在于无须累积巨额资金，受通货膨胀、货币贬值影响较小，基金投资运用及基金管理问题较小[②]；其缺点在于保险给付将随人口结构变化而逐年提高，影响保险基金稳健运行。

（2）完全提存准备金制

完全提存准备金制是将投保人所缴纳的保险费事前完全予以提存准备，以相对恒定的保险费率来维持保险财务的稳健，即每一代或每一阶层的投保人完全提存其本身所需的费用，强调的是同一世代间以及投保人不同生命阶段所得的重新分配。其优点为保费负担较稳定，投保人安全感高，基金收益亦可减轻投保人的保费负担。但采用这种方式，在长期护理保险开办初期对护理需求者而言，因无足够时间储备，或致其不能享受长期护理服务；由财政提供资金向其提供长期护理服务又造成对劳动人口的不公平，因为这意味着上一世代的失能风险由财政负担、下一世代则由个人承担[③]。此外，庞大的基金提存对基金应对风险的能力有很高要求，基金易受货币贬值威胁。

（3）部分提存准备金制

部分提存准备金制介于完全提存准备金与随收随付之间，财源一部分来自事先提存储备的基金，另一部分则来自当期参与者所缴纳的保费[④]。在部分提存准备金制下，当期由年轻人口所缴纳的保险费，部分累积为未来该世代人口给付的基金，部分用于当期老年人口的给付支出。因此部分提存准备金制亦如同随收随付制具备世代间所得重新分配的功能，累积的基金额度越小，世代间所得重新分配功能越强，性质上则越倾向于随收随付制；累积的基金规模越大，对人口结构老化带来的基金需求压力越能发挥舒缓作用，性质上亦越偏向完全提存准备金制[⑤]。

2.国外实践

德国长期护理保险立法时，为使长期护理保险制度能够迅速满足国内的长期护理需求，采取了随收随付制。在此基金运行方式下，伴随人口结构老化的冲击，因缺乏定期性的基金收支调整机制，基金运行逐渐失衡，无法满足投保人的护理品质需求，特别是在 1995 年和 1996 年德国将居家护理及护理之家纳入给付范围后，保险基金自 1999 年起开始出现赤字，且赤字金额连年攀升。有鉴于此，理论界建议改随收随付制为提存准备金制[⑥]，但并未得到立法回应，2008 年的长期护理保险改革中仍采取随收随付制。

日本同样采取随收随付制，但鉴于近年来人口结构老化、少子化现象日益严重，部分提

① BARR N, DIAMOND P. The economics of pensions[J]. Oxford Review of Economic Policy, 2006, 22(1): 15-39.
② 米红,赵殿国.海峡两岸农村社会保险理论与实践研究[M].北京:华龄出版社,2011.
③④ 郑清霞,王静怡.社会性长期照护保险的财务处理[J].台湾社会福利学刊,2014(1):65-119.
⑤ 胡竣凯.长期照顾财政制度之研究:以日本长期照护保险施行之经验为借镜[D].台北:台湾大学,2015.
⑥ ARNTZ M, SACCHETTO R, SPERMANN A, et al. The German social long-term care insurance: Structure and reform options[R]. ZEW Discussion Papers, 2006.

存准备金制构想逐渐开始被提出①。

3.我国长期护理保险基金运行方式

关于我国长期护理保险基金应采取何种运行方式,有学者提出应将职工的长期护理保险和居民的长期护理保险区隔开来,对于职工的长期护理保险应采取"具有一定积累功能的混合制",居民长期护理保险则采取现收现付制②。本书认为,从我国社会保险整体运行情况以及长期护理保险的特点来看,其在运行方式上应采取部分提存准备金制,原因包括五个方面:

①采取部分提存准备金制有利于保持长期护理保险基金的充盈。随着我国老龄化和少子化趋势日趋加速,劳动人口将会不断减少,而需要护理的失能人员不断增加,为确保长期护理保险基金的充足与稳定,应采取部分提存准备金制。

②采取部分提存准备金制有现实基础。根据《长期护理保险试点意见》,我国将会通过医疗保险基金划转一部分长期护理保险基金,这为采取提存准备金制提供了经济基础,缩短了基金前期积累的时间。且医保基金采取的是"统账结合"这一部分提存准备金形式,长期护理保险采取部分提存准备金制有其制度基础。

③采取部分提存准备金制可以避免保险费率的大幅度波动。日本的实践表明,随收随付制下费率上升较快③。我国当前正处在经济发展增速放缓、就业市场供过于求、工资收入增长缓慢阶段,缴费基数短期内难以大幅提升,而护理需求的增多给保费造成了巨大压力,提高保险费率成为不得已而为之的手段,容易引发民众特别是企业的反弹,因此为避免保费费率的大幅度波动,建议采取部分提存准备金制。

④采取部分提存准备金制有利于代际公平。在下一世代劳动人口不断减少的情况下,采取部分提存准备金制有利于减轻下一世代人口负担,维持代际公平。

⑤采取部分提存准备金制可以减轻劳动人口负担。如采取随收随付制,在其不足以应付护理需求而再行转制时,除需要面临巨大的人口、宏观经济波动、政治、资本市场波动和投资与管理风险外④,对劳动人口,特别是对年轻的劳动人口极不公平,因其将面临必须同时负担自己未来的提存准备与目前老年世代的给付支出,遭遇"双重负担"的问题⑤。

综上所述,采取部分提存准备金制可通过一定期间的准备金储备,避免保险费率急剧变化,并且兼顾世代间负担的公平性,适度发挥世代所得重新分配及世代扶养的功能。但至于提存的期间,则需进行充分的保险精算,因为如果准备金规模过小,则将难以发挥稳定保险基金之功能,实质上偏向随收随付制设计,保险费率频繁调整将势不可免⑥;而如果提存期间

---

① 加藤智章,菊池馨实,仓田聪.社会保障法[M].4版.东京:有斐阁,2009:25.

② 汤薇,粟芳.中国长期护理保险不同筹资模式研究[J].财经研究,2021(11):34-48.

③ FUKUI T, IWAMOTO Y. Policy options for financing the future health and long-term care costs in Japan[R]. NBER Working Paper, 2006.

④ 袁志刚,葛劲峰.由现收现付制向基金制转轨的经济学分析[J].复旦学报(社会科学版),2003(4):45-51.

⑤ HOLDENRIEDER J. Equity and efficiency in funding long-term care from an EU perspective[J]. Journal of Public Health, 2006, 14(3):139-147.

⑥ 胡竣凯.长期照顾财政制度之研究:以日本长期照护保险施行之经验为借镜[D].台北:台湾大学,2015.

过长,实质上偏向完全准备金制,无法适时满足现实中迫切的护理需求。目前有学者建议采取以基金积累筹资模式为主、现收现付模式为辅,即采取较长提存期间方式[①],是否妥当,需在长期护理保险立法时进行多方面考虑和科学精算。

至于提存的形式是否继续沿用医疗保险和养老保险的"统账结合"方式,本书认为应予以摒弃,因为长期护理保险面向的社会风险和保障的对象与医疗、养老保险不同,基金使用的情形亦不同。相对于失能发生的概率,养老是每个人都会遇到的问题,医疗则是绝大部分人都会遇到的,后二者在统账结合模式下个人账户被使用的可能性非常高,而长期护理若采取统账结合模式,则不少人个人账户资金将很少被使用,导致大量资金囤积在个人账户而无法发挥社会保险互助的功能[②]。长期护理保险可采取统一账户,准备金可统一置于该账户,或将提存的金额另设准备金账户,在护理保险基金出现财政赤字时用以填补。

①　浙江省老年人长期照护保障制度研究课题组.浙江省老年人长期照护费用保障机制研究[J].老龄科学研究,2013(2):38-47.
②　周阳.我国社会性长期护理保险法律制度研究:以人口老龄化为背景[D].重庆:西南大学,2015.

第六章　长期护理需求评估

护理需求性是确定保障对象能否接受长期护理服务、接受何种长期护理服务的"标尺",护理需求评估则是确保护理需求性"标尺"得以贯彻的程序保障,保障对象分级是需求评估的结果。鉴于护理需求评估在长期护理法律体系中的重要性,有必要从法律规范的层面对其进行探讨。

一、护理需求性概述

(一)护理需求性的内涵

护理需求性是长期护理保险制度的基础与核心,是界定长期护理保险保障对象的关键[1]。"需求评估是社会工作和社会福利的出发点,也是其方案开发、计划执行和总结评估的基础"[2],"需求评估可以确定资源并选择可以采用的策略,使方案能满足受服务对象的需求,以提高服务的效率"[3]。我国当前理论界和实务界对护理需求评估关注不够[4],而在德国,早在1896年颁布的民法典中就使用了"护理需求性"概念,但有关其具体内容,理论界与实务界一直争议较大,直到1995年德国《长期护理保险法》公布时,有关"护理需求性"的概念内涵才取得了较为一致的认同[5]。根据德国《长期护理保险法》,长期护理需求性是指个人因身心疾病或障碍,日常生活需持续性、规律性地被照顾至少6个月。换言之,当一个人无法照顾自己身体(洗澡、刷牙、梳头、刮胡子、排泄等)、无法独立摄取维持生存所需的"营养"(饮食、喝水等)、无法独立移动(上下床、穿脱衣服、走路、上下楼梯等)、无法独立从事家务(煮饭、做清洁等)时,就具备"护理需求性",可以请求长期护理保险给付。此外,若当事

① 周子勋.建立老年护理分级与失能评估体系是大势所趋:访全国政协委员、对外经贸大学保险学院副院长孙洁[N].中国经济时报,2016-03-11(08).
② 顾东辉.社会工作评估[M].北京:高等教育出版社,2009:164.
③ 黄源协.社区照顾[M].台北:扬智文化事业股份有限公司,2000:221.
④ 陈芳芳,任泽涛,程煜.老年照护需求评估的内涵,实践与制度构建[J].宏观经济管理,2019(10):39-45.
⑤ 林志鸿.德国长期照护保险照护需求性概念及其制度意涵[J].社区发展季刊,2000(92):258-269.

人生命显然只剩少于 6 个月时,护理需求性亦可成立。

(二)护理需求性概念的法律意义

护理需求性概念并非仅为社会学或管理学上的概念,其同时具有重要的法律意义。

1.护理需求性概念是长期护理保险独立于其他社会保障制度的核心

护理需求性概念的提出可以摒除以往护理需求的“伴随、附属性风险”性质,使长期护理保险制度成为一项独立的社会保障制度。特别是可以撇清与医疗保险制度间的关系,因为以往认为护理需求类似“疾病”,或与“疾病”不可分离处理,而将护理需求纳入医疗保障制度体系范畴。

2.护理需求性概念可确保长期护理保险制度的公平性

设置明晰的、统一的判定条件,使护理需求性概念成为判定长期护理保险保障对象是否适格的唯一依据,只有满足护理需求性的个体才能享受长期护理服务,可以确保长期护理保险制度的公平性,杜绝权力机关的暗箱操作①。

3.护理需求性概念还具有保护保障对象人格尊严的功能

社会救助申请人只有在接受严格的家庭经济情况调查之后,才能享受社会救助服务,而长期护理保险以护理需求性作为判定是否提供长期护理服务的依据②,避免了家庭经济情况调查易引发的“标签化”现象,有利于保护保障对象的人格尊严。

(三)我国对护理需求性界定应注意的事项

鉴于护理需求性概念在长期护理保险法律制度中的重要意义,我国在长期护理保险立法时必须对其进行审慎的专题研究。不当的护理需求性立法极易对长期护理保险法律制度产生负面影响,如在德国,虽然其有关长期护理需求性概念的探讨已极为详尽③,但德国《长期护理保险法》有关“护理需求性”的认定被认为是长期护理保险最大的制度缺陷④,饱受理论界批评。如有学者认为德国的护理需求性是以“失能”为中心主义所进行的制度设计,是依循医疗保险制度逻辑的“医疗模式”,而非社会福利服务传统的处理模式,使许多实际上有护理需求的投保人被排除在外⑤,典型如缺乏社会心理层面的评估,使需求鉴定结果偏向因身体疾病导致的日常生活失能人员,身体功能大致良好,但因精神、心理、失智等造成的认知能力受损、精神与心理疾病与障碍等,没有列入护理需求鉴定与评估项目,不利于精神疾病患者、失智症患者以及身障儿童的照顾保障。而随着人口结构老化,超高龄人口增加使得失智患者人数增长,以“失能”为中心的需求评估制度缺陷将愈加凸显⑥。此外过高的资格门槛(失能程度需达到中度及以上才能获得长期护理保险给付)使长期护理保险丧失帮助轻度

① 张晖,许琳.需求评估在长期护理保险中的作用及实施[J].西北大学学报(哲学社会科学版),2016(5):124-131.

② 苏健.德国长期护理保险改革的成效及启示[J].社会政策研究,2020(4):39-49.

③ 林志鸿.德国长期照护保险照护需求性概念及其制度意涵[J].社区发展季刊,2000(92):258-269.

④ 陈明芳.福利国家的重构:以德国长期照护保险制度的建置与改革为例[J].台大社工学刊,2012(25):157-207.

⑤ SCHNEIDER U. Germany's social long-term care insurance: Design, implementation and evalution[J]. International Social Security Review, 1999, 52(2): 31-74.

⑥ CUELLAR A E, WIENER J M. Can social insurance for long-term care work? The experience of Germany[J]. Health Affairs, 2000, 19(3): 8-25.

失能者推迟恶化的预防意义①等。有鉴于此,我国对长期护理需求性的法律界定需考虑以下三个方面。

1.护理需求性的界定应遵循长期护理保险的性质

在我国现有理论研究中,从法律制度层面对长期护理需求性概念进行的探讨较少,有学者认为护理需求性是"一套清晰而可操作的规则",是有关保障对象评估的制度,制度设计应围绕保障对象本人的失能程度及其家庭经济状况展开,其作用在于确定评估对象是否可以享受补助以及享受补助的档次②。事实上,护理需求性反映在生理或心理、社会两个层面方面:生理或心理层面是指个体因身体或精神等需要被他人护理;社会层面则是指该个体无法通过自身获取护理服务,需要国家或社会的介入,例如贫困原因导致的个体自身无法获得护理。法律对护理需求性的界定必然以生理或心理层面需要护理为前提,而是否将社会层面的需求纳入其中,则与一国长期护理制度的性质相关。若将长期护理作为社会救助,则应将社会层面的需求纳入;若将长期护理视为社会福利,则不应将社会层面需求纳入;若将长期护理视为社会保险,护理需求性为保险事故,亦不应考虑社会层面的需求。我国既已明确长期护理采取社会保险模式,则对护理需求性概念的界定只需考虑生理或心理层面的护理需求,不应再考虑失能人员的家庭经济状况。

2.护理需求性的界定应受《社会保险法》基本原则制约

社会保险范畴内的护理需求性虽不考虑失能人员的家庭经济状况,但有关护理需求性的法律界定要受到社会保险法基本原则的制约。如德国《长期护理保险法》规定的申请人应满足需被连续照顾6个月以上的条件,我国是否应作规定? 若规定,6个月是否合适? 这些问题的解决即应遵循《社会保险法》的基本原则。我国《社会保险法》规定,社会保险制度要坚持可持续的方针,保障水平应与经济社会发展水平相适应。是否规定需要被连续照顾的时间条件以及时间长短的设定都会给长期护理保险基金带来不同程度的影响,这就需要在立法时通过科学合理的保险精算尽可能确定适应我国长期护理保险基金负担能力,有利于长期护理保险可持续发展的护理需求时间条件。

3.护理需求性的界定应实现刚性与弹性的统一

护理需求性的界定还需处理好概念的刚性与弹性问题。所谓刚性是指护理需求性概念必须明确,最好是通过列举方式对各类事项作出明确规定,以便执行过程中标准一致、易于操作,避免任意性;所谓弹性则是指囿于立法的滞后性和片面性,还需设置一定的兜底条款,避免因社会发展情势变动而将部分需保障者拒之于长期护理服务门槛之外。护理需求性概念的界定需做到刚性与弹性的统一,有所偏颇会给长期护理保险制度带来负面影响,如德国《长期护理保险法》在对护理需求性进行概念界定后,还对概念涉及的"疾病或障碍""通常、例行性事务"进行了列举式规定,这虽然有利于护理需求性认定,但也造成了负面影响:联邦

---

① SCHNEIDER U. Germany's social long-term care insurance:Design, implementation and evalution[J]. International Social Security Review, 1999, 52(2):31-74.

② 何文炯.老年照护服务补助制度与成本分析[J].行政管理改革,2014(10):28-33.

法院通过多个案件判决明白宣示,未在列举范围内的即不满足"护理需求性"要求,从而造成"护理需求性"概念过于狭隘,一些事实上的护理需求者被排除在准入门槛之外①。

二、护理需求评估

(一)护理需求评估行为的性质

探讨护理需求评估行为性质的法律意义,目的在于讨论评估对象对评估结果不满意时,如何进行法律救济:如将评估行为定性为行政行为,则可能涉及行政诉讼;若定性为民事行为,则应通过民事诉讼进行救济。

日本理论界关于护理需求评估行为的性质研究较多,目前已基本达成共识:护理需求评估是市町村决定被保险人是否符合需护理或需支持的状态,并决定状态等级以及保险给付上限额度的程序,其是以市町村的判断为内容的行为,有确定长期护理保险给付资格的法律效果,符合行政机关就具体事件的决定对外作成具有法律效果的单方行政行为,且因该行为并未创设新的权利义务关系,因此属于行政处分中的确认处分②。护理需求评估与医疗保险中被保险人自觉患有疾病,至医疗机构即可立即接受诊疗的流程有显著不同,因为从被保险人发生需护理状态(即保险事故)到取得具体的保险给付请求权之间,在构造上出现了市町村以行政处分介入的空间③。

笔者梳理日本理论界的主流观点发现,对评估行为的定性与评估主体有关,在日本,对护理需求性进行评估的是其基层行政机关市町村。若护理需求评估主体非为国家行政机关,则护理需求评估的性质将会发生相应改变,如在商业护理保险中,对护理需求性的评估属于保险公司的行为,被保险人对评估结果不满意时,只有求助于民事诉讼途径。

(二)护理需求评估体系

长期护理需求评估体系是就被保险人是否需要接受长期护理保险给付以及接受何种长期护理保险给付进行评估的一系列制度安排,包括评估对象、评估机构、评估工具、评估程序、评估结果等具体制度规范。护理需求评估体系是长期护理保险给付的前提与基础,在长期护理保险制度中发挥着重要作用。

（1）确保长期护理保险险种独立

经由制度化途径对长期护理保险的核心概念"长期护理需求性"予以客观化、具体化,厘清其与医疗保险之间的关系,使长期护理保险得以去除过往被贴上的"附属"标签,获得独立的社会保险地位④。

（2）确保长期护理保险基金持续稳定

护理需求评估是保险给付的起点⑤,护理需求评估体系的任一改变都有可能影响保险基

①　蔡雅竹.论中国台湾地区长期照护双法草案及其法律问题:兼论德国之长照保险制度[D].台北:台湾大学,2014.
②　王吟吏.长期照护制度中家庭照护者法律定位之研究:日本长期照护制度之借镜与反思[D].台北:台湾政治大学,2012.
③　伊藤周平.介護保険法と権利保障[M].东京:法律研究社,2008:92.
④　林志鸿.德国长期照顾制度之发展、现况及未来[J].研考双月刊,2008(6):68-79.
⑤　和红.德国社会长期护理保险制度改革及其启示:基于福利治理视角[J].德国研究,2016(3):58-72.

金的支出规模,不仅决定保险筹资的路径选择,如缴费费率、缴费基数等,还对基金安全产生重要影响。

（3）确保长期护理资源流向精准

在我国老龄人口基数大、增速快、未富先老的社会背景下,将有限的长期护理资源分配给最需要的人群、实现长期护理资源流向精准,只有通过完善的需求评估体系才能实现①。

（4）确保长期护理保险制度公平

设置明晰、统一的评估指标、评估程序,使长期护理需求成为判定保障对象是否适格的唯一依据,只有满足护理需求条件的被保险人方可享受长期护理保险给付,相同护理需要的失能人员能获致相同或相似评估结果与保险给付,从而确保长期护理保险制度公平,杜绝暗箱操作。

三、我国地方试点中护理需求评估规范现状

《长期护理保险试点意见》明确提出要"探索护理需求认定和等级评定等标准体系和管理办法"。当前试点地方对长期护理需求评估进行了不同程度的探索,但地方差异明显,制度设计参差不齐。护理需求评估的分散化、碎片化不仅不利于社会公平与社会流动,还可能加剧长期护理保险乃至社会保障的地区分割。鉴于需求评估体系在长期护理保险中的重要作用,已开办长期护理保险的国家或地区都在长期护理保险法中对护理需求评估体系作出了明确规定,尤以德国经验得到较多认可与借鉴②。基于此,本书在全面梳理分析我国第一批17个试点地方政策文本的基础上,参酌德国实践,就我国构建统一的长期护理需求评估体系提出具体的对策与建议。

当前的试点地方政策文本对长期护理需求评估都作了规定,但在规范形式、评估对象、评估机构与评估人员、评估工具、评估程序与评估费用、评估结果等具体内容上分歧较大,为积累差异化的长期护理保险建设经验和实践案例、建立统一的长期护理需求评估体系奠定了基础。

（一）规范形式

在地方实践中,主要有三种规范形式:一是在地方长期护理保险办法中直接规定,如广州、重庆、长春等,但详略不一;二是在地方长期护理保险办法的配套实施细则中作专章规定,如齐齐哈尔、南通等,操作性较强;三是制定专门的长期护理保险需求评估办法,如上海、苏州、宁波和青岛,对长期护理保险需求评估的规定最为详尽,更具操作性。

护理需求评估是长期护理保险体系的重要一环,护理需求评估政策是评估制度运作的坚实保障③。在当前的试点城市中,虽然有不少城市都出台了本地的长期护理保险实施指导

① 张连增,国畅.国际经验对我国长期护理保险评估体系建设的启示:以德国、荷兰、日本、韩国为例[J].未来与发展,2018(10):81-86.
② 郑尚元.长期照护保险立法探析[J].法学评论,2018(1):131-139.
③ 吴君槐,马琦峰,李蕾,等.长期护理保险失能—照护等级评估制度区域比较研究:以长三角地区10个试点城市为例[J].科学发展,2021(10):105-113.

意见或实施细则,但从已有政策文本来看,更多的内容在于对"护理资金筹集""护理保险经办体制"等方面的规定,对长期护理需求评估相关内容规定较少,仅少数城市如上海、苏州等地对长期护理需求评估进行了较为细致的规定,政策规章相对健全且近年来仍在根据实际情况不断地更新修订政策文本之中,而不少试点地方急于开展试点工作,有关长期护理需求评估体系的规定极为简陋,甚至付之阙如,如某试点城市在试点工作启动 3 年后,仍仅规定"按照'公开、公正、透明'的原则,制定失能等级评估办法。探索通过政府购买服务的方式委托第三方机构进行失能等级评估"等原则性内容,令长期护理保险至今仍未落地,严重影响了长期护理保险的经办,也使这些试点地区在执行层面上存在一线工作人员自由裁量空间过大问题,伴生着道德、廉政双风险。

(二)评估对象

就何者有资格提请接受长期护理需求评估,地方试点政策文本通常以设置限制性条件的方式划定评估对象范围。从目前地方试点来看,限制方式主要有以下五种:

①年龄限制。如上海规定只有 60 岁以上的参保人才能申请护理需求评估。

②治疗期限制。要求参保人须已接受不少于 6 个月的医疗诊治,除长春、上海外,试点地方普遍作了此类规定。

③参保等待期限制。要求参保人只有在参保一段时间后才能申请评估,如成都要求参保人须已连续参保缴费 2 年以上并累计缴费满 15 年。

④再次申请限制。广州、齐齐哈尔、苏州等地要求距上次评估未通过不足 6 个月的,不得再次提出申请。

⑤罚停期限制。如上饶要求在前次申请评估时存在虚报、谎报情形的,2 年内不得再次提出申请。

评估对象是区分长期护理保险与其他社会保险的重要标志。现有地方试点中关于长期护理需求评估对象的差异性规定不仅使长期护理保险在不同地方呈现出不同的制度面貌,甚至也模糊了其与其他社会保险之间的边界,有造成长期护理保险独立性丧失的危险,对长期护理保险的发展极为不利。如上海要求申请人须 60 岁以上,极有可能使长期护理保险变成老人长期护理保险,有将其作为养老保险分支的倾向。

(三)评估机构与评估人员

评估机构和评估人员是确保长期护理需求评估结果科学、客观、公正的关键。试点地方通常在具有一定评估能力与评估经验的劳动与社会保障部门下属机构开展评估,或者规定一定的准入条件,确定定点评估机构并进行协议化管理。具体有以下三种做法。

(1)政府机构评估

如:承德、石河子等规定由劳动能力鉴定机构负责;长春、南通等规定由长期护理保险经办机构负责。

(2)第三方初评、政府机构终评

如:上饶,初评由承办长期护理保险的商业保险机构负责,医保部门负责终评;广州则是由长期护理定点服务机构负责初评,劳动能力鉴定机构进行终评。政府机构作为利益相关者(长期护理保险人)主导或参与长期护理需求评估,难免会将其部门意志带评估,造成评估结果失真。部分地方试点中关于长期护理需求评估机构的规定仍然沿袭的是工伤保险的认定模式,未经过充分论证,不利于长期护理需求评估工作的开展。

(3)第三方评估

上海、青岛等规定由依法独立登记的企事业单位或社会组织进行评估;成都、宁波成立了长期护理需求资格评定委员会,委员会办公室设在政府部门;而苏州将第三方限定于医疗机构和养老服务机构。从某种程度上说,后两者并非独立的第三方,往往有政府机构的烙印。对第三方评估机构,通常要求其须是依法独立登记的企事业单位或社会组织,要具有相应的办公场所、稳定的评估人员、良好的资金状况,且配备符合要求的信息管理系统及相应的管理和操作人员。

在地方试点中,当长期护理需求评估机构为第三方时,有关评估人员的规定较为一致,基本上可以从专业的角度保证长期护理需求评估结果的科学性。如都要求其必须具有一定的资质、专业背景、工作经验——将评估人员区分为评估师和评估员并设置不同要求,其中评估师不仅须具有评估员资质,还应有医疗、护理、康复等专业中级以上职称(宁波要求高级职称)以及5年以上相关工作经验;对于评估员,同样有资质和专业背景要求,但一般没有职称要求(宁波除外),工作经验年限要求也较短(2年);在具体评估时,为确保评估公正性,一般进行随机抽选,如南通市下辖的海门市便规定专家库由48位副主任及以上医师组成(第一批),此后每次在进行评估前,实行“双随机”评估机制,由医保中心照护保险科从专家库中抽取专家名单,同时对查证在评审中有弄虚作假、有失公允等失职行为的,将从专家库中剔除,剔除的人员今后不得再纳入专家库。当评估机构为劳动能力鉴定机构或保险经办机构时,护理需求评估通常由劳动能力鉴定委员会成员承担,或由其指派2名专业人员担任。在这种政府直接参与的护理需求评估模式下,人员组成不确定、人员资质不明确,难以从专业角度保证评估的科学性、客观性。

(四)评估工具、评估程序与评估费用

1.评估工具

评估工具反映为一整套评估指标,是考察被评估人应否接受长期护理保险给付的一系列客观标准。评估工具的选择对判断被评估人是否具有长期护理需求具有决定性影响,但我国大多试点地方对评估工具并未给予足够重视。多数试点地方选择了《日常生活活动能力评定量表》(又称巴氏量表)作为评估工具。巴氏量表由美国人 Dorother Barthel 和 Floorence Mahoney 于1965年设计并制定,其省时、方便,但对于小功能差距不够敏感,这对长期护理需求评估结果分级尤其不利,很多国家或地区早已抛弃了这一工具,转而选择更为灵敏的测量工具,以确保结果的准确与公平①。我国早在20世纪80年代后期就引进巴氏量表,作为日常生活活动能力的评定工具。目前试点地方仍将其作为长期护理需求评估工具,已不符合长期护理需求评估的实际需要,也与社会保障的精细化管理要求不相符。

---

① 高琇珠.长期照护需求评估工具之引进[D].台北:台北护理健康大学,2009.

另有上饶、上海、苏州、青岛、成都等地自行制定了量表,其量表内容与巴氏量表相较,除关注申请人的日常生活活动能力外,还考察申请人的认知能力、情感能力等。青岛还专门考察了申请人的家庭经济情况和生活环境状况。

2.评估程序

评估程序直接影响评估结果的客观公正与评估工作的常态化可持续。大部分试点地方都对评估程序作了规定,一般包括申请、资料审核、现场评估、集体评审、公示、告知、复核、复审等,区别主要体现在以下三个方面:

①实行"几评终评"。南通等实行"一评终评",评估机构第一次作出的评估结果即为终评结果;苏州等地实行"二评终评",设置了复核程序;上海、青岛则实行"三评终评",申请人对复核结果不满意的,仍可申请复审。

②复核、复审是否回避。齐齐哈尔和广州未规定回避制度,申请人应向原评估机构申请复核、复审;其他试点地方则规定了回避制度,如上海要求复核、复审由其他第三方评估机构负责,苏州规定由司法鉴定机构负责,青岛则是由社保经办机构负责;此外,青岛和成都还规定参与首次评估的人员应回避,不得作为评估人员参与复核、复评。

③是否公示。绝大部分试点地方都规定评审结果应予公示,但上海、青岛未规定公示程序,此外宁波虽规定了公示程序,但要求公示只能在一定范围内进行。

程序设置的差异,对被评估人的程序利益影响甚大。未设置复核程序,则申请人在对结果有异议时,没有异议表达渠道;即使设置了复核程序,未要求初评机构或初评人员予以回避亦会使复核效果大打折扣;大多数试点地方忽略了公示、评估时限等细节规定。诸此种种,均会对评估结果的客观公正产生不利影响。

3.评估费用

虽然评估费用并不直接影响评估结果,但应充分考虑确保长期护理需求评估不脱离社会保险范畴的评估费用设计,对其定价机制、评估申请人为特困群体时的费用减免等进行相应的制度考量。仅7个试点地方对评估费用作出了规定,且做法各异。其中重庆规定由申请人支付;承德、广州则规定由长期护理保险基金支付;上饶规定通过评估的由长期护理保险基金支付,未通过的由申请人支付;上海规定由长期护理保险基金和申请人共同负担,其中基金承担80%,同时,为防止共担费用给申请人造成经济负担,还相应明确了收费标准,并对特殊困难人群设置了补贴;苏州规定由政府承担;宁波则规定由评估机构或政府承担,具体根据协议执行。上海和苏州还对复评费用作出了规定,与初评结果一致的由申请人承担,不一致的由初评机构承担。

(五)评估结果

3个试点地方规定了评估结果信度保障机制。其中上海、青岛的规定较为简略,上海要求医保部门对定点评估机构及评估人员进行监督检查,青岛市则要求逐步利用信息化手段提高评估的效率和信度。苏州对评估信度的规定最为完整系统,包含了对评估机构和评估人员的年度考核(考核内容包括评估通过率、参保人员满意度、复评一致率等)、预留部分评估费用根据年度考核结果发放的预留考核款制度,以及保险人不定期对评估机构进行抽查的监督机制。

对于评估结果的应用,大多数地方试点采"一刀切"模式,即只要评估为有长期护理需求者,即可享受长期护理保险给付,不再进行分级,支付标准仅因申请人选择接受的给付种类不同而不同。如南通规定对于"在协议服务机构中医疗机构照护床位接受照护服务的,照护保险基金支付60%",对于"接受协议服务机构提供居家照护服务的,照护保险基金分服务项目按标准按月限额支付,月度限额暂定为1 200元"。只有少数试点地方(上海、苏州、青岛、成都)根据评估得分对护理需求进行分级,并根据分级确定不同的保险待遇,如上海将长期护理需求分6级,1级不享受保险待遇,2~6级根据分级不同可接受不同类型及频次的上门服务。绝大多数试点地方还就评估结果有效期作出了规定,上海、宁波等规定一定期限后必须进行重新评估,齐齐哈尔、安庆等规定需重新评估但未明确具体时限,苏州、成都等则规定是否重新评估视具体情况而定。

评估结果是评估体系的终点和保险给付的起点,是建立评估体系的目的,直接决定了长期护理保险的给付,结果的客观公正与否是评估体系建设成败的关键。为确保评估结果公正,除需建立前端保障(评估机构、评估人员等)机制外,还需要后端保障机制——评估信度保障机制,当前我国地方试点中普遍忽略了对评估信度保障的规定,这对评估体系而言是不完整的,也不利于被保险人利益的保护。在评估结果的应用上,各地差异不应过大,特别是对于相同的评估结果应保持基本一致的保险给付,现有部分地方试点对评估结果不予分级而予统一给付的方式会使被保险人对长期护理保险制度产生不同的理解,造成长期护理保险制度偏离其制度初衷。

四、德国长期护理需求评估体系考察

德国1994年颁布《长期护理保险法》至今,在保险经办、服务管理、长期护理需求评估等方面积累了较多经验,特别是在2015年至2017年,为应对日益矛盾丛生的长期护理保险制度问题,德国相继出台实施了《护理加强法》(Ⅰ、Ⅱ、Ⅲ)三部法律,对护理需求性进行了革命性的重塑,被认为是长期护理保险"最慷慨的改革"[①],对一些国家和地区长期护理需求评估体系的构建产生了较大影响[②]。

(一)顶层设计层次化

采取"基本法+配套规定"的规范形式,对评估对象、评估程序、评估结果等重要事项在其长期护理保险基本法——《长期护理保险法》中以专章的形式规定,从而在全国范围内形成了一个效力层级较高的规范体系,确保护理需求评估的权威性和实效性。而对诸如现场调查、评估人员资质等操作性规则则授权联邦健康保险人总会与联邦健康保险人总会医事服务中心共同制定,作为长期护理需求评估的补充性规则,使评估体系更具操作性和灵活性。

---

① ROTHGANG H, KALWITZKI T. Pflegestärkungsgesetz Ⅱ—eine erstaunlich groβzügige reform [J]. Gesundheits-und Sozialpolitik-Zeitschrift für das gesamte Gesundheitswesen, 2015(5): 46-54.

② 需要说明的是,德国长期护理保险分为长期护理社会保险与私人长期护理保险两部分,二者有不同的规制规则,其中私人长期护理保险中的需求评估依据保险合同执行,本书主要考察的是德国长期护理社会保险的需求评估体系。

（二）目标定位精准化

长期护理需求性是长期护理保险的核心概念，是明确长期护理保险保障对象和保障给付的标尺。在德国的实践中，围绕长期护理需求性，主要通过对评估对象的科学界定，对评估工具的精细设计，以及对评估结果的分级分类，实现长期护理保险目标定位的精准，达到长期护理保险法律制度的实质公平。

有关评估对象，根据2017年修改后的《长期护理保险法》，参保人凡因身体、认知、心理问题或障碍无法独立应对日常生活活动，需要6个月以上的护理的，均可向保险人提出护理需求评估，但在被保险人寿命预期少于6个月时，不再有6个月要求。如此，既体现了长期护理需求的内涵——无法独立应对日常生活活动，也体现了长期护理需求的外延——需要6个月以上的护理。

评估工具是考察长期护理需求的客观指标，德国政府高度重视评估工具的研制。其长期护理保险开办之初选用的ADLS量表和IADLS量表，因强调身体而忽略心理及社会层面、无法满足失智症患者的护理需求[1]，且依循医保的"医疗模式"而非社会福利服务处理模式[2]而被弃用。为使评估工具更合理，德国政府于2006年成立了专门委员会，研究评估工具的修改，并以学界的实证研究为佐证，确保评估工具的科学性。新的评估工具在小范围内试点后于2008年正式投入使用。与ADLS量表和IADLS量表相比，新评估工具量表更关注"进行日常生活活动或管理日常生活的独立性"，具体包括"移动能力""认知与沟通能力""行为与心理健康""自我照顾能力""处理疾病能力""日常生活与社交能力""户外活动能力""家务活动能力"8个一级指标和76个二级指标，更契合长期护理需求的内涵[3]。值得注意的是，德国针对儿童设置了独立的评估标准。要求对儿童长期护理需求的认定应与同龄健康儿童进行比较，以功能障碍儿童额外所需的护理需要作为评估标准。特别是对家务照料扶助需要的认定，应查明同龄健康儿童在家务提供方面需要多少时间，且同时结合家庭实际情况进行判断，如对于没有洗衣机或干衣机的家庭，其儿童所需分担的家务比例即属较高。这种针对特殊群体设置特殊评估标准的方式使需求评估更人性化，凸显长期护理保险制度的人文关怀。

在评估结果的分级分类应用上，主要有以下四个方面：

①以申请人的评估量表得分作为确定评估结果的依据。摒弃了其在《长期护理保险法》颁布之初依据申请人每天需要护理的时间和次数确定评估结果的做法，以更精确地契合"长期护理需求性"的概念内涵。

②根据需求等级确定支付标准。将需求等级作为支付标准，可以实现保险资源的精准流向，确保保险基金能够最大程度发挥作用。如在现金给付上，根据2017年1月的标准，需

① 陈明芳.福利国家的重构：以德国长期照护保险制度的建置与改革为例[J].台大社工学刊，2012(25)：157-207.

② SCHNEIDER U. Germany's social long-term care insurance：Design，implementation and evaluation[J]. International Social Security Review，1999，52(2)：31-74.

③ BECKER U，REINHARD H J. Long-term care in Europe：A juridical approach[M]. Cham：Springer International Publishing AG，2018：141-145.

求等级 1 不能申请现金给付,需求等级 2~5 每月分别可领取 316、545、728、901 欧元。

③根据实施效果适时确立预防原则。2008 年之前,评估结果分为 3 级,在保险实施几年后,统计发现需求等级高的 2、3 级人群显著下降,需求等级低的 1 级人群显著增加[①]。通过对等级 1 人群的分析发现,部分申请人如果在早期能够得到适当关注,完全可以预防护理需求的发生[②]。因此在 2008 年,对长期护理需求等级进行了调整,在等级 1 之前设置了"等级 0",针对虽未达到等级 1 要求,但是有失能趋势的人员,向其提供护理咨询服务,以免其恶化,此后在 2014 年修法时正式将其纳入。预防原则似乎增加了保险的运行成本,但其很好地起到了防止被保险人身体、心理状态恶化的作用,从而避免了更多的保险支付。

④评估结果有效期根据不同需求等级而不同。在评估时,根据不同的护理需求等级,设定不同的、最长不超过 3 年的给付期。在给付期到期前,保险人将再次进行评估,以决定是否需要继续给付以及给予何种等级的给付,并根据新的评估结果设定新的给付期。评估有效期的设置可以更进一步地保障评估结果的精确性,避免有限保险资源的浪费,防止被保险人"吃空饷"。

(三)评估主体的独立性与专业性

德国长期护理需求评估体系主要围绕评估机构的独立性和评估人员的专业性予以构建,以确保评估结果的客观、科学、公正。

首先,为确保评估结果的客观,避免保险人"球员兼裁判",在评估机构的选择上,长期护理保险开办之初便将需求评估工作交由第三方的健康保险医事服务处负责。健康保险医事服务处由一般地区保险人、企业保险人、手工业同业公会保险人等联邦协会、农民保险人、补充保险人共同设置,机构运行经费虽由健康保险人和长期护理保险人各承担 50%,但保险人对健康保险医事服务处既无监督权,也无指示权[③]。此后,2013 年实施的《长期护理调整法案》还授权保险人可委托独立营业且符合评估资格的医师或长期护理专业人员担任评估人员。

其次,为确保评估结果的科学,对评估人员的专业性要求较高,主要表现为以下三个方面:

①分类设置资格门槛。根据评估人员是健康保险医事服务处的工作人员还是独立的评估人员而设置了不同的资格门槛,对于健康保险医事服务处的评估人员,要求应由医师或长期护理专业人员担任,其中长期护理专业人员是指护理师、高龄照顾专员、健康/疾病照顾专员等专业照顾人员;对于独立营业的评估人员,要求其必须在担任评估工作的最近 5 年内有 2 年于诊所、医院、复健医院或其他社会医学服务中心工作的临床经验。

②设置了专门面向儿童的评估人员。要求其必须具备儿科医师或儿童照顾专员资质,如小儿护理师等。如果健康保险医事服务处没有足够的此类人员,则由一般评估人员在接受相关训练、通过测验后再从事评估工作。

① 刘芳.德国社会长期护理保险制度的运行理念及启示[J].德国研究,2018(1):61-76.
② SCHNEIDER U. Germany's social long-term care insurance:Design,implementation and evaluation[J]. International Social Security Review, 1999, 52(2): 31-74.
③ 林谷燕.德国长照保险照顾需求性评估新论:以 2017 年实施之新法为中心[C].台湾地区科技法律研讨会,2016.

③赋予申请人对评估人员的选择权。申请人可在评估申请提出的 1 周内将其选择的评估人员告知保险人。

（四）程序救济多样化

长期护理需求的评估程序基本上与其他社会保险的评估程序一致，且更重视通过程序保障申请人的利益。评估程序一般包括"申请—现场考察—评估决定—告知"，首先由被保险人向保险人提出申请，保险人接到申请后，应立即将申请转到健康保险医事服务处，健康保险医事服务处在对申请人进行现场考察后，作出鉴定结论并报保险人，保险人根据鉴定结论作出评估决定并告知申请人。申请人对评估决定有异议的，可以向保险人申请复议，保险人在接到复议申请后，为保障评估结果的准确性，应指派除初评评估人员外的其他评估人员到申请人处进行访视调查，并通过异议委员会作出确认或驳回的决定。如果申请人仍不满意，可向社会法院提起诉讼，以司法的权威性确保评估结果的公正。此外，为更进一步突出对申请人利益的保护，2017 年修改《长期护理保险法》时，明确规定保险人需在 25 个工作日内完成评估决定并书面告知申请人，逾期则每周向申请人支付 70 欧元作为补偿。

（五）评估监督细节化

为保障评估结果的信度，除在技术手段上逐渐重视利用数据库进行辅助评估外，还建立了细致的内外部审查机制。内部审查是指由健康保险医事服务处的资深医师或长期护理专业评估人员每年从所有评估申请中抽出至少 0.5% 的样本进行审查，审查内容包括评估陈述的透明性（服务输送情形、居住情形、长期护理史、健康情况等）、判断能力（是否使用便于申请人理解的语言、专业知识、评估建议和预期）以及评估人员所作成的建议书内容对申请人是否妥适。外部审查则是由健康保险医事服务处将受审查的资料交到联邦健康保险人总会医事服务中心，并由后者交至其他社会保险的医事服务中心进行交叉审查。审查结果分为过关、尚可和未通过三类，过关即评估结果整体说明完整、清楚、专业，被评估者接受评估结果没有提出复核；尚可是指评估结果的说明、建议等有些不清楚，但评估人员所作成的评估建议基本满足被评估者的需要；未通过则是指评估说明遗漏较多，很不清楚，无法呈现妥适的评估结果。未通过审查的将被给予相应处理措施。

五、我国长期护理需求评估法律体系的构建

在国内试点的基础上，有必要对长期护理需求评估体系进行整体设计，以明确长期护理保险的覆盖范围、建立统一的评估标准，实现长期护理社会保障的机会公平、规则公平。这一诉求应立足于长期护理保险的社会保险属性，从我国社会实际及地方试点出发，并可适当借鉴德国经验。

（一）坚持从社会保险属性出发

长期护理需求评估体系的构建应以长期护理保险的社会保险属性为导向，具体而言表现在以下三个方面。

（1）体现社会性

社会保险是一种国家强制性保障的化解社会风险的手段，不以营利为目的，保险人要平

等对待每一位被保险人,充分发挥保险的抗社会风险能力,必要时政府要承担兜底责任。

(2)体现保险性

社会保险从本质上仍属保险范畴,通过保险的方式应对社会风险[①],要奉行精算平衡,量入为出,并在与政府的关系上保持相对独立,以免成为政府财政的附庸[②],在保险经办上尤要注重效率,充分保障被保险人的利益。

(3)体现协调性

着眼于长期护理保险作为社会保障体系的有机组成部分,从宏观视角进行顶层设计,使不同的社会保障能够形成一个有机协调的体系[③]。长期护理需求评估体系的建设应与现有社会保障体系相协调,特别是与《社会保险法》的已有制度安排相融合,不能"另起炉灶"。

长期护理需求评估体系设计更应反映长期护理保险独立的社会保险属性。长期护理保险与养老保险,特别是医疗保险在保障对象上有一定的重叠,而且试点阶段长期护理保险基金主要由医保基金划转,更加深了对其附属性的印象。但从开办长期护理保险的初衷来看,长期护理保险显然与这二者不能等同:养老保险旨在保障老年群体的基本物质生活需要,长期护理保险保障的是因失能而导致的长期护理需求,不应在年龄上设限;医疗保险面向疾病治疗与医疗护理需求,其中医疗护理与长期护理看似相似,实际上却有本质差别——长期护理的目标是通过保险给付尽可能长时间地维持服务对象的身体状况,使其不向更坏的方向发展,医疗护理则是通过提供医疗护理服务以改善服务对象的身体状况,使其康复、好转、甚至痊愈[④]。长期护理保险成为一项独立的社会保险奠基于"长期护理需求"这一概念,在构建长期护理保险需求评估体系时,必须突出对"长期护理需求"的科学把握,避免与其他社会保险交叉、混同。

(二)规范形式

关于长期护理需求评估的规范形式,当前理论界最大争议是是否"适用立法保留"。鉴于护理需求性认定在长期护理保险制度中的重要性,要求其适用立法保留的理论呼声比较高。实践中,日本《长期护理保险法》并未明文规定护理需求性的判断标准,而是授权厚生劳动省以命令或公告的形式决定。对此有学者认为护理需求性认定标准属于保险给付的重要事项,应通过"法律"的形式予以规定,不宜授权行政机关以命令或公告的形式作出,因为若将护理需求性认定标准授权厚生劳动省裁量决定,厚生劳动省以行政机关的角色定位可能基于控制保险给付支出的考虑,调高护理需求性认定标准或降低保险给付上限额度,进而影响被保险人的保险给付,可能会导致权利空洞化的结果[⑤]。

我国学者亦有同样的担心,因为在我国地方试点中,台湾地区的所谓"长期照顾保险法(草案)"第 39 条规定:"本保险之长照需要等级、给付方式与内容、给付条件、支付项目、支

---

① 察赫.福利社会的欧洲设计:察赫社会法文集[M].刘冬梅,杨一帆,译.北京:北京大学出版社,2014:259.
② 熊伟,张荣芳.财政补助社会保险的法学透析:以二元分立为视角[J].法学研究,2016(1):110-126.
③ 菊池馨实.社会保障法治的将来构想[M].韩君玲,译.北京:商务印书馆,2018:12.
④ 张盈华.老年长期照护:制度选择与国际比较[M].北京:经济管理出版社,2015:15.
⑤ 伊藤周平.介護保険法と権利保障[M].东京:法律研究社,2008:109.

付条件、支付价格与其他相关事项之给付及支付标准,由保险人拟定,报主管机关核定发布。"即将护理需求分级标准与给付内容等事项交由作为保险人的"卫生福利部中央健康保险署"拟定,报"卫生福利部"核定后实施。如此"卫生福利部"实质上对长期护理需求等级等事项具有相当大的裁量权限,未来若保险支出持续高涨,卫生福利部基于其主管机关的身份在护理需求等级标准上将有很大操作空间,例如将长期护理需求等级区分更细,对于轻度需求者设定较低的给付额度,便可事实上达到减少整体保险给付支出的目的。

根据《立法法》的规定①,长期护理保险保障对象主体相关立法并不属于立法保留的范围,因此可通过行政法规等法律形式进行规定,但鉴于保障对象主体立法在长期护理保险法律制度中的重要性,同时考虑到长期护理保险立法的必然性,我国长期护理保险保障对象主体立法形式的选择可借鉴德国的"半立法保留"经验。即在《长期护理保险法》这一"基本法"中以专章形式对需求评估的重要内容如评估机构、评估程序、评估结果等作出规定,体现评估规范的统一性与权威性,同时通过授权条款将诸如评估机构准入门槛、评估人员资质、评估工具等内容授权保险人规制,体现需求评估的灵活性,使其能够适应保险发展需要。但考虑到长期护理保险立法与我国既有社会保险法律体系的协调,长期护理需求评估体系暂不宜选择该种规范形式。我国《社会保险法》采取的是"总—分—总"结构体例——总则,而后分别对养老、医疗、工伤、失业、生育五项社会保险进行逐一规定,最后统一对上述保险的保费征缴、基金管理、保险经办等进行规范。因此难以在《社会保险法》中以专章形式规定长期护理需求评估,也不宜另行专门制定《长期护理保险法》,必须另辟蹊径。

长期护理需求评估体系可选择"法律+行政法规+部门规章"的规范形式:首先在《社会保险法》中设置"长期护理保险"一章,明确界定长期护理需求的内涵,并通过"参保人因失能有长期护理需求,且经需求评估的,根据评估结果享受长期护理保险待遇"这一条文将"需求评估"转介至行政法规。由国务院以行政法规的形式出台《长期护理保险实施细则》,并以专章形式规定长期护理需求评估体系,主要涵盖评估机构选择、评估程序要求、评估标准设计、评估结果应用等核心主干内容。最后由人社部以部门规章形式对仍需细化的、技术操作性强的制度出台专项规章,如《长期护理需求评估机构准入办法》《长期护理需求评估人员资质规定》《长期护理统一需求评估标准》等。

(三)评估对象

长期护理保险旨在分散和化解失能护理风险,长期护理需求评估应向所有年龄群体开放,不应仅限于特定年龄群体。诚如德国在制定长期护理保险法之初便明确提出"护理需求风险存在于生命中的任何阶段,即便是刚出生的婴儿,也有可能需要超过50年的被护理时间……政府有义务以全民为保障对象,提供长期护理服务"②。同理,对评估对象亦不应有

---

① 《立法法》第八条规定:下列事项只能制定法律:(一)国家主权的事项;(二)各级人民代表大会、人民政府、人民法院和人民检察院的产生、组织和职权;(三)民族区域自治制度、特别行政区制度、基层群众自治制度;(四)犯罪和刑罚;(五)对公民政治权利的剥夺、限制人身自由的强制措施和处罚;(六)税种的设立、税率的确定和税收征收管理等税收基本制度;(七)对非国有财产的征收、征用;(八)民事基本制度;(九)基本经济制度以及财政、海关、金融和外贸的基本制度;(十)诉讼和仲裁制度;(十一)必须由全国人民代表大会及其常务委员会制定法律的其他事项。

② 林谷燕.德国长照保险照顾需求性评估新论:以2017年实施之新法为中心[C].台湾地区科技法律研讨会,2016.

参保等待期、再次申报期限、罚停申报期等要求,只要申请人确有长期护理需要便可申报;对于造成失能的原因,无论是因生理、还是心理疾病,只要有长期护理需求,均可申请。

有关评估对象的设计还要考虑长期护理保险的独立性。从试点地方的规范文本来看,为区分长期护理保险与医疗保险的覆盖范围,普遍设定了"已经6个月医疗期"的限制,这一设计颇不科学,因长期护理中的"长期"并非指已接受过长期医疗,而是指需要接受长期的护理。建议借鉴德国的规定,以申请人是否需要接受6个月及以上护理来界定是否具有"长期"护理需求,但在申请人寿命明显不足6个月时,不再有此要求。

(四)评估机构与评估人员

评估机构的选择必须考虑五方面因素:要确保基金安全,防范骗保事件;要确保基金独立,防止长期护理保险沦为财政附庸;要确保评估的专业性,防止评估结果失真;提高评估效率,及时满足申请人需求;降低运行费用,减少保险基金的额外负担。我国地方试点中的社保机构模式(劳动能力鉴定委员会、保险人)、服务供给机构模式以及独立第三方模式各有利弊。

首先,社保机构作为评估机构虽然可以保证评估的权威性,不会增加保险基金的额外负担,但其弊端也极为明显,集中表现在三个方面:

①不利于保险基金独立。社保机构既是评估规则的制定者,也是评估规则的执行者,集"运动员"与"裁判员"于一身,极有可能会通过评估控制护理需求的认定,进而控制长期护理保险的整体支出规模[1]。

②社保部门进行评估不符合专业性要求。社保部门从事评估的人员并非由专门的具有相关资质或学历背景的人员组成,多为行政官员,可以随时从不同部门、不同岗位上调入从事评估工作,将护理需求评估交由行政官员认定,客观上专业性不足,主观上还易滋生官僚主义、徇私舞弊的制度瑕疵[2]。

③效率不足。社保机构本身便承担了资金筹集、保险支付、护理机构管理与服务质量监管等职责,若再承担需求评估工作,工作负担过重,难以保证评估效率。

其次,服务供给机构作为评估机构虽然在评估的专业、效率上得到保障,但其最大的风险是不利于保险基金安全,存在较大的骗保风险。因由市场化的护理服务供给机构同时进行需求评估,同样是"运动员兼裁判员",尤其是在市场竞争激烈的背景下,极有可能诱发护理服务供给机构与潜在保障对象为求各自利益联合欺骗保险人的道德风险。

最后,由第三方机构进行评估优点较为明显,可以确保基金的安全、独立,评估的效率和精确性,但其缺点在于可能会增加长期护理保险的运行费用,给保险基金带来额外负担。

从以上分析不难发现,相较于社保机构和服务供给机构,第三方机构评估的优势在于既能保障基金的安全、独立,又有利于保护被保险人利益,这正是长期护理保险运行的核心要求,而其缺点——增加保险运行费用,一方面只要控制在合理范围内,对于长期护理保险运行应是可以承受的,另一方面还可以通过其他渠道予以解决,如将其与工伤评估一并交由社

---

① 陈明芳.福利国家的重构:以德国长期照护保险制度的建置与改革为例[J].台大社工学刊,2012(25):157-207.
② 郑尚元.论工伤保险法制之完善[J].法治研究,2018(5):24-31.

会化机构办理,共同承担评估费用,如德国将护理需求评估交由健康保险医事服务处负责,由长期护理保险与工伤保险分担运行费用。对第三方独立机构必须实施严格的监管,一是由人社部制定管理性规范,对评估机构资质、评估工具、评估流程等加以规范,凡是进入长期护理需求评估市场的机构必须严格遵循该管理规定;二是强化协议管理,保险人与评估机构签订协议,通过协议约定双方在需求评估过程中的权利、义务与责任。

为确保评估结果的客观性与准确性,评估人员的选择主要应考虑其专业性,如韩国便规定由设置于各市县区的长期护理需求认证委员会作出评估决定,该委员会成员主要由医疗从业人员和社会工作从业人员组成。因此,在评估人员的选择上应着重从三个方面予以规范:

①知识结构与资质要求。要求从事需求评估的人员必须有护理、医疗、康复等专业背景,且对于主要评估人员,如评估机构的负责人、评估师等要有相应的职称和资质要求。

②工作经验要求。评估人员应从事相关工作达到一定年限方能进行独立评估。

③分类评估要求。划分申请人类型配备不同的评估人员,如失智症患者要求有精神病学、心理学背景的评估人员,儿童失能评估需有专门的小儿护理师参与。

至于是否借鉴德国赋予申请人对评估人员的选择权,基于评估工作独立性以及杜绝骗保行为考虑,不应赋予申请人选择权,但可以赋予申请人否决权,即申请人在有充分合理的理由时,可以否决评估机构派出的评估人员。此外,我国海门市的做法颇值推广,建议以行政规章的形式出台《失能评估专家管理办法》,除对评估专家的选拔、抽选等作出规定外,建立专门的评估专家履职管理、监督办法,督促专家勤于履职、诚信履职。

(五)评估工具

护理需求评估的方式较为多样,有学者统计大约有 24 种,其中使用较多的巴氏量表以及 Lawton 和 Brody 工具性日常生活活动量表以及 Katz 指数[①]。不同国家护理需求评估工具选择,见表 6.1。

表 6.1　不同国家护理需求评估工具选择

Table 6.1　Selection of Nursing Needs Assessment Tools in Different Countries

国家	评估工具	评估指标	评估方法
美国	MDS	老年护理对象的健康状况和护理需求	主要采用因素型分类方法进行分级,将患者需要的所有护理项目按照其占用护理时间的多少、技术难度等要素进行量化,评估并计算出患者的护理时数
澳大利亚	ACAT	生理、心理、医疗、文化和社会五个方面的护理需求	评估老年人失能和所需服务的程度,从而决定是否入住护理院及需要的护理水平;患者分级量表将入住的老年人分为 8 个级别,1 级需要最高级别的护理,8 级所需的护理水平最低,1—4 级为需接受高水平护理,5—8 级为需接受低水平护理

① YANG M, DING X, DONG B. The measurement of disability in the elderly: A systematic review of self-reported questionnaires[J]. Journal of the American Medical Directors Association, 2014(2): 1-9.

续表

国家	评估工具	评估指标	评估方法
法国	AGGIR	起床、穿衣服、洗澡、购物、做饭、移动等，评估其依赖程度	根据单一的日常生活能力评估量表得分将老人的依赖水平分为6个等级，从GIR1（最高级）到GIR6（最低级）。个性化的独立生活津贴（APA）覆盖到前4个等级
日本	要介护认定调查表	全国颁布的评估问卷85题，包括生理功能及心智状况，过去两周内的医疗护理使用状况。需要确定是与年龄有关的身体及心智状况	计算机辅助标准化需求评估系统依据护理时间和护理强度将人们分为7个服务级别。由级别确定覆盖的服务数量和每项服务的费用
韩国	老年护理对象等级认定调查表	将服务的内容分为五大部分，即躯体机能、认知机能、行动变化、看护处理、复健，共包含52项	分析老年人身心功能状态和1分钟工时定额服务关系，采用决策树的统计方法计算每个被评估者的"护理认证时间"分为5个等级

我国大部分试点地方直接采用巴氏量表对申请人进行评估并不符合实际需要，应借鉴德国的做法围绕长期护理需求的内涵，综合考虑申请人身体、心理、社交能力等多个方面进行设计，且尤要注意其与医疗需求的区分，避免将长期护理保险与医疗保险混同[①]。此外，指标内容应是有关长期护理需求的核心观测点，不能过多过细，造成评估时间过长，既影响评估结果的精准度，又影响评估工作效率及评估对象权利保护。

（六）评估程序

除德国外，日本同样对评估程序进行了较为详细的规定，值得我国借鉴。根据《介护保险法》，首先由被保险人向市町村提出申请，被保险人无法自行申请的，可由支持中心或居家护理支持机构代为提出申请。市町村在接到申请后，派遣人员到申请人住处进行面试，调查其日常生活活动能力及问题状态、所处环境状况等，而后基于该调查结果，根据全日本统一的客观标准，以电脑分析进行判定（称为"第一次判定"）。之后，根据第一次判定的结果及主治医师意见书，由医师、保健师、社工等具有学识经验者组成长期护理需求认定审查会，终局判定需护理或需支持状态的等级（称为"第二次判定"），从而确定护理等级、所需护理服务种类、可使用的服务量上限等。若申请人未满65岁，还须判断其达到需护理状态的原因是否符合法定特殊疾病，若需护理状态非因特定疾病引起，则无法申领长期护理保险给付，仅能依身心障碍者福利制度申请护理服务。第二次判定结果出来后，由市町村负责通知申请人，并在申请人的被保险人证上记载需护理状态，护理需求认定可溯及至护理申请提出之日。对于被判定为需护理状态的，同时制作个案护理计划[②]。

借鉴德日两国经验，我国评估程序主要包括"申请—现场考察—公示—评估决定—告

① 江海霞,郑翩翩,高嘉敏,等.老年长期照护需求评估工具国际比较及启示[J].人口与发展,2018(3):65-73,84.
② 胡竣凯.长期照顾财政制度之研究:以日本长期照护保险施行之经验为借镜[D].台北:台湾大学,2015.

知—复核",在具体规范设计时,要结合评估程序对评估结果与评估效率的影响,着重考虑以下四个方面。

(1)实行"两评终评"

"一评终评"因无纠错机制,可能造成评估结果误差,而"三评终评"虽然可以较大程度保障评估结果准确,但效率较为低下,浪费人力、财力、物力。"两评终评"即申请人对保险人的评估结果有异议的,可向保险人申请复核一次,复核结果为终评结果。为进一步确保评估结果的准确性,还应明确评估结果是可诉行政行为——虽然评估系由第三方社会化机构实施,但评估结论由保险人(社保部门)作出,属于可诉的具体行政行为,应允许经司法的权威性与终局性对个别申请争议进行裁判。司法裁判期间评估结果照常执行。

(2)实行复核回避制度

回避包括机构回避和人员回避两个方面,为提高评估效率,原则上要求评估人员回避即可,即参加第一次评估的评估人员不应参加复核评估,但可以应复核评估人员的要求提供相关材料或陈述。例外的是,在申请人要求机构回避时,保险人应允许,但此时申请人应承担期限上的不利益(机构回避时的复核期限长于由原评估机构进行复核的期限)以及在复核结果与原结果一致时的评估费用。复核结果与首次评估结果不一致时,若保险人有充足理由怀疑复核结果的准确性,有权要求再评估,再评估期间不影响保险给付。

(3)评估结果应予公示

社会救助经资产调查后的公示虽然可以起到防止骗保的作用,但也会带来标签化效应,给被救助人造成心理负担,遭到了理论界的批评。受此影响,我国部分试点地方在评估程序中并未作出公示要求。实际上,社会救助法上的公示与社会保险法上的公示造成的社会影响并不相同,前者主要针对申请人的资产状况,与其社会地位紧密相关,可能会引起污名化的社会效应;后者则主要是对引起保险给付的事件予以公示,对申请人的社会认同影响不大,通常不会引起污名化效应。因此,为防止骗保,建议对长期护理需求评估结果予以公示。

(4)明确评估期限

为提升评估效率,必须明确评估期限,同时借鉴德国的做法,在评估超期时,要求保险人向申请人支付一定的经济补偿。

(七)评估费用

评估费用的设计既要能够防范被保险人恶意申请,又需防止对其造成过重负担。可以上海的试点实践为蓝本:

①建立费用分担机制。初评费用由申请人和保险基金各承担一部分,复核时结果不一致的,费用由初评机构全额承担,一致的,由申请人与保险基金共同承担,但申请人承担的比例可高于初评中承担的比例。

②规范评估收费。对评估费用实行政府定价,避免乱收费。

③注重弱势群体保护。设置特困群体补贴,补贴经费由政府财政承担。

(八)评估结果

在评估结果制度的设计上,除德国外,法国和日本在评估结果的处理上同样值得借鉴。

在法国，根据评估结果将失能人员分成五个等级，其中等级一为完全丧失精神与身体上的自理能力，需要他人持续护理；等级二为长期卧床或认知能力尚未完全丧失但需要有人照顾日常活动，以及精神错乱或认知能力严重受损者，虽仍保持完整的行动能力或生理机能，但需要接受定期的外部刺激治疗与活动以维持生理机能健康，需要持续监看；等级三为保有认知能力，但行动能力受限，需要每日或一日数次在身体活动方面接受帮助，但不需要经常性监看；等级四为在身体移动方面可以不需要帮助，但在进食方面需要辅助；等级五为基本可独立自主活动，但一些家务活动需定时给予帮助。

日本的分级制度较为复杂，其首先根据评估结果将失能人员分为要支持和要介护两大类，再根据具体情况进行二次划分，其中要支持一级为排泄及进食等完全可以自理，但如打扫等家务需要协助；要支持二级状态和要支持一级相同，只是其对象为希望改善和维持状态者；要介护一级为排泄及进食等几乎可以自理，但如起立等动作需要协助，部分家务也需要协助；要介护二级为排泄、进食、起立及走动等几乎全需要协助，全部家务也需要协助；要介护三级为排泄、起立及家务等全部无法自理，也无法自行走动；要介护四级为排泄、起立及家务等全部无法自理，也无法自行走动，有问题行为、理解力丧失；要介护五级为排泄、进食、起立及家务等全部无法自理，也完全无走动机能，有问题行为、理解力丧失。

评估结果是评估程序的终点，比较我国地方试点与德国、法国、日本实践，评估结果的应用应考虑以下四个方面：

①评估结果分类。以申请人在评估量表中的得分作为确定评估结果的依据，并根据得分对评估结果进行分级分类。目前德国采此模式，我国试点地方也都是以评估得分作为确定评估结果的依据，只是大部分试点地方未进行评估结果的分级分类。需要注意的是，对于特殊人群如儿童护理需求评估结果的确定应与一般成人有所区别，即借鉴德国规定，经由与同龄健康儿童的对比作出。

②评估结果应与保险给付挂钩。根据不同护理需求等级设置不同给付标准，使失能程度相同的保险人获得相同给付，确保长期护理保险资源流向精准，提升长期护理保险制度的公平性。

③评估有效期与护理需求等级挂钩。评估有效期的确定要与护理需求等级相关联，需求等级高的评估期限较护理需求等级低的可以稍长。同时设置兜底条款，在保险人认为必要时随时进行重新评估。

④现阶段不宜在评估结果中贯彻预防原则。当前阶段，我国长期护理保险主要面对的是有长期护理需求的"存量人群"，对于非有显著护理需求的群体，考虑到长期护理服务供给在我国尚处于起步阶段以及长期护理保险基金的负担，暂不宜将其纳入保险给付对象范围。

评估结果信度保障机制的有效建立有利于维持长期护理保险基金安全与制度公平，基于我国地方政策文本与德国经验，评估信度可通过考核、奖惩和技术手段予以提升。主要应建立以下三个方面的体制机制：

①年度考核与不定期抽查相结合开展评估工作考核。年度考核主要考察评估通过率及其结构、申请人满意度、投诉情况、复核一致率等；不定期抽查则是由医保部门组织专门人员

不定期对评估机构的申请案进行抽查,抽查结果影响年度考核结果。

②建立预留款、奖励与责任机制。预留款即预留一部分评估费用待年终考核合格后全额发放;奖励即对考核结果优秀的,按照评估费用的一定比例给予奖励;责任机制则是对考核不合格的,给予相应处理,直至取消其评估资格。

③加大信息共享,提高结果透明度的技术手段。要求评估机构建立信息化管理系统,通过信息化手段辅助评估,人社部门建立加大评估机构间数据共享的"信息高速公路"。

第七章　长期护理保险给付

长期护理保险给付法律制度是有关长期护理保险给付面的法律规范的总称，包括给付原则、给付方式和给付监管三个方面。长期护理保险给付是长期护理保险制度的"终端"，是关乎长期护理保险制度能否实现制度初衷的关键。一方面法律规范长期护理保险给付可以提升规范的权威性，使长期护理保险给付要求得到贯彻落实；另一方面法律责任的设计可以对违反给付规定的行为给予制裁，保障服务对象的权益。

一、给付原则

给付原则是确定长期护理保险给付法律制度安排的基本规则，长期护理保险给付法律制度的设计应围绕给付原则展开。从长期护理保险制度的初衷和有关国家、地区的理论研究和实践经验来看，长期护理保险给付应贯彻实物给付优先、居家给付优先、尊重服务对象自决权和城乡均等化原则。

（一）实物给付优先原则

根据给付方式不同，长期护理保险给付可以分为实物给付和现金给付两种，实物给付是指向保障对象提供护理服务、护理辅助器材等，现金给付则是直接向保障对象发放护理津贴。所谓实物给付优先是指确定长期护理保险给付内容时，实物给付优先于现金给付，但这并不意味着仅以给付护理服务和护理辅助器材为内容而排斥现金给付。

1.实物给付优先的原因

之所以应当确立实物给付优先原则，是因为相对于现金给付，实物给付具有三点优势。

（1）有利于提升服务质量，降低服务成本

如前所述，长期护理服务不仅仅是日常生活照顾，还涉及康复护理、心理治疗等技术性较强的工作，家庭成员承担此类工作存在较大的难度，势必会影响失能人员接受的护理服务质量。而实物给付提供者通常为专业护理机构的长期护理服务人员，其对护理服务业务更为熟悉,因此提供的护理服务质量更高,花费的成本却较为低廉。

（2）有利于降低道德风险

在现金给付情形下,向保障对象或其家属发放护理津贴由其自行支配,存在资金被挪作他用的道德风险,常使保障对象难以接受应有的护理服务,使长期护理保险制度的立法初衷落空。而实物给付则通过实际的照料服务供给避免了此类道德风险的发生。

（3）有利于推动长期护理服务产业发展进而促进服务质量提升

实物给付优先能有效促进市场上长期护理服务需求的增加,从而推动长期护理服务产业发展;反过来,服务产业的发展又可以增加护理服务市场供给,进而起到降低服务费用、提升服务质量的作用。

2.实物给付优先的实现

一般来说,实物给付优先原则的实现需满足两个方面的要件,一是政府需制定相应的政策措施鼓励长期护理服务机构发展,通过供给侧的发展使市场上有足够的服务供给,否则实物给付优先难以实现;二是在实物给付与现金给付之间采取差额待遇措施,通过利益刺激保障对象选择实物给付。

（二）居家给付优先原则

根据给付地点不同,长期护理保险给付可以分为居家给付和机构给付。顾名思义,居家给付是指服务供给者进入服务对象家庭提供护理服务,机构给付则是服务对象进入服务供给者的场所接受服务。居家给付优先是指除非出现服务对象对护理服务需求程度非常高,且无法通过非专业护理人员在家庭内提供护理服务的情形,否则居家给付应优先于机构给付。

1.居家给付优先的原因

之所以应当确立居家给付优先原则,除因为部分服务对象无须或不愿进入服务机构外,还因为相对于机构给付,居家给付具有两个方面的优势。

（1）有利于实现"在地老化"目标

居家给付可以使护理服务对象尽可能长时间地停留在其所熟悉的家庭环境中,实现"在地老化"[①],为服务对象营造一个舒心的环境,间接提高服务质量。

（2）有利于降低护理成本

居家给付相较于机构给付,因其不需要另行建设服务场所和服务设施,减少了大量的硬件投入,可以大幅减少护理供给成本,有利于当前护理服务硬件资源不足情况下的服务提供,也有利于提高服务供给机构参与长期护理服务供给的积极性。

2.居家给付优先的实现

居家给付因贯彻了"在地老化"理念,因此深受服务对象欢迎,一般不需要政府通过利益刺激激励服务对象选择,政府所要做的是采取措施保障居家服务供给的质和量,其具体路径是加大对提供居家服务类小微企业的支持力度。同提供机构护理服务给付不同,居家给付

---

① 卓俊吉.德国长期照护保险法制之研究[D].台北:台湾政治大学,2004.

因投入成本较低,一般小微企业即可参与,尤其是社区型的居家护理服务企业,其通常为微型企业,可根据我国现行相关小微企业支持办法加强政策引导、加大支持力度推动居家护理服务供给质、量提升。如在日本,近年来长期护理保险最终要的改革之一便是围绕"在地老化"理念推出了"地域密集型服务"和"地域支援事业"两大类护理服务。"地域密集型服务"是根据各地区实际情况而采取的一种灵活操作的护理模式,鼓励不限于某一特殊服务类型的综合性长期护理服务企业发展,特别鼓励小规模多功能性的护理服务企业,因其可同时提供居家护理、居家服务、日间照顾、短期入住等多项服务,其优势在于可根据护理服务对象身心状况的变化而灵活、持续多样地提供满足需要的护理服务项目,让护理服务对象能够在居住习惯的区域内持续生活。"地域支援事业"则是由市町村为主成立的日常生活志愿机构提供的,类似于社区、村养老服务点,向失能较轻群体提供日常的生活帮助①。

(三)尊重服务对象自决权原则

尊重服务对象自决权是指在长期护理保险给付上应充分尊重保障对象的选择,护理服务对象可根据自身意愿在法律规定的范围内自由选择给付方式,无论是实物给付优先还是居家给付优先都应让位于保障对象的选择。德国《长期护理保险法》明确规定了尊重服务对象自决权原则,其不仅赋予护理服务对象自行选择给付方式的权利,还规定了护理保险人尽可能协助保障对象选择的义务。

尊重服务对象自决权是保障对象自主权的体现。保障对象自主权源于医疗中的患者知情同意权。所谓患者知情同意权,是指具备独立判断能力的患者,在非强制状态下充分接受和理解各种与其所患疾病相关的医疗信息,在此基础上对医疗人员制订的诊疗计划自行决定予取的一种权利②。保障对象自主权和患者知情同意权同属生命健康权的内容,在学理上,生命健康权是社会权的重要组成部分③,生命健康权的实现需要国家提供相应的社会救助或社会福利。社会福利制度起初主要是为了使所有公民都能获得安全保障,享有一定的生活水平以维护生存权,因此其内容以提供服务为主。该阶段社会福利的突出特点是"父爱主义"色彩浓厚④:国家居于家长角色,代为行使福利使用的选择权。随着 20 世纪 70 年代"福利危机"的出现和福利多元化思潮的兴起,福利服务对象的自主权逐渐受到重视,国家开始承认并肯定服务对象的自由选择权⑤,体现在福利内容上即除了实物给付,也开始提供现金给付,让保障对象自行选择对其最好的方式。

(四)城乡均等化原则

长期护理保险给付城乡均等化并非城乡统一化,而是指在给付时应考虑当前我国城乡公共服务供给上的差异,给予农村适度的政策倾斜。调查显示,农村长期护理发生率约为城

① 游晓微,巩爱华,植村尚史,等.日本介护制度沿革对台湾地区长期照顾体系发展之启示[J].台湾公共卫生杂志,2019(5):457-468.
② 龚赛红.医疗损害赔偿立法研究[M].北京:法律出版社,2001:224.
③ 曲相霏.外国宪法事例中的健康权保障[J].求是学刊,2009(4):70-76.
④ 孙笑侠,郭春镇.法律父爱主义在中国的适用[J].中国社会科学,2006(1):47-58.
⑤ 赵善如,吕佩熏.在长期照顾服务中服务对象自主权与选择权之探讨:以社政服务项目为例[J].社区发展季刊,2009(6):214-215.

镇的 3 倍①,与之相反的是在长期护理服务的供给上,城镇远比农村充足。这一现象出现的原因有二:一是农村失能人员收入普遍较低,长期护理有效需求供给不足;二是农村居住较为分散,提供长期护理服务成本较高。有鉴于此,长期护理保险给付城乡均等化在实现上,可以由政府直接提供较低价格的长期护理服务,或对在农村开展长期护理服务的机构加大政策倾斜力度。在率先开展长期护理保险试点的青岛,其 2012 年公布的《关于建立长期医疗护理保险制度的意见(试行)的通知》覆盖范围仅为参加城镇职工基本医疗保险和城镇居民基本医疗保险的参保人,但实施过程中,认识到农村地区老龄化程度更为严重、失能老人状况比城市恶劣,因此在 2014 年 9 月公布并于 2015 年 1 月实施的《青岛市社会医疗保险办法》中将覆盖范围扩大至农村,成为我国第一个长期护理保险全覆盖的地区②。

二、给付方式

根据给付方式不同,可将长期护理保险给付分为实物给付和现金给付两种。从制度初衷来看,实物给付应是给付的主体,但为贯彻"在地老化"理念和尊重服务对象自决权,现金给付逐渐受到重视,并受到失能人员的欢迎。从法律法规层面来看,其对实务给付的规制较为简单,但对现金给付的规制则较为复杂,需要重点研究。

(一) 实物给付

实物给付包括居家给付、机构给付和服务支持三种类型。居家给付是指服务对象不必进入服务供给者场所,而在自身生活居住场所内接受长期护理服务项目,可采取居家护理扶助、个别护理服务、临时替代护理、附加护理给付、护理器材服务、居住环境改善等形式。机构给付是指服务对象进入服务供给者的场所接受护理服务,包括部分护理、短期护理和全机构护理。服务支持则是帮助非专业护理人员开展护理服务的措施,包括提供护理课程、护理假和咨询服务三类。

1.居家给付

(1)居家护理扶助

居家护理扶助是为帮助服务对象及其家属进行居家护理,护理人员白天进入服务对象家中,对其提供基本护理、家务照料或康复护理等服务。此处的护理人员须是隶属于具有开展长期护理服务资格的服务供给者的工作人员,其与服务对象之间不构成劳动关系,是服务供给者与服务对象间护理服务合同的履行者。

(2)个别护理服务

在具有开展长期护理服务资格的服务供给者不具备提供某一特定服务的能力、通过个别人员提供护理服务具有实用与经济性效果、护理服务对象要求特定护理人员提供服务时,在取得该个别人员同意的情况下,可以由其提供护理服务,产生的相关费用直接由护理保险

① 浙江省老年人长期照护保障制度研究课题组.浙江省老年人长期照护费用保障机制研究[J].老龄科学研究,2013(2):38-47.
② 姜日进,李芳.中国建立长期护理保险制度的发展思路:以青岛市长期护理保险制度为例[J].社会福利,2016(3):44-46.

人结算。该个别人员与居家护理扶助护理人员的区别在于其不属于服务供给者的工作人员,与现金给付时服务对象自己聘请护理人员的区别在于其产生的费用直接由护理保险人结算,费用金额上限同其他实物给付一致。

（3）临时替代护理

临时替代护理又可称为"喘息服务"①,是指对接受现金给付的长期护理服务对象,在其护理人员因事不能护理时提供临时替代性的护理服务。在临时替代护理期间,护理费用由护理保险人承担,但停发护理津贴。同时,还需设置临时替代护理的最长时限,如规定1年内最多可提供总计6周的临时替代护理。

（4）附加护理给付

附加护理给付是面向某些需接受夜间护理的服务对象提供的夜间护理服务。与居家护理扶助相比,附加护理给付需要增加额外费用,因此长期护理保险立法时需对附加护理给付服务对象范围进行明确规定。

（5）护理器材服务

护理器材服务是护理保险人向护理服务对象提供符合其护理需求的器材协助,以帮助其减缓病痛、方便护理工作进行或方便其独立生活。

（6）居住环境改善

居住环境改善是为了方便护理器材使用,护理保险人对护理服务对象的居住环境进行一定的改善,如加宽门以便轮椅进出等。居住环境改善仅以必需为限,且应设置费用上限。

2.机构给付

①部分护理。当居家护理无法为护理服务对象提供足够的、必要的护理时,服务对象可以请求部分机构式护理,即将居家护理不能满足的护理服务需求改由机构护理实现,如紧急医疗护理等。

②短期护理。当居家或部分机构护理不能或未在必要范围内提供或服务对象处于住院治疗后的过渡期及其他危险状况时,服务对象可以申请短期的机构护理。

③全机构护理。即服务对象进入护理服务机构,在机构内接受长期护理服务。

3.服务支持

（1）护理课程

护理课程是护理保险人免费向非正式护理人员提供的有关身体照顾、心里安慰的课程,以帮助其提高护理服务水平。

（2）护理假

护理假是德国《长期护理保险法》特有的规定,短期内在我国较难实现,此处仅作简单介绍供今后立法参考。根据德国《长期护理保险法》,护理假是指护理人员向其所在单位请求暂停薪水但维持社保、最长不超过6个月的假期,以照顾其有护理需求的近亲属,如配偶、同居伴侣、父母、子女及兄弟姐妹等。为了保障正常的社会生产,护理假的申请设置了一些条

---

① 王增勇.家庭照顾者做为一种改革长期照顾的社会运动[J].台湾社会研究季刊,2011(85):397-414.

件：一是所在单位必须是至少拥有 15 名员工的单位；二是护理人员必须于提出护理假申请前 10 天以书面方式通知用人单位，并说明护理假的期间；三是雇主可基于紧急且重大的经营事由拒绝；四是当被护理者死亡、住进医院或其他护理机构，或此项居家护理因其他原因而结束时，护理假提前结束。

（3）咨询服务

咨询服务指护理保险人有义务解答护理服务对象或非正式护理人员提出的有关护理服务的问题，具体包括政策咨询服务和技能咨询服务两个方面。政策咨询服务指提供有关长期护理保险政策的解答，如关于护理需求性概念的解释等；技能咨询服务指提供有关护理服务技能问题的解答，如有关辅导抑郁症护理服务对象的知识等。咨询服务对于非正式护理具有重要意义，德国 2008 年长期护理保险制度改革时，特别要求联邦政府投入 6 000 万欧元在全国范围内建设 600 个护理据点，护理据点的主要任务之一即提供咨询服务，如长期护理保险政策说明、护理服务技能咨询等。

（二）现金给付

所谓现金给付，是指长期护理保险人于其法定保险给付项目中，提供被保险人现金给付选择权，由被保险人根据其法定应得额度自行购买或支付护理服务费用。与实物给付不同，现金给付在实践中受到的争议较大，需要通过法律加强规制。

1.有关现金给付的争论

日本在制定《介护保险法》时认为"现金给付只要把聚集起来的保险费发放出去就可解决问题的话，则营运保险再轻松也不过了。但日本明知如此还是选择比较困难的实物给付"[①]，言外之意即提供现金给付有政府推卸责任之嫌，因此《介护保险法》规定介护给付原则上为实物给付，仅在极少数特殊情形才支付现金[②]。确实，长期护理保险制度如只提供现金给付，保险人仅负责收取及运营保险费与支付费用即可，与养老保险等无实质性区别。而包含了实物给付的长期护理保险制度还需要处理给付结构、服务供给与服务质量管控等问题，比单纯支付现金的养老保险制度要复杂得多。

实际上，认为现金给付属于"偷懒地办理长期护理保险"是片面的，其认为的现金给付仅仅是保险人只负责简单的金钱收支来往，是一种不全面的现金给付制度设计。全面的现金给付制度设计除规定护理津贴发放外，还应配套相应的规制措施，使现金给付能够与实物给付发挥功能互补的作用，而非处于对立甚至不兼容状态。制度的最终目的是提供更加多元弹性的给付方式，满足多元社会家庭结构下多元保障对象不同的护理需要样态，容纳更多元护理服务人力的参与，以确保保障对象及其家属在"协助家庭护理功能"与"取代家庭护理功能"之间，自主地、互补地、弹性地进行选择。1994 年德国通过的《长期护理保险法》规定了实物给付、现金给付和实物与现金混合给付三种支付形式，同时为确保现金给付在实践中

① 郑文辉课题组.推动长期照护保险可行性之研究报告[R].台湾地区"行政院"经济建设委员会委托项目,2004.
② 李世代课题组.日本、韩国长期照护保险内容与相关法令之研究[R].台湾地区"行政院"经济建设委员会委托项目,2009.

发挥应有的功能,还设计了一整套支撑与配套制度促进现金给付下"在地老化"目标的实现①。

2.现金给付的意义

现金给付广受保障对象欢迎,据统计,在德国选择现金给付的人数约占保障对象总人数的70%。我国亦有学者通过实地调研发现,现金给付是最受农民欢迎的长期护理保险给付方式。② 长期护理保险现金给付制度的设计不是单纯的社会政策议题③,其对经济发展和社会和谐具有重要的积极意义。

(1)有利于促进长期护理服务市场良性发展

对保障对象而言,现金给付提高了其直接购买所有合乎法定护理服务的可能性,使其能够依个人意愿及能力作出最适合自己的选择;对服务供给者而言,现金给付使其有较大的自由发展空间,不必完全囿于护理保险人决定的服务,可根据服务对象要求提供更加个性化的服务。现金给付能够促进护理服务市场的竞争,推动长期护理服务质量提升,促进护理服务市场良性发展④。

(2)有利于促进家庭和谐

随着市场化、城市化的发展,家庭日趋原子化、松散化,现金给付通过给予家庭非正式护理以经济支持,可以发挥相当于融合剂的作用,使家庭功能在现代社会仍然能维持在一个稳定的水平⑤,促进家庭和谐,是长期护理保险补充性原则的体现。所谓长期护理保险补充性原则是指当个人有护理需求时,护理服务的提供应优先来自家庭、社区组织或志愿组织,国家的介入仅是最后手段⑥。长期护理保险补充性原则源于宗教伦理传统上对家庭功能的强调与重视,认为家庭才是护理服务最佳的提供者,国家的积极政策介入只会阻碍正常家庭功能的运作⑦。

(3)有利于保障低收入者权利

各国长期护理保险制度中都引入了服务对象付费制度,即由服务对象支付一定的护理服务费用。对低收入家庭来说,可能因为其不能承受该费用负担而不选择护理服务,只有通过家庭成员进行护理,这将会使低收入者及其家庭陷入更加贫穷的境地⑧。现金给付因为不涉及付费问题,在此种情况下直接由服务对象获得,可以充分保障低收入者的权利。

---

① 林志鸿.长期照护给付结构共构下现金给付之探讨:以德国长期照护保险制度为例[C]//台湾地区家庭照顾者关怀总会."女性照顾:国家、社区、家庭"研讨会会议论文.台北,2005.
② 韩伟,赵云英.城乡居民长期护理保险给付偏好的实证分析:以山西省为例[J].保险职业学院学报,2021(5):59-64.
③ 陈明芳.福利国家的重构:以德国长期照护保险制度的建置与改革为例[J].台大社工学刊,2012(25):157-207.
④ 张学军.失能社会保险立法研究[J].吉林大学社会科学学报,2013(2):132-139.
⑤ 王晶,张立龙.老年长期照护体制比较:关于家庭、市场和政府责任的反思[J].浙江社会科学,2015(8):60-68.
⑥ CHOU Y C, KROGER T, PU C Y. Models of long-term care use among older people with disabilities in Taiwan: Institutional care, community care, live-in migrant care and family care[J]. European Journal of Ageing, 2015, 12(2): 95-104.
⑦ 林志鸿.长期照护给付结构共构下现金给付之探讨:以德国长期照护保险制度为例[C]//台湾地区家庭照顾者关怀总会."女性照顾:国家、社区、家庭"研讨会会议论文.台北,2005.
⑧ 佐藤孝弘,高桥孝治.照护保险如何保护低收入者[J].中国社会保障,2015(1):76-79.

（4）有利于减轻护理保险基金负担

通常来说，非正式护理服务的成本低于正式护理服务[1]，因此现金给付在支付额度上一般少于实物给付额度，这可以在一定程度上减轻护理保险基金的负担。

3.现金给付的条件

虽然现金给付以保障对象选择为主，但并非所有失能人员都能领取护理津贴，护理津贴的领取必须满足三个条件：通过护理需求评估；保障对象须有能力自行规划购买护理服务；保障对象居住地附近有适当的非专业人力能够提供护理服务。

4.现金给付与实物给付金额差

为鼓励居家实物给付，德国规定同一护理等级中，现金给付约为实物给付的一半（表7.1）。我国在长期护理保险立法时，可借鉴这一做法，但至于二者间具体的金额差，还需要经过保险精算并考虑我国长期护理服务市场的现状确定，如长期护理服务市场供给不足，则可适当缩小现金给付与实物给付之间的差额。

表 7.1　德国实物给付与现金给付额度对比（单位：欧元）

Table 7.1　Comparison of quota of benefit in good and benefit in cash

护理等级	2008 年		2010 年		2012 年	
	现金	实物	现金	实物	现金	实物
等级一	215	420	225	440	235	450
等级二	420	980	430	1 040	440	1 100
等级三	675	1 470	685	1 510	700	1 550

数据来源：王吟吏.长期护理制度中家庭护理者法律定位之研究[M].台北：台湾政治大学，2012.

由表7.1可知，德国的现金给付额度约占实物给付额度的50%，有学者认为差别待遇不符合公平原则，有违设立护理津贴的目的[2]，但从鼓励实物给付和促进护理人力培养来看，差别待遇有其合理性。至于两种给付方式下给付额度的具体设计以及现金给付是否能满足实际需要，我国在立法时应通过科学计算确定，不能照搬德国做法。

5.现金给付下保障对象与护理人员间法律关系的定性

在发放护理津贴时，承担护理服务的可能是亲属或其他非亲属，在非亲属承担护理服务时，其与保障对象之间的法律关系应定性为劳务关系，而不是劳动关系。即在保障对象与护理服务人员间所形成的护理关系，不是保障对象雇用护理服务人员的雇主与受雇者之间的劳动关系，而是保障对象以现金购买护理人员提供的护理服务并支付报酬的劳务合同关系。

6.护理津贴用途管制

护理津贴发放后虽属保障对象个人财产归其自由支配，但为避免保障对象不将其用于购买护理服务，"而是变成孙子的零用钱"[3]，或者买酒麻醉自己、储存积蓄[4]，立法应明确规

---

[1]　林宝.对中国长期护理保险制度模式的初步思考[J].老龄科学研究，2015（5）：13-21.

[2]　林谷燕.长期照护保险制度之立法建议：以德国长期照护保险法为借镜[J].高龄服务管理学刊，2011（1）：1-46.

[3]　郑文辉课题组.推动长期照护保险可行性之研究报告[R].台湾地区"行政院"经济建设委员会委托项目，2004.

[4]　林志鸿.长期照护给付结构共构下现金给付之探讨：以德国长期照护保险制度为例[C]//台湾地区家庭照顾者关怀总会."女性照顾：国家、社区、家庭"研讨会会议论文.台北，2005.

定护理津贴必须用于购买护理服务,以满足保障对象的护理需求。至于具体的监管措施,法国的制度设计可资借鉴。

法国2001年开始根据失能人员的失能等级向其发放护理津贴,以帮助失能人员负担日常生活开支。为使护理津贴在实际中发挥应有的作用,除在申请时需进行相应的审查外,法国还建立了一整套管控措施。

首先是规定了当事人的申报义务。为确保护理津贴被妥善使用,护理津贴发放1个月之后,当事人需向省议会议长申报其有关聘请护理人员的情况,如果所聘请的护理人员与其有亲属关系,应在申报时特别说明,此外在出现护理人员工资变动或工作内容调整情况时,亦需进行申报。

其次是规定了监督检查制度。失能人员在申请护理津贴时,主要由社会医疗团队进行调查确认,在护理津贴发放后,社会医疗团队仍需发挥监督检查作用,定期对领取护理津贴的失能人员护理工作进行调查,以确保护理服务的成效与品质。除此之外,社会医疗团队还对失能人员的失能情况进行调查,以及时调整失能等级,变更护理津贴额度。

最后是规定了护理津贴中止的情形。当出现以下情形时,护理津贴将被中止发放:护理津贴发放后当事人没有履行申报义务,或履行申报义务有隐瞒行为;当事人没有及时履行其个人应承担的付费义务;社会医疗团队发现当事人没有遵守拟定的扶助计划,或是其自行聘请的护理人员对当事人产生健康方面、安全方面或是生理与心理的不良影响;当事人住院时间超过30天[①]。

(三)混合给付

为增加保障对象的选择空间,长期护理保险给付也可以兼采两种给付方式,即混合给付,根据个体需要选择实物给付下的部分给付,未获取的部分实物给付则通过现金给付方式自行购买护理服务获得。德国《长期护理保险法》即规定了混合给付方式,保障对象可以选择一部分实物给付,一部分现金给付。

三、给付监管

(一)监管必要性

长期护理保险给付监管是应对福利多元化背景下长期护理服务质量降低风险的需要,是国家作为调控监管者和最终责任者的义务履行,也是保障保障对象权利、推动长期护理服务产业发展和推动长期护理保险制度良性发展的必然要求。

1.应对福利多元化背景下长期护理服务质量降低风险

福利多元化主张在长期护理服务供给中引入市场机制,一方面有利于通过竞争降低服务费用、提升服务质量,使更多人享受到更加优质的护理服务,另一方面,引入市场机制也可以扩大护理保障对象的选择范围,使护理服务的提供更具人性化。但应当注意的是,护理服务市场化运行中存在任何竞争市场都存在的潜在风险,其中最为突出的是服务质量降低的

---

① 陈佑宗.法国老人长期照护制度之研究[D].新北:淡江大学,2005.

风险,如日本2000年正式实施长期护理保险并引入市场机制,仅仅5年后,即因护理服务质量发生问题而不得不修改长期护理保险法,强化服务质量监管①。市场化造成服务质量下降的原因主要有三个:

①营利性护理机构与政府或非营利机构的目标导向差异。非营利机构提供护理服务强调以人为本,旨在帮助改善失能人员生活状况、减轻家属负担,但营利性护理机构追求效率与成本控制、追求牟利而非服务本身的社会价值,二者在出发点上即有所抵触②。

②市场非理性影响。在同一市场环境下,受营利性护理机构影响,非营利性护理机构也会更加注意营运成本,进而可能无法兼顾护理服务质量。

③护理市场供需现状。当前,护理市场需求多、供给少,在供不应求的市场背景下,护理机构无须通过提升服务品质吸引护理服务需求者,同样可以从中获利。

因此,为保证长期护理服务质量,需要建立必要的给付监管制度,把控多元主体的服务供给。

2.履行政府的应尽义务

长期护理服务市场化的目的是促进服务效率与品质提升,但这并非意味着国家角色的完全退出③,给付监管是国家在长期护理保险制度中担任调控监管者和最终责任者角色应尽的义务。

(1)确保护理服务的公平性

护理服务分级是护理服务市场化的必然结果,在护理保险支付设置上限的情况下,可能会导致服务阶层化,弱势老人只能接受较低层次的护理④,居住偏远、失能情况严重、护理难度高、获取市场信息能力不足、经济条件差的服务对象甚至极有可能无法获得护理服务。为避免利益驱动下因服务供给者挑选保障对象而导致弱势者无人供给服务的情况,国家必须加强服务监管⑤。

(2)确保护理服务的有效性

服务质量是护理服务的核心,为确保市场化之下服务供给者提供的服务能够满足服务对象需要,国家必须加强服务质量监管,避免因服务质量瑕疵导致服务对象未能接受到应有的服务而出现失能情况恶化的现象。

(3)规避市场性风险

在政府监管过程中,一旦发现服务供给者出现财务或品质等问题,或服务供给者破产时,国家应立刻负起对护理需求者的最终责任,尽快解决服务对象的护理问题,亦即政府必须发挥风险分摊者作用,要能立即补位、降低可能的负面影响,避免护理需求者得不到应有的服务⑥。

① 胡竣凯.长期照顾财政制度之研究:以日本长期照护保险施行之经验为借镜[D].台北:台湾大学,2015.
② 黄松林,赖红汝,王华娟.长期照护保险建制与社会照顾[J].社区发展季刊,2010(130):309-318.
③ BODE I. The culture of welfare markets: The international recasting of pension and care systems[M]. New York: Routledge, 2008.
④ 黄松林,赖红汝,王华娟.长期照护保险建制与社会照顾[J].社区发展季刊,2010(130):309-318.
⑤ 姚蕴慧.社会福利民营化的再省思[J].通识研究集刊,2004(5):39-52.
⑥ 周怡君,庄秀美.德国照护保险中的国家监督管理[J].台大社工学刊,2014(29):199-242.

3.保障服务对象权利

给付监管最为直观的作用在于其可以有效保护服务对象的权利。通过政府监管,护理给付的公平性与有效性可在一定程度上予以保障,使服务对象能够接受有效的护理服务或适当的津贴给付,不致因失能而丢失人格尊严。

4.推动长期护理服务产业发展

护理服务品质监管是福利多元化背景下公私合作机制能否有效运作的前提①,加强给付监管可以有效推动长期护理服务产业发展。护理服务可以形成一种新兴产业,但必须立基于护理品质的保证,而这又需要许多环环相扣、缺一不可的环节互相配合,其中政府有效的监管是必不可少的环节。政府监管能够确保护理服务市场的有效运作,在促进竞争的同时,防止护理服务变成削价竞争,损害护理服务供给的品质。监管的缺失则可能引发“劣币驱逐良币”的后果,对护理服务产业发展不利。

5.推动长期护理保险制度良性发展

给付监管的重要意义还在于其能够推动长期护理保险制度的良性发展。长期护理保险制度由资金筹集运行制度、服务对象制度、服务供给制度、给付制度等共同组成,任何一个环节都是构建长期护理保险制度的必要条件,对长期护理保险制度的发展起到决定性作用。给付监管的缺失可能引发“有保险、无服务”的问题,使长期护理保险制度失去存在的根基。

(二)域外监管经验及借鉴

1.德国监管模式

德国在刚颁布《长期护理保险法》时,并未给予长期护理服务质量过多关注,因此该法中并未规定有关长期护理服务质量监管条款。但随着长期护理服务保险的不断发展、推进,实践中经常发生的服务质量纠纷使得当局意识到必须通过制定法的形式来规范长期护理服务质量,使长期护理保险能够永续经营。因此,德国在2008年对《长期护理保险法》修改时,将护理服务质量监管作为修法核心②。从已有的规范来看,德国对长期护理服务质量的监管主要呈现出三个方面的特点:一是制度完备,有规可依;二是协议监管优先,行政监管兜底;三是质量核查程序周延,结果严谨。

(1)制度完备,有规可依

截至目前,除《长期护理保险法》修改后对服务质量监管进行了规定外,此后又相继通过《长期护理品质维护法》《长期护理持续发展法》和《护理加强法案Ⅲ》等法律进一步对长期护理服务进行了规范。而国家除了运用法律政策这只“有形之手”对服务质量予以监管调控,还充分运用激励制度通过市场这只“无形之手”来引导、激励长期护理服务机构自发地配合国家的监管机制,进一步提高长期护理服务的质量,保障服务对象权益。典型如在2008年的护理保险制度改革中,规定自2015年起支付价格每3年依物价变动进行调整,保证护

---

① 陈明芳.福利国家的重构:以德国长期照护保险制度的建置与改革为例[J].台大社工学刊,2012(25):157-207.

② ROTHGANG H. Social insurance for long-term care:An evaluation of the German model[J]. Social Policy & Administration,2010(4):436-460.

理服务供给者的待遇适应市场发展水平。[1] 即通过价格调整机制引导长期护理服务供给者提高服务质量,因为服务质量不佳的长期护理服务供给者将会失去与政府合作的机会。

（2）协议监管优先,行政监管兜底

服务多元化供给背景下公私合作监管主要可以采取两种模式:一种是行政模式,即通过行政权力的运用,以高权方式对服务合作私部门进行监管;另一种是私法模式,即通过合作协议的方式对服务合作私部门进行监管。目前,德国的实务界和理论界普遍倾向于认为应优先通过协议方式对合作对象进行监管,行政手段的监管仅在协议监管失效才运用[2]。

在此理念下,《长期护理保险法》要求长期护理服务供给者与接受护理服务的对象之间必须签订长期护理服务格式合同,且相关政府机构作为监督人以第三方身份成为合同当事人。在该格式合同中,护理服务质量条款是核心条款,相关具体条款系由联邦护理管理机构汇通健康保险医疗服务处[3]、有关独立专家协商确定。该类条款的核心内容是如何确立"护理服务质量标准",通常由护理领域中的医学专家或护理专业人士判断并拟定,保证长期护理服务供给者所提供的护理服务是良好的治疗、护理与照管。目前在实践中,德国有民间专家参与订立和健康与护理协会受政府委托所制定的专家标准两个版本,后者因与政府相关,在实践中备受争议,相关纠纷经常见诸仲裁[4]。

（3）质量核查程序周延,结果严谨

在 2008 年《长期护理保险法》修改前,德国的健康保险医疗服务处按照10%的比例对提供长期护理服务的机构及其服务质量进行随机抽查,但结果并不对外公布。修法后,从 2009 年 7 月开始,德国的健康保险医疗服务处将所有核查结果都对外公开,并自 2011 开始所有提供护理服务的机构每年接受至少一次无预警的质量核查,即将核查率提高至 100%[5]。此外,为使核查结果严谨可靠,修改后的《长期护理保险法》对核查的程序性事项进行了专门规范。

首先体现在核查的组织机构上,规定由健康保险医疗服务处全权负责,牵头组织,具体工作人员则由受过专业训练的医生和护士等组成,核查组依据联邦主管机关制定的"长期护理服务方针",着重对护理服务实施情况进行检查监督,提出护理计划与护理建议。

其次体现在对核查方式的规定上。根据法律规定,核查组一般采取三种方式:直接进入护理机构的公共区域对服务设施等进行调查;对服务对象和服务人员的调查,即调查组通过与服务对象和服务人员访谈的形式,对服务质量进行核查;在服务对象接受服务的区域进行

① 马晶,袁文全.长期护理服务质量监管机制研究:以德国法为例[J].西南民族大学学报(人文社会科学版),2018(1):103-108.
② 蔡雅竹.论中国台湾地区长期照护双法草案及其法律问题:兼论德国之长照保险制度[D].台北:台湾大学,2014.
③ 健康保险医疗服务处是向健康保险承保人提供专业技术咨询和建议的独立机构,其管理委员会由各地方健康保险承保人代表组成,雇用专业医生开展工作。因长期照护保险与健康保险采取分轨运行、账户独立模式,故健康保险医疗服务处亦对长期照护保险承保人提供服务。参见毛圣昌.德国社会医疗保险改革趋势[J].国外医学(卫生经济分册),2002(3):126-130.
④ 马晶,袁文全.长期护理服务质量监管机制研究:以德国法为例[J].西南民族大学学报(人文社会科学版),2018(1):103-108.
⑤ 陈明芳.福利国家的重构:以德国长期照护保险制度的建置与改革为例[J].台大社工刊,2012(25):157-207.

实地调查,但为了保护服务对象隐私、个人信息需要,该项调查必须取得服务对象的同意。

再次体现在核查的评价指标体系上。核查组围绕服务质量设置了三项主要核查指标——护理机构建设、护理服务过程和护理服务成效。其中护理机构的核查主要考察组织样态、服务环境设施、服务人员的资格与业务培训等;护理服务过程的核查主要考察护理服务的项目种类、服务范围、服务流程等;护理服务成效的核查则主要考察服务对象在接受护理服务后行为模式、健康状况以及心理状态等方面的变化情况。

从次体现在核查类型上。为确保服务质量,在核查类型上除了每年的定期核查,健康保险医疗服务处还会进行临时核查和重复核查。其中临时核查是对收到投诉或通过其他渠道了解到护理机构的服务有瑕疵时突击进行的;重复核查则是对有前科的(定期核查或临时核查发现服务有瑕疵)护理机构进行再次核查,以检查其瑕疵是否整改完善。

最后是在核查结果的运用上。对于核查结果,《长期护理保险法》规定,健康保险医疗服务处必须将掌握的核查结果(包括核查过程中获得的其他信息)告知联邦照护保险协会[①]以及核查信息涉及的护理机构,此外,因核查结果对护理机构影响甚大,如公布的信息涉及护理机构的服务瑕疵,健康保险医疗服务处必须举办听证会,听取该护理机构的辩护意见,再做核查决定,并公布,护理机构对听证后的决定不服的,可以向法院提起诉讼。同时为了保障服务对象的权益,《长期护理保险法》还规定了联邦照护保险协会和护理机构自身都负有信息公开义务,以便全社会知晓、查阅。核查结果除了公布让全社会知晓以便"以脚投票",另一个重要用途便是作为联邦照护保险协会选择护理机构进行合作的参考依据。如对于认定服务有瑕疵的机构,联邦照护保险协会则要求其在一定时间内将瑕疵排除,逾期不排除的,联邦照护保险协会将采取相应的惩罚措施——对于服务存在一般瑕疵的,如在1年内仍不完善服务,其从业资格将会被终止;对于服务有严重瑕疵的,可直接终止其从业资格。同时,为加强对服务对象的权利保护,联邦照护保险协会还可对护理机构采取下列处理措施:护理机构与服务对象服务合同中约定内容未能履行或未全面履行的,将减少对该机构的拨付款或报酬,减少的部分返还给承保人或直接给予护理接受者;帮助护理接受者向护理机构提出民事损害赔偿;暂时禁止服务有瑕疵机构继续照顾护理接受者,安排转介护理接受者至其他适当护理机构,相关费用由瑕疵护理机构承担。

2.日本监管模式

(1)"COMSN"事件发生前的监管措施

日本于2000年出台《介护保险法》时,对服务给付监管并未给予过多关注。2005年修订的《介护保险法》,用了较大篇幅对服务给付监督进行了规范。如要求"市町村新增针对社区紧密型服务的特约及监督业务、追加不符特许的理由及取消特许的理由、实施特许更新机制、追加指导监督的相关劝导、改善命令等",同时为了提高长期护理服务的质量,还规定服务供给者必须向政府机构提交护理服务营运状况报告书,都道府县市町村除须依规向民

---

① 德国联邦照护保险协会是由照护保险相关的照护保险机构、医疗照护机构及其协会、医生协会、药剂师协会和社会福利机构、制药业和医院等在国家(联邦保险局)监管下,依照法律自我管理,自主履行责任的机构。

营护理服务机构办理特许合作协议外,还必须确立适当的特许及管理事务执行机制、因应长期护理指导和监督办法的修订确保机动性的监督机制、强化监督机制防范民营长期护理服务提供者不法经营等。

2006年日本对《介护保险机构等指导办法》和《介护保险机构等监督办法》进行了修改。其中前者的目的在于规范长期护理服务供给管理,提升服务质量;后者则在于预防长期护理服务供给者不遵守特许协议约定。根据《介护保险机构等指导办法》,对长期护理服务供给者的指导分为集体指导和实地指导两种方式。所谓集体指导,是指都道府县市町村对辖区内的特许长期护理服务供给者以集中培训等方式进行指导,培训指导的内容一般包括服务业务、护理给付申请、相关制度修订情况、过往优秀的指导案例等,此外都道府县市町村保险人必须共享相关资料,保持信息畅通。实地指导则是厚生劳动省、都道府县市町村到特许长期护理服务供给者的服务场所进行现场指导,又可分为一般指导和共同指导。一般指导指都道府县市町村对个别特许长期护理服务供给者单独进行的指导,共同指导则是对所有特许长期护理服务供给者进行的指导,指导的内容主要根据《实地指导手册》相关规定进行,其中包括对《高龄者虐待防止法》《身体拘束废止法》等法律的讲解,以防止不当给付申请以及虐待老人。在实地指导过程中,如果发现特许长期护理服务供给者有"明显违反营运标准、并有危害服务使用者及机构入居者生命或身体安全的、虚假申报服务费用的",将立即停止实地指导,直接根据《介护保险机构等监督办法》进行监督,采取纠正特许护理服务供给者业务运营、及时停止不适当保险给付等措施。

（2）"COMSN"事件

2007年发生的"COMSN事件"使立法者认识到上述监管措施仍有较大漏洞。"COMSN"是"Community Medical Systems & Network"的缩写,为"GOOD WILL GROUP"的子公司,是最早参与提供长期护理服务的民营企业。在日本开展长期护理保险服务的元年（2000年）,"COMSN"便设置了1 200余所长期护理服务点,同政府合作,向保障对象提供护理服务,此后经营状况一直较为可观。但2005年日本政府在修改长期护理保险法时,为了降低介护保险基金压力,大幅度提高了居家护理服务的条件并降低了保险给付额度。为保持修改前利润率不变,"COMSN"开始铤而走险[①],主要通过降低服务质量来获取利润,如陆续有民众向东京都政府举报,指出"COMSN"的服务犹如空城一般,此后冈山县、青森县、群马县等地的"COMSN"服务处也相继传出类似事情,并最终在全国范围内爆发[②]。

（3）"COMSN"事件发生后的监管措施

"COMSN事件"爆发后,日本厚生省专门组织召开了"改善介护业者专家恳谈会",会议指出要采取相应手段加强保险人的权限以防止服务业者的不法行为,同时加强政府对护理服务市场的监督管制。在《2007经济财政改革基本方针》中,提出了《营利法人照顾服务事业指导监督实施方案（2008—2012）》,要求特许长期护理服务供给者建立"业务管理系统"。

① 山田雅穗.介護サービス提供主体の多様化の機能および継続性に求められる条件整備:コムスン事件の事例検討を通して[J].社会福祉学,2011(4):139-152.
② 庄秀美,周怡君,赖明俊.论照顾服务提供多元化存续的条件:日本介护保险制度监管机制之启示[J].台大社工学刊,2012(26):183-222.

同时规定,当特许长期护理服务供给者有不法行为时,厚生省、都道府县市町村各级机关享有搜查权;特许长期护理服务供给者业务管理制度发生问题时,厚生省、都道府县市町村各级机关享有劝导及命令权;为了防范特许长期护理服务供给者逃避处罚,停业申请由事后报告制改为事前提出制;而当受到勒令停业处分的特许长期护理服务供给者为规避惩罚将经营业务转让给利益相关者经营时,必须提供详细的说明理由;在特许审批时,采取连坐制,由地方行政机关判断特许长期护理服务供给者与曾发生过的护理服务不法事项是否有关联,而对于跨区域经营的特许长期护理服务供给者,则是由厚生省、都道府县市町村之间通过信息共享、紧密合作予以审批;对于发现有关联的,则要求特许服务供给者明确说明其服务质量保障措施,或采取劝导、命令等措施令其退出特许申请。

"COMSN"事件发生后,日本对长期护理服务监管的最大特色就是要求特许长期护理服务供给者建立业务管理系统,特许长期护理服务供给者根据自身的企业形态建立相应的监督管理机制。业务管理系统包括"特许服务供给者内部法律责任""业务管理系统架构"和"业务监督机制实施过程"三个方面。

首先是要建立"特许服务供给者内部法律责任"系统,要求长期护理服务提供点超过100个的特许服务供给者必须明确内部关于服务质量的责任者、建立合规制度完善措施、建立相关法律责任监督实施措施,长期护理服务提供点在20～100个的特许服务供给者必须明确内部关于服务质量的责任者、建立合规制度完善措施,长期护理服务提供点20个以下的特许服务供给者必须明确内部关于服务质量的责任者。具体内容如图7.1所示。

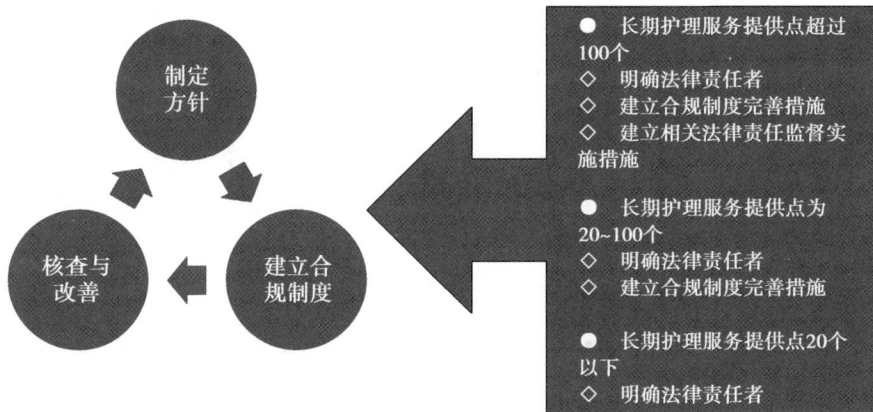

图7.1　特许服务供给者内部法律责任

Fig 7.1　Internal legal responsibilities of franchised service providers

资料来源:庄秀美,周怡君,赖明俊.论照顾服务提供多元化存续的条件:日本介护保险制度监管机制之启示[J].台大社工学刊,2012(26):183-222.

其次是"业务管理系统架构",具体运行架构及内容如图7.2所示。其中,根据修改后的《介护保险法》,厚生劳动省老健局及地方厚生局共同负责对特许服务供给者的指导监督,都道府县知事必须如实进行调查,且需调查事务的公正性,必要时得指定调查机关进行有关调查事务,要求特许服务供给者提供相关业务报告,或针对特许服务提供的相关管理人员以及服务人员进行询问、查证,或在必要时直接进入特许长期护理服务供给者的服务场所进行检查等,同时厚生劳动省大臣或都道府县知事在必要时可以要求市町村提交有关护理保险给付相关成效及评价的报告等。

再次是"业务管理系统",具体内容包括建立内外两个维度的过程与监督体系。其中就外部体系而言,主要是特许长期护理服务供给者必须根据政府相关要求建立相应的体制机制(图7.2),如要求特许长期护理服务供给者必须明确自身内部法律责任所在、建立妥善履行法律责任的方向及具体方针、明确组织体系内各部门的具体法律责任、定期检查自身法律责任体系建设的有效性;建立依前述法律责任方针制订的内部业务质量管理章程,并将该章程告知组织内的所有部门、人员;建立核查分析企业护理服务业务质量的内部评价核查机制,检视相关问题是否存在以及是否完善整改。就特许长期护理服务供给者的内部体系而言(图7.3),包括股东会议、董事会、执行董事及监督人等负责不同层次的监督及指导支持、报告业务,董事会决议内部控制系统的基本方针,执行董事等依董事会决议,建立内部控制系统制度,指示及管理各部门的运作,并将董事会决议的内容记载于业务报告书中,由董事会于股东会议中报告;监督人针对上述监督记录,向股东会议提出监督报告。最后,根据《长期护理保险法》要求,特许长期护理服务供给者必须将内、外部机制所建立的规范护理服务从业机构遵守法令的各项机制(包含风险管理制度、信息保存/管理制度、监督检查的有效性确保制度)的运作状况向中央、都道府县、市町村提交。

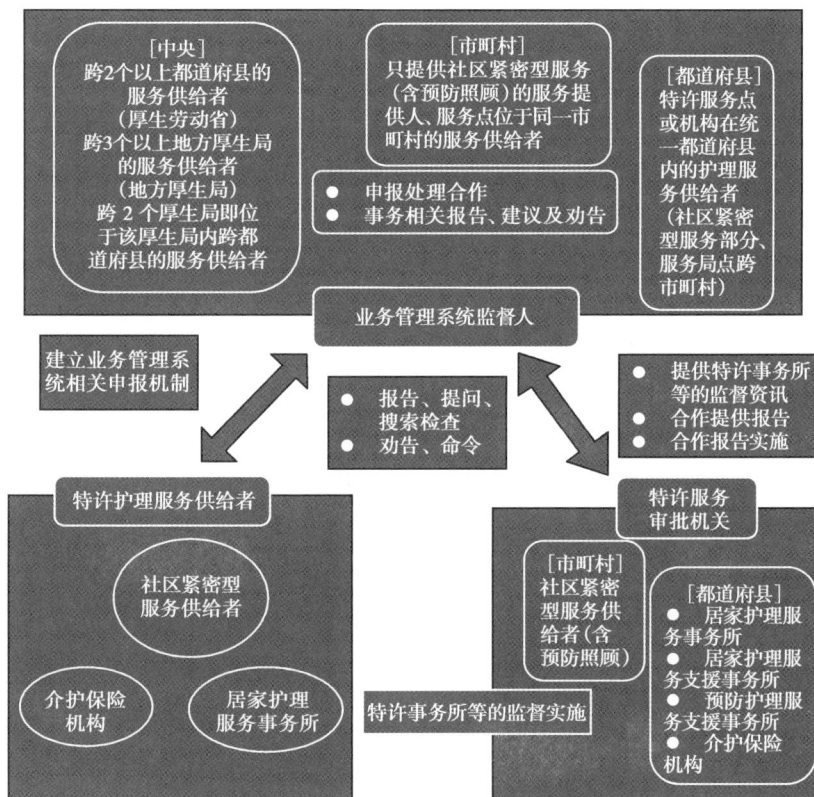

图7.2 业务管理系统架构

Fig 7.2 Business management system architecture

资料来源:庄秀美,周怡君,赖明俊.论照顾服务提供多元化存续的条件:日本介护保险制度监管机制之启示[J].台大社工学刊,2012(26):183-222.

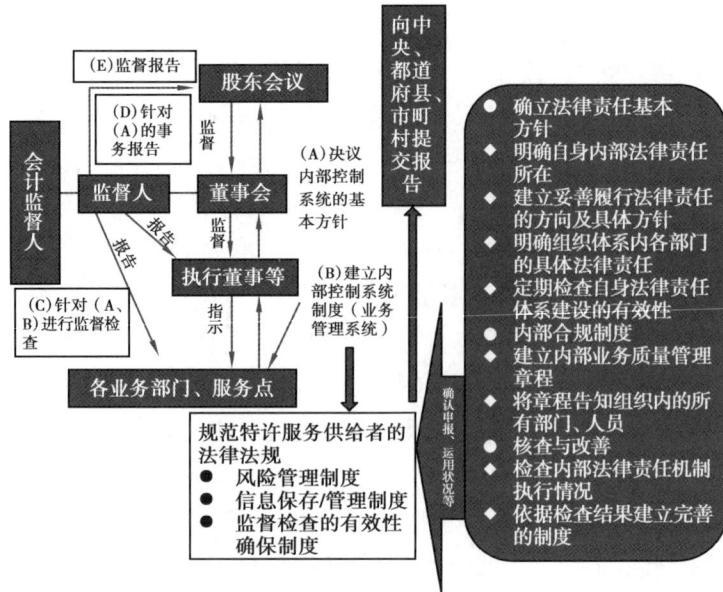

董事会	A 决议内部控制系统的基本方针
执行董事	B(依 A 决策)建立内部控制系统制度 D 将 A 的会议决策内容集中于业务报告书中,由董事会向股东会报告
监督人	C 针对(A、B)进行监督检查 E 由监督人向股东会提出监督报告

图 7.3　业务管理系统监督实施过程

Fig 7.3　Business management system supervision implementation process

资料来源:庄秀美,周怡君,赖明俊.论照顾服务提供多元化存续的条件:日本介护保险制度监管机制之启示[J].台大社工学刊,2012(26):183-222.

3.德日给付监管体系的经验启示

从长期护理服务实践来看,德国和日本给付监管体系的建设对护理服务质量的提升起到了重要的推动作用,有力保障了长期护理服务对象的权利,使其能够更加体面、有尊严地生活,同时在一定程度上减轻了服务对象的家庭负担,总体而言,两国给付监管体系对我国有如下几点经验启示。

（1）建立统一的监管体系

德国建立的长期护理服务质量监管体系是面向所有提供长期护理服务的机构,对所有从业者采取同一套监管法则,统一从业条件、经营环境与服务标准要求,并未区分民营与非民营,这是因为不仅采取市场化经营的营利性护理机构提供的服务需要被监管、质量有待提高,非营利性机构甚至政府直接提供的护理服务同样需要被监管、质量需要得到保证。

（2）引入第三方独立评价

《长期护理保险指导意见》指出,在服务质量监管上,要"探索引入第三方监管机制,加强对护理服务行为和护理费用使用情况的监管"。第三方独立监管正是德国服务质量监管体系的特色,时间也证明了,引入独立第三方对服务质量监管可以有效避免护理保险各当事单位因本位主义造成的图利与包庇[①]。

（3）多种监管形式并用

传统意义上的监管通常指政府部门运用行政高权手段对监管对象进行监督管理,而德国在建立面向长期护理服务的质量监管手段时,则是多措并举,创造性地采用了市场化协议监管、行政化核查、指导性培训等方式分别开展监管,协议监管与核查监管互相补充,有效避免了单一形式可能带来的监管空白和监管方式死板化,家庭护理服务的监管更倾向于培训与指导,更适应这一特别的护理提供方式[②]。

（4）完善相关配套制度

服务质量监管主要是利用强制手段通过评价与监督确保护理服务质量,其只是对护理服务质量划定最低要求,护理服务质量的全面提高还需要完善相关配套制度,如通过税收、金融等优惠政策为护理机构的服务质量提升提供政策诱因,通过建立合理的薪资增长制度保障护工待遇等[③]。

（5）强化服务供给者内部治理

"业务管理系统"是日本长期护理服务给付监管最具特色的制度。实际上,该制度是要求长期护理服务特许提供者根据《中华人民共和国公司法》(以下简称《公司法》)要求制定内部业务质量控制系统,以达到提高长期护理服务质量的管理功能,本质上这是基于公司治理理念[④]而采取的一项措施,即通过建立对特许长期护理服务供给者企业高管的协助及控制机制,要求其善尽职责,让利害关系团体得到合理、公平的对待,以确保长期护理服务公司的长期生存与竞争力。

（6）健全服务供给者经营环境

在护理服务特许经营下,介护服务价格实行政府定价机制,而根据相关政府定价管理办法,调整政府定价程序较为复杂、漫长,因此价格调控机制成为特许企业正常的经营之一策略,一旦经营困难,或是为了营利需要,企业将极有可能采取减少人员配置、降低服务水平及护理服务员薪资等措施,如此一来,护理服务的质量势必降低。而对于护理服务对象,护理服务涉及生命安全,因此高质量的护理服务是特许协议中明确规定的,典型如"COMSN事件"便是由此而起的。如许矛盾下,一方面既要重视监督系统的重要性,另一方面也要注重

① 周怡君,庄秀美.德国照护保险中的国家监督管理[J].台大社工学刊,2014(29):199-242.

② 马晶,袁文全.长期护理服务质量监管机制研究:以德国法为例[J].西南民族大学学报(人文社会科学版),2018(1):103-108.

③ 马晶,袁文全.长期护理服务质量监管机制研究:以德国法为例[J].西南民族大学学报(人文社会科学版),2018(1):103-108.

④ OECD将"公司治理"定义为一种对公司进行管理和控制的系统,它不仅规定了公司的各个参与者(董事会、经理层、股东和其他利害关系人等)的责任和权利分配,也明确了决策公司事务时所应遵循的规则和程序。因此"公司治理"亦同时含有"管理"和"监理"的意蕴。其中"管理"强调公司内部的事务、业务及财务等运作,以规范公司内部事务运作为重心,强调公司的自治与效率、效能的发挥;而"监理"则强调"监督"与"控制",监督公司经营阶层善尽其忠实义务,并得以控制其不致有使公司受到损害的不法行为,以达公司营利之目标。狭义而言,公司治理只限于股东与经营管理阶层间之代理关系,亦即将重点放在董监事之机制设计及功能上。广义而言,公司治理应纳入利害关系人于公司治理中所扮演的重要角色。

健全服务供给者激励政策,激发企业活力。

(三)我国试点地区服务监管实践

我国首批长期护理服务保险试点城市于 2016 年开始进行长期护理保险试点,其中有不少城市对长期护理服务质量监管都进行了相应的规定,特别是在 2016 年之前便已开展地方试点的城市对长期护理服务质量监管尤其重视。从现有的地方监管来看,以南通市、上海市等地的监管相对较为完善。

1.南通市长期护理服务质量监管措施

南通市是中国老龄化最严重的城市之一。早在 2015 年 10 月,该市便开始将长期护理保险作为"第六险"纳入社会保险体系,在长期护理服务的监管方面积累了不少经验。早在 2015 年出台的南通市政府《关于建立基本照护保险制度的意见(试行)》(通政发〔2015〕73号)中,便从"资格准入"①"退出机制"②"协议管理"③三个维度对长期护理服务质量管控进行了规定,在 2020 年 12 月 29 日更是出台了《南通市照护保险居家服务机构定点管理暂行办法》(通医保规〔2020〕13 号),特别对居家护理服务质量监管进行了细致规定。

首先便是设置了"进场条件",包括"正面清单"和"负面清单"两部分。"正面清单"包括营业时间条件(申请时已连续正常开展 6 个月以上的居家上门服务,且月均服务的对象为40 人及以上)、机构人员配备条件[须有 20 名及以上护理服务人员,且其中至少有 2 名(含)以上的熟悉照护保险政策的专(兼)职照护保险管理人员,至少有 3 名(含)以上取得《执业护士资格证书》的专业人员]、劳动法律制度条件(机构内所有工作人员须与机构依法签订劳动或劳务合同且该合同仍在有效期内,机构根据社会保险法的规定为所有人员足额缴纳了相应的社会保险)、服务培训条件(无论是机构的管理人员抑或是照护服务人员都需要经过一定的照护服务技能培训,且其中至少 50%的人取得了养老护理员等级证书)、医保定点前置条件(除医疗机构外,申请定点护理服务的机构需与医疗保险定点医院或定点社区卫生服务中心签有合作服务协议,且服务协议剩余有效期不少于 2 年)、场所条件(具有从事能够满足护理服务需要的独立办公场所、设备、设施和器材等)、内部管理制度条件(具有符合照

---

① 根据南通市政府《关于建立基本照护保险制度的意见(试行)》,只有具备南通市医疗保险定点资格的医院、护理院、社区卫生服务中心,以及具备相应医疗资质或与定点医院、护理院、社区卫生服务中心签订合作服务协议的养老服务机构,设置符合规定的照护病区和照护床位的,均可申请为定点照护服务机构。经营规模较大、有资质的照护服务人员数量较多,能提供符合照护标准服务的企业,也可申请为定点照护服务机构,提供居家照护服务。同时,《关于建立基本照护保险制度的意见(试行)》还责成南通市人力资源社会保障部门参照南通市定点医疗机构管理办法的相关要求,对定点照护服务机构的人员、设备、规模等基本条件设定相应的标准,经审核确认后颁发相关资格证书和标牌,并建立定点照护床位备案管理制度。

② 根据南通市政府《关于建立基本照护保险制度的意见(试行)》,定点照护服务机构违反照护保险服务协议,造成照护保险基金损失的,由照护保险经办机构根据国家有关规定及服务协议约定,追回基金损失和违约金,按情节轻重责令改正或限期整改、暂停照护保险服务、解除照护保险服务协议;情节严重的,由市人力资源社会保障部门取消定点资格,并按有关规定依法予以处罚;构成犯罪的,依法追究刑事责任。

③ 根据南通市政府《关于建立基本照护保险制度的意见(试行)》,照护保险服务实行协议管理,照护保险经办机构与定点照护服务机构应签订服务协议,明确双方的权利、义务,约定服务范围。定点照护服务机构应按照协议约定提供照护服务,规范服务流程和服务行为,提供的服务要符合服务标准,尤其要尊重参保患者的生命尊严,突出对参保患者的人文关怀,尽可能地为参保人员提供适宜、安宁的长期照护服务。

护保险要求的相关制度,包含但不限于财务管理制度、照护人员管理制度、技能培训制度、照护费用结算制度等);"负面清单"则包括"被医保部门或其他行政部门做出行政处罚或责令整改,处于处罚期或整改期内的""以弄虚作假等不正当手段申请定点,自发现违规行为之日起未满 1 年的""曾因违法违规被终止服务协议未满 1 年的""原定点服务机构因法定代表人、主要负责人和实际控制人严重违法违规导致终止协议,未满 2 年又成立新的服务机构的""法定代表人、主要负责人和实际控制人被列入失信人名单的"。

其次便是设置了由护理保险、养老服务等方面专业人员组成的独立第三方评估机制,通过审核资料台账、实地核实、组织护理保险知识考试、技能检测等方式对申请机构进行评估决定其是否符合申请要件,对于不符合的机构告知其理由且可在 6 个月后再次接受其申请,并进行评估。

最后是对通过评估的机构向全社会公示,公示结束无异议的,护理保险经办机构和该服务机构签署合作协议,协议中明确规定双方的责任、权利和义务。

2.上海市长期护理服务质量监管措施

上海市是中国平均预期寿命最高的城市之一,该市高度重视长期护理保险工作,在人社局刚颁布《长期护理保险试点意见》之后立即出台了《上海市长期护理保险试点办法》(沪府发〔2016〕110 号),此后又于 2017 年对该文件进行了修改,并相继出台了一系列配套文件,如《上海市长期护理保险试点办法实施细则(试行)》(沪人社规〔2017〕44 号)、《上海市老年照护统一需求评估及服务管理办法》(沪府办规〔2018〕2 号)、《上海市长期护理保险结算办法(试行)》(沪人社规〔2017〕45 号)等,其中 2020 年出台的《上海市长期护理保险定点护理服务机构管理办法(试行)》(沪医保规〔2020〕12 号)对长期护理保险服务监管进行了较为详细的规定。

(1)要求申请机构必须具有法人资质

凡已取得《医疗机构执业许可证》的医疗机构(含承担老年护理服务的社区卫生服务中心、门诊部、护理站等基层医疗卫生机构,护理院和二级医疗机构)、已取得《养老机构设立许可证》的养老机构、已取得业务范围包括养老服务内容的《民办非企业单位登记证书》的社区养老服务机以及依法登记注册、主营业务为从事社区养老服务的企业(含社区养老服务企业或综合养老服务企业)都可以申请成为定点护理服务机构,但该机构必须依法成立,具有法人资质。

(2)设置了入场条件

入场条件包括合规条件(遵守国家有关医疗、养老服务管理和价格管理的法律、法规、标准和规范等)、内部管理条件(签订劳动合同,服务管理制度健全完善,建立了与长护险管理相适应的内部管理制度)、信息化条件(配备要求的信息管理系统,并有相应的管理和操作人员)、人员配备条件(聘用或雇用符合行业规范的护理服务人员,且人员数量应与服务能力和需求相匹配,服务人员应是执业护士或参加养老护理员、健康照护等技能培训并考核合格的人员)等。

(3)规定了服务质量监管的责任单位

规定可由医保部门负责对定点护理服务机构提供的服务进行监督核查,也可以由其牵头,联合民政、卫生部门对取得定点护理服务机构的单位定期监督检查其提供的护理服务以及相关管理情况。

(4)规定了护理服务负面清单

护理服务负面清单包括不按规定核验长期护理保险凭证;发现服务对象伪造、编造、冒用或使用失效的长期护理保险凭证仍为其提供服务并进行长期护理保险结算;为虚报费用等目的而为服务对象制订不合理的长期护理服务计划或是唆使服务对象使用不必要的护理服务、甚至虚构护理服务,进行长期护理保险结算的;将不属于长期护理保险给付范围的项目予以结算的;通过向参保人员重复收取、分解收取、超标准收取或者自定标准收取的费用,进行长护险费用结算的;对病史记录、护理记录、处方、账目、医药费用单据予以伪造或编造并上传数据至系统进行长期护理保险结算的;未按规定将护理服务人员信息准确填报至项目结算网的等。

(5)规定了监督检查的责任后果

对于监督检查合格的,在服务协议期满时可以续签,不合格的将重新提交申请;对于出现负面清单情形的,轻则由医保局责令改正并追回相关费用,重则暂停其长护险结算关系1至6个月直至与其终止服务协议,涉及其他行政部门职责的交由相关部门处理,构成犯罪的则由司法机关依法追究刑责;此外,一旦机构出现终止情形,其在2年内不得再申请成为定点服务机构。

3.试点地区长期护理服务质量监管存在的问题

除南通市、上海市对长期护理服务质量给付监管规定较为详细且有特色外,其他试点城市也就长期护理服务质量监管进行了相应的规定,如承德市在其《承德市城镇职工长期护理保险实施办法(试行)》(承人社发〔2016〕28号)以及《承德市城镇职工长期护理居家护理管理办法(试行)》中对该市长期护理服务质量给付进行了规定,也颇具特点,如要求服务人员上门服务时应严格按照规定的服务项目、频次及标准等提供服务;齐齐哈尔市在其《齐齐哈尔市长期护理保险实施细则(试行)》(齐人社规〔2017〕4号)要求设置护理床位的定点协议服务机构应在营业场所设置专门、集中、独立的护理病区和护理床位,集中收住符合条件的失能人员,并制定统一、规范的护理病区和护理床位标识等。

总体上来讲,我国试点地区在开展长期护理保险试点时,制度建设总体上仍以保险筹资、待遇给付、需求评估等为主,对长期护理服务给付监管给予了一定程度的注意,但仍然不够,集中体现在不少地区尚未制定专门的监管措施,而即便制定了监管措施的地区,其条文规范的精细化仍有待提升,操作性和针对性也较差,具体如监督检查成员的构成、服务质量标准、监督检查的程序和方式、退场后的接续措施等都未作规定。

(四)我国长期护理服务监管机制构建

1.加强长期护理服务质量监管立法

给付是长期护理保险制度得以存续的核心,必须将给付监管纳入法治化轨道,通过法律的强制性与权威性确保给付制度安排在实践中得到贯彻落实。德国的《长期护理保险法》在多个章节对给付监管进行了规定,其中尤以第十一章规定得最为详细。此后,为进一步加强对给付的监管,其2001年专门通过了《长期护理品质维护法》,彰显了国家对维护长期护理品质的决心,2008年又通过了《长期护理持续发展法》,进一步加强对给付的立法规制①。我国长期护理保险立法时,应对给付监管作出原则性规定,同时授权行政部门结合具体实际另行制定实施细则,以加强对长期护理保险给付的监督管理。

2.建立统一的质量评价体系

护理服务质量评价体系是护理服务质量监管的前提,只有通过法律明确护理服务的质量标准、评价指标和评价机构,建立适用于所有护理服务供给者的统一质量评价体系,质量监管才有可能落地实施。

在护理服务质量评价体系中,服务质量标准是核心,不同服务供给者提供的服务质量参差不齐,虽然服务对象可以通过"以脚投票"的方式选择服务供给单位,但为确保服务整体水平的提升,国家应制定相关的服务质量标准,以确保最低标准的服务质量,使护理机构和护理人员在从事护理服务时有章可循。这在我国现阶段显得尤为重要,因为目前我国长期护理服务供给极为不足,服务对象选择有限,在市场调节力度不足的情况下,只有通过强制性的质量标准确保服务质量。需要注意的是,护理服务质量评价体系不宜复杂,一般可从护理机构的内部组织是否健全并有效发挥作用、护理服务过程是否规范、护理服务成效是否被接受者认可等三个维度进行设计。此外,我们可适当借鉴德国有关服务质量的"专家标准"。

3.加强入市、退市监管

(1)入市监管

入市监管又可称护理为"进场监管",即市场准入监管,是从源头上保证服务质量的重要措施,必须要制定明确的服务提供机构设置标准,并审慎审核入场者的服务资格,可事前排除不适当的提供单位,减少后续的指导及监督成本。具体内容主要包括护理机构资质、护理人员资质要求两个方面。

首先,在护理机构资质要求方面,通过对护理机构设定明确的资质要求,并审慎审核从业者的从业资格,可事前排除不合适的护理机构,减少后续的指导及监督成本。对进入护理服务领域的企业应采取审批制,只有符合一定条件的企业才能进入该市场。考虑到长期护理服务事关服务对象的人身安全,对于从事护理服务的企业只能采取公司法人形式,并根据《公司法》规定,要求该类企业通过股东会、董事会、监事会建立公司内部的服务质量监管系统。

其次,在护理人员资质要求方面,护理服务并不仅仅是简单的日常照顾活动,从服务项目来看,除了一般的衣食住行照顾,还包括医疗护理、紧急救援、心理支持等。随着人口老龄化的加剧,护理需求者人数越来越多、失能程度越来越重,照顾某些疾病老人的专门化及护理的长期化要求必须有一定的专业性知识和技能方能胜任。日本早在1989年即通过立法,要求从事长期护理工作的人员需通过国家资格考试后持证上岗,这对提升长期护理服务品质具有积极推动意义,也是日本能够顺利实施长期护理保险的关键条件②。考虑到我国目前

① 蔡雅竹.论中国台湾地区长期照护双法草案及其法律问题:兼论德国之长照保险制度[D].台北:台湾大学,2014.
② 李光廷.以台湾地区的家庭价值观看日本介护保险制度成立的背景与条件[J].(台)人口学刊,2001(22):71-103.

正处于长期护理保险的探索起步阶段以及我国的劳动力市场现状和护理需求,短期内可根据护理项目对护理服务人员进行分类区别处理,对于从事医疗护理、紧急救援和心理支持等较为专业服务的需具有一定资质,实行持证上岗,而对于其他日常护理服务的可暂不要求,但须经培训后上岗,待条件成熟后可再作资质方面的要求。

(2)退市监管

与"入市监管"相比,退市监管同样是重要的监管措施,其目的在于案发后不法业者的事业能够圆满让渡,保障服务对象的权益。其内容主要包括两个方面:

①强制勒令退市。对于出现法律明确规定需要退出护理服务市场的护理机构绝不姑息,即行勒令退市,同时必须严格落实平时的财务稽查、虚领经费不法所得归还请求权、不法业者退场机制、强化对业者的指导监督等制度。

②妥善安置退市事宜。对于在退市护理机构接受护理服务者,应要求该护理机构妥善安置,力求护理服务工作转让事务圆满,订定严格的护理服务转让条件,不得造成利用者及从业员的不利,必要时政府要履行国家在长期护理服务制度中的最终责任者角色,在退市护理机构已无法负担护理服务对象的安置费用时,应由国家承担护理责任,尽速解决护理服务对象的护理问题。

4.加强服务质量核查

服务质量核查是服务质量监管最有效的措施,德国和日本都规定了长期护理服务质量核查制度,以确保服务对象能够接受高质量的护理服务。

(1)核查组织者

为确保评价的公正性,从德国实践来看,应引入第三方评价机构,即核查组织可由护理保险人负责,但为了确保服务质量核查结果的科学与公正,具体的核查工作应组成核查委员会进行,核查委员会的成员由专业人员、长期护理服务供方代表、需方代表组成。

(2)核查的内容

核查内容具体包括服务环境、服务流程和服务效果三个方面。服务环境涉及硬件环境和软件环境两个方面,硬件环境指服务供给者的服务场所、服务设施等,软件环境则是指服务供给者的工作人员配备,尤其是直接从事护理服务的护理人员的素质。服务流程指服务供给者是否建立了一套完备的服务程序;服务效果则是直接检查服务对象是否因接受护理服务而使失能状况有所改善①。

(3)核查的方式

服务质量核查可以采取定期检查和不定期抽查两种方式进行。定期检查应常态化,根据规定的期限定期开展;不定期抽查则根据实际需要开展,可依据服务对象申诉或社会公众举报情况等适时进行,抽查对象着重于声誉不佳的服务供给者。

(4)核查结果公示

核查结束后,应将核查结果对外公布,方便社会公众获悉。鉴于核查结果对服务供给者

---

① 这里的失能情况有所改善并不仅指失能减轻,还应包括失能没有进一步恶化,或恶化速度有所减缓。

经营的影响,其公布前,需先行告知核查对象,听取其对核查结果的意见。

5.健全监管法律后果配套规制制度

法律后果是指法律对特定行为所赋予的某种结果①,分为肯定性法律后果和否定性法律后果两类,前者是指法律给予行为肯定性的评价,具体表现为对行为的保护、许可与奖励;后者则是法律给予行为否定性评价,表现为对行为的制裁、不予保护、撤销、停止或要求恢复、补偿等②。长期护理保险给付各项具体监管措施最终都需要通过施以相应的法律后果才能够落实。

(1)肯定性法律后果

所谓肯定性法律后果,指法律承认这种行为合法、有效并加以保护。护理机构只有在自身能够生存的条件下才会进一步考虑服务质量问题,特别是对于营利性护理机构,不能要求其既坚持高标准的服务质量,又降低利润甚至无利润、亏本运营。此外,护理机构本身资源差异就较大,如通过质量监管仅有对未达标者的处罚措施,而缺乏对基础条件较差的护理机构的支持政策,将会导致弱势护理机构或被淘汰或对国家监管敷衍了事,使监管流于形式③,最终损害的还是护理接受者的权益。因此,需要建立基于监管结果的肯定性法律后果制度,具体可通过精神和物质激励两种渠道实现。精神激励如建立服务供给者星级制度或对服务质量优异者颁发证书,在社会范围内加强宣传;物质激励如建立基于服务质量的梯级扶持制度,对于服务质量较高者,给予更多的政策扶持,在具体措施上,可通过税收、金融优惠政策给予护理机构特殊照顾,同时在保险制度设计上,要设定适当的给付标准,不能有"既要马儿跑,又要马儿不吃草"思想,通过建立适当的护理服务供给者利润给付标准,让其能长期稳定、高质量地提供护理服务,保障护理机构营收。

(2)否定性法律后果

所谓否定性法律后果,指法律要求当事人承担民事、行政或刑事责任。在民事责任上,如要求未按照合同约定提供服务的服务供给者承担违约责任,要求护理服务中侵害服务对象权利的护理人员及其单位承担侵权责任等。在行政责任上,如可要求服务质量瑕疵单位限期改正,改正期限内不得再缔结新的护理服务合同;取消服务质量瑕疵严重的护理机构服务供给资格。在刑事责任上,对于护理服务中存在的犯罪行为根据刑事法律要求其承担相应的刑事责任,发挥刑罚的威慑作用。

6.引入协议监管

护理给付立法规制的优势在于统一性和权威性,但亦存在着科层制的弊端,如处理方式较为僵化等,协议监管则是长期护理服务市场化的产物。当单纯由政府提供护理服务时,政府的服务提供行为可定性为行政处分行为,而在引入市场机制后,服务的提供具有了双阶性,政府与服务供给者之间既有基于行政权力的特许关系,也有进入特许后的民事协议关系,而服务对象与服务供给者之间也存在着民事协议关系。此时对护理服务给付种类、时

---

① 张会峰.刑事诉讼法中的程序性裁判[J].法学,2002(4):36-41.
② 舒国滢.法理学导论[M].北京:北京大学出版社,2012:102-103.
③ 周怡君,庄秀美.德国照护保险中的国家监督管理[J].台大社工学刊,2014(29):199-242.

长、质量等的监管便可通过缔结行政特许合同、护理服务合同予以实现。德国的实践业已证明,合同监管不仅易于被服务供给者接受,也便于纠纷的解决,对提升长期护理服务质量具有重要意义。我国在长期护理保险相关立法时,应借鉴德国的"协议监管机制",服务供给者和服务对象必须签订服务合同,接受合同法约束,服务对象可自由选择服务提供单位与服务内容,并最终决定是否签订协议;社会保障主管部门应针对长期护理合同,制订合同范本,确定合同中必须约定的内容,并组织有关专家制定服务质量标准,规定其为合同必备条款。由此,通过协议约定服务质量,可以让服务对象更有尊严地选择自己所希望的服务,在服务供给者未提供约定服务或服务不达质量标准时,可依据合同要求其承担相应的违约责任①。

7.建立相关配套制度

(1)建立长期护理服务消费者权益保障机制

在长期护理保险制度下,长期护理服务业已成为社会专业性服务的重要组成部分。从服务对象角度来看,需照顾的老人及家属都是消费者,相关消费者权益必须有所保障,如护理机构相关信息应予公开,以利消费者选择服务有所依循;同时机构与服务使用者间的服务协议必须要确保双方权利保护的相关机制,如照顾给付费请款单等的保存年限与保存义务化(业主与保险人双方)等都是必要的;此外还需要建立照顾服务业者的自律机制,如引进内部通报制度等遵守法规的义务,以保障服务质量和服务对象的权益。

(2)建立会计检核报告机制

目前护理保险经办人对于服务经费偏重核销,未查核经费运用的妥当性,无法预防特许长期护理服务供给者的不法作为。随着少子老龄化的推进,长期护理服务机构将从短期的接受委托转变为长期的特许经营单位,会计年度报告的提交与年度检查制度将有助了解特许长期护理服务供给者的经费核用与服务提供状况。

(3)建立服务分级评估信息系统

根据服务对象的身体、精神状况等对其进行分级,并根据分级结果给予不同级别护理服务是各国通行的做法。如德国将需长期护理者分为三类,根据不同等级给予不同护理服务。除护理服务质量本身因素外,未能对服务对象进行适当分级亦有可能影响服务质量,如将严重护理需求者纳入显著需求者范畴,则即使护理服务质量本身再好,都不能满足服务对象需要。为对服务对象进行适当分级,排除人为因素干扰,美国、澳大利亚、挪威、新西兰、英国、日本等国都建立了分级评估信息系统。目前国际上有关护理分级信息系统已较为成熟②,我国在全面推广长期护理保险制度时可以引入,以便根据服务对象实际情况给予不同程度的护理服务,既不浪费护理资源,又确保服务质量。

(4)建立护理服务人员待遇保障制度

长期护理服务属劳动密集型产业,其产业发展与服务治理主要依赖从事护理服务的护

---

① 马晶,袁文全.长期护理服务质量监管机制研究:以德国法为例[J].西南民族大学学报(人文社会科学版),2018(1):103-108.

② 目前使用较多的有Minimum Data Set(MDS)和International Classification of Functioning(ICF)系统。参见张淑卿,许铭能,吴肖琪.台湾地区长期照护机构品质确保机制发展之趋势[J].长期照护杂志,2010(2):149-159.

工(即书中提到的护理服务人员或护理人员),护工是影响护理服务质量的重要因素[①]。目前,在已建立长期护理保险制度的国家,受护理服务工作低薪资和低社会形象的双重负面影响,大部分劳动者不愿从事该项工作,以致长期护理服务市场人力短缺,影响了护理服务质量。在现代服务业发展的今天,国家应积极采取措施,保障护理劳动者的权益,其中最为重要的就是提高劳动者的薪资。在开放的人力资源市场中,如果工作在一线的护理人员无法获得一定水平的薪资,则人力(特别是护理能力强者)的流失将是无法避免的。至于提高薪资的方式可以是多样的:提高固定薪资标准、提高补贴标准、根据一定的评价指标给予服务质量高者更高薪资、对于夜间或假日工作者给予较高补助等。同时,国家应建立薪资常态增长机制,确保护理人员的工作价值得到社会认可。

(5)加强服务培训

长期护理服务关系到失能人员人身安全,尤其在医疗护理等领域,专业性较强,因此有必要加强对护理机构和护理人员的培训,建立规范的行业培训制度,对需要满足的基本培训时间及达到的基本要求作出明确规定。就具体内容而言,培训可以从技术和伦理两个层面进行。技术层面主要根据服务项目对护理机构和护理人员进行技能培训,使其能够满足服务对象的需要;伦理层面的培训主要应基于防范道德风险,提升护理人员的职业素养而进行设计,建立长期护理服务行业的职业道德规范。

---

① 黄阿惠,董和锐.长期照护机构照护人员工作满意度及其相关因素探讨[J].长期照护杂志,2013(2):149-170.

第八章 长期护理服务供给

长期护理服务供给是长期护理保险法律制度的重要内容。如果长期护理服务产业没有得到充分发展，出现护理服务供给总量不足、专业水平和质量较低等问题，则即使开办长期护理保险，也会出现"有保险没有护理"的困局①，长期护理保险将成为"空中楼阁"，无法落地。为保障与推动长期护理服务产业发展，必须建立完善的长期护理服务供给法律制度。长期护理服务供给法律制度是对长期护理服务供给进行规制的相关法律规范的总称，其从规范对象来看，可分为对服务机构的规范和对服务人员的规范两类。

福利多元主义是关于公共服务供给的主流理论，其优越性业已经美国、德国、日本等国的实践检验。我国在公共服务供给上也坚持了多元化导向，党和国家的一系列规范性文件都强调了社会力量在养老服务体系中的重要性，如《国务院关于加快发展养老服务业的若干意见》明确指出要通过政策引导，鼓励社会资本投资养老服务产业。但我国现有养老服务供给存在着结构性失衡、公共性丧失、民营化运行不畅和公权力寻租等问题。长期护理服务供给建立在养老服务供给基础上，必须引以为戒，通过妥善的法律制度设计避免走养老服务供给的弯路。

长期护理服务人员是长期护理服务的直接提供者，是长期护理保险事业发展的重要因素。长期护理服务产业作为一项劳动力密集型产业，一方面必须通过相关的执业资格规范确保服务人员水平和服务质量，另一方面必须通过相应的制度设计保障长期护理服务人力资源的充盈。

一、长期护理服务多元化供给存在的基本问题

20世纪70年代以来，受"石油危机"影响，福利国家出现了财政困难、福利输送制度不

---

① 朱铭来,于新亮.关于我国照护保障制度构建的若干思考[J].中国医疗保险,2015(3):19-22.

当、公共服务部门绩效与品质不彰等问题,完全由政府提供福利与服务的方式受到了新古典自由主义的猛烈批判。为减轻政府负担并提供更适应国民需求的福利服务,政府开始加强与社会及市场的合作,共同提供社会福利服务[1]。长期护理服务多元化供给是指长期护理服务的供给主体应多样化,政府不应再占据绝对主导的地位,要充分发挥市场和非政府组织的作用,调动社会多种资源共同参与长期护理服务的供给。

(一)福利多元主义理论

20世纪七八十年代的福利国家危机之后,对福利国家传统理论的质疑和探索成为热潮。"福利多元主义"在危机中应运而生,并成为讨论者口中福利国家新的理论范式[2]。所谓福利多元主义是指政府不再是福利服务生产的唯一媒介[3],志愿组织、营利组织和非正式组织同样可以参与公共服务的生产,且在公共服务生产的过程中引入竞争因素,以使公共服务更接近服务对象或消费者[4]。由此不难看出,福利多元主义的内涵主要包括福利服务分散化和民营化两个方面。

1.福利服务分散化

福利服务分散化是指减少政府尤其是中央政府在福利服务供给上的直接参与,将福利服务生产的责任下放,具体而言包括四个方面的内容:建立服务生产的次一级单位,使用和支持非政府组织生产的公共服务,扩张代议制民主,服务对象导向的服务生产[5]。福利服务分散化充分实现了福利服务生产的地方化、社区化和消费者的参与、选择,带有浓厚的反科层和反专业意涵。

2.福利服务民营化

福利服务民营化是指政府减少社会福利服务的生产,将其交由营利性企业、社会组织,或家庭、朋友、邻居等非正式网络[6]。但须强调的是,福利服务民营化并非倡导"最小政府"理念,而是在倡导非政府组织参与服务生产的同时,要求政府担负起资金筹措、绩效评估和质量监管等责任[7]。

(二)福利多元主义于社会保障的意义

福利多元主义的出现使社会保障供给行为的性质经历了从行政行为到民事行为的转变,日本学者称这一转变为"从措置到契约"运动[8]。"从措置到契约"的转变一方面打破了社会保障供给的政府垄断,扩大了社会保障的供给源,确保了社会保障供给充足,并通过市

---

① 姚蕴慧.社会福利民营化的再省思[J].通识研究集刊,2004(5):39-52.

② 周缘园."福利多元主义"的兴起:福利国家到福利社会的转变[J].理论界,2013(6):59-62.

③ JOHNSON N. The welfare state in transition: The theory and practice of welfare pluralism[M]. Amherst: University of Massachusetts Press, 1987: 55.

④ RAO N. Towards welfare pluralism: Public services in a time of change[M]. Aldershot: Dartmouth Publishing Company, 1996: xi.

⑤ STOKER G. Decentralization & local government[J]. Social Policy and Administration, 1987, 21(2): 157-170.

⑥ JOHNSON N. The welfare state in transition: The theory and practice of welfare pluralism[M]. Amherst: University of Massachusetts Press, 1987.

⑦ 黄源协.台湾社区照顾的实施与冲击:福利多元主义的观点[J].台大社工学刊,2001(5):53-101.

⑧ 胡竣凯.长期照顾财政制度之研究:以日本长期照护保险施行之经验为借镜[D].台北:台湾大学,2015.

场竞争机制,促进社会保障供给质量的提升;另一方面更重要的是强化了服务对象的主体地位,服务对象可以选择合适的服务供给单位与服务内容,服务对象与服务供给者得以建立对等的关系,明显有别于传统社会保障制度下服务对象始终居于行政机关单方决定下的被动地位,如此在尊重个人选择自由的前提下,方能真正落实服务对象本位主义,让接受服务的个人有尊严地接受自己所希望的服务。

(三)长期护理服务多元化供给的原因

长期护理服务是面向失能人员提供的一项公共服务,服务内容涵盖了失能人员生活的方方面面。现有社会保障供给中的政府主导型服务供给模式难以满足实际需要,必须通过多元化供给路径实现长期护理服务供给。

1.科层制行政体制与公共服务供给

科层制有多重含义,其中组织社会学意义上的科层制是指由马克斯·韦伯构建的一种行政体制,该种行政体制下训练有素的专业人员按照既定的规则使之不断运作[①]。科层制以形式理性为根基,追求行政的技术性,行政运作强调绝对服从,包括服从法律和服从上级,其范式基础是基于"科层制是价值中立的执行体系"和"科层制是垄断的公共执行体系"两个假设[②]。历史上,科层制对经济社会发展曾起到过重要的推动作用,但这种自上而下的金字塔形纵向权力等级结构与现代公共服务供给的要求是格格不入的。

一方面,建立在形式理性基础上的科层制以形式公平为依归,强调公民的一般性而忽略服务对象个体的差别化需求,同时在具体执行中强调对上级和法律的服从,因此在服务内容、服务方式、服务质量等方面创新动力不足。长期护理是多层次、立体化的服务体系,不能简单理解为"长期+护理",创新性是长期护理服务事业不断发展的内在要求。

另一方面,科层制执行过程中过分依据规则行事、上下级冲突、沟通障碍和信息扭曲等将会造成行政效率低下[③],而长期护理服务作为一项保障失能人员体面生活的制度,因其服务对象的庞杂、服务内容的精细必须配以高效的执行体系才能实现其制度初衷。

2.政府主导服务供给的弊端

我国的养老服务供给历来是由政府主导的,但多年的实践证明,政府主导的养老服务体系不仅难以满足现实需要,更造成了严重的资源浪费。据研究,在以政府为主导建设养老机构的山东省,养老机构的入住率不足六成,有的才二三成[④]。政府主导的社会保障服务供给有其天然的劣势。

(1)政府资源、精力有限

组织行动理论认为,随着社会需求日益增多,单一组织的专业和资源将不足以满足社会群体的各类需求[⑤]。这在我国尤为突出,目前我国各项事业仍然采取"大政府"的架构模式,

---

① 闻丽.科层化:科层制组织的理性与非理性[J].理论月刊,2005(12):35-37.

② 敬乂嘉.政府扁平化:通向后科层制的改革与挑战[J].中国行政管理,2010(10):105-111.

③ 闻丽.科层化:科层制组织的理性与非理性[J].理论月刊,2005(12):35-37.

④ 贾海彦,张红凤.基于产权约束的基层养老服务资源优化配置研究[J].中央财经大学学报,2016(1):16-22.

⑤ 何艳玲.从"科层式供给"到"合作化供给":街区公共服务供给机制的个案分析[J].武汉大学学报(哲学社会科学版),2006(5):655-660.

政府承担职责过多,分身乏术,很难以有限的资源和精力投身公共服务建设与运行。

（2）官员晋升标准导向

在官员晋升中主要考察的是经济建设,是 GDP 增长,对各级政府公共服务建设成效关注不足[1]。在这一指挥棒指引下,各级政府将工作的中心与重心完全放在经济建设上,发展公共服务的动力不足,建设性财政难以向公共性财政转型,公共服务供给难以满足现实需要。

（3）地方政府对"土地红利"追逐的影响

地方政府对"土地红利"的追逐影响了公共服务体系建设的科学性和建设质量。分税制改革后,地方政府财政收入的主要来源变成了土地出让收入,政府热衷于城市建设,通过土地这一融资杠杆将城市建设与经济发展融为一体[2]。虽然 21 世纪以来,国家开始重视公共服务尤其是养老服务体系的建设,通过项目制的形式加强养老服务机构建设,但在实施过程中,地方政府再次将其与土地融资联系起来,利用其体制优势,"辗转腾挪,多番变化",使项目原初方案大打折扣,公共服务和公共事业难于保证[3],以至于建设起来的养老服务资源呈现主体离散、服务项目离散和服务信息离散的问题[4],难以满足实际需要又造成了资源浪费。

（4）政府的行政主体身份的影响

政府的行政主体身份决定其直接提供保障服务的行为难免带有行政行为的性质。这种行政行为性质的保障服务供给会产生两个方面的负面影响:一方面,接受政府提供的保障服务必须以接受严格的家庭经济情况调查为前提,使接受者易被标签化;另一方面,这种行政性质的行为使服务接受者难以"用脚投票",使其无法对服务主体进行选择,弱化了服务对象的主体性,也不利于促进服务质量提升。

3.多元化供给的优势

相较于政府主导服务供给的弊端,多元化供给可以通过其灵活多样的服务供给形式解决资源不足与浪费、服务质量低下等问题。

（1）有利于护理服务供给均衡化

长期护理服务多元化供给是一种分类供给,有利于不同区域长期护理服务的有效提供。利益偏好决定了市场提供的长期护理服务多集中在城镇中心和利润较高的地区,而对于偏远和利润较低的地区则较少问津,此时就需要发挥政府和非营利组织的作用。因为政府被市场分担了一部分工作,所以此时也有精力和资源集中于偏远和利润较低的地区的长期护理服务供给。

（2）有利于提高护理服务质量

长期护理服务市场化供给可以充分利用市场规律,提高服务质量。在市场化供给中,服务供给者与服务接受者之间的服务供给属于民事法律关系范畴,服务接受者可以"用脚投

① 周黎安.中国地方官员的晋升锦标赛模式研究[J].经济研究,2007(7):36-50.
② 孙秀林,周飞舟.土地财政与分税制:一个实证的解释[J].中国社会科学,2013(4):40-59.
③ 渠敬东.项目制:一种新的国家治理体制[J].中国社会科学,2012(5):113-130.
④ 贾海彦,张红凤.基于产权约束的基层养老服务资源优化配置研究[J].中央财经大学学报,2016(1):16-22.

票",选择符合自身需要的长期护理服务。服务供给者因以营利为目的,为争夺市场,提高利润,竞争意识与创新欲望强烈,有利于促进长期护理服务质量提升,也有利于实现长期护理服务的多层次、立体化要求。

（3）有利于护理服务人性化

通过非营利组织提供长期护理服务可以有效整合各类社会资源,并促进长期护理服务人性化发展。非营利组织本身就是社会各类资源的汇聚,而其相较于政府和市场的非官方、非营利特点更容易整合社会资源①。同时,也因其从事长期护理服务并不是为了履行公共职责和营利,其提供的服务将更人性化,质量更高。

（四）长期护理服务多元化供给实践

德国、日本开设长期护理保险迄今已有一段时间,其长期护理服务多元化实践已取得了一定的成效,对我国具有借鉴意义。

1.德国实践

德国《长期护理保险法》实施后,参与长期护理服务供给的主要有政府、社会组织和营利组织。但《长期护理保险法》对三者的影响是不同的,政府开始逐渐减少服务供给容易理解,但德国的特殊国情出现了社会组织服务供给"特权地位"被打破、营利组织快速成长的局面。

（1）社会组织服务供给"特权地位"被打破

德国《长期护理保险法》实施前,非营利社会组织就开始参与护理服务供给。一直以来,德国社会组织与国家之间存在着强固的治理安排与共生联结关系,早在19世纪末,德国就开始重视社会组织建设。历史上,社会组织通过"补充性原则"向社会提供了各种各样的福利服务,并被整合进德国现代福利国家的治理制度②,《长期护理保险法》的实施实际上削弱了社会组织在长期护理保险中的作用:护理保险实施后,面对庞大的护理需求,开始允许私人营利组织参与长期护理服务供给。因服务对象具有一定程度的服务选择权,社会组织必须面对来自营利组织的竞争,这改变了社会组织在护理服务中的"特权地位",被称为非营利组织"去特权化"过程③。

（2）营利组织市场占有率逐渐提高

《长期护理保险法》实施后,私人营利护理服务组织成长快速,据统计,2009年,提供机构护理服务的护理之家有11 643家,其中约40%为私人营利组织所有,55%为非营利组织所有,仅约5%为政府所有;有58%的机构护理需求者选择非营利组织的护理之家,36%的机构护理需求者选择私人营利组织的护理之家,仅6%使用政府的护理之家。同样是2009年,提供居家护理的护理服务中心有12 026家,其中62%为私人营利组织所有,37%为社会组织所有,仅2%为政府所有;超过51%的居家护理需求者选择非营利组织的护理服务、47%的居家

---

① 何艳玲.从"科层式供给"到"合作化供给":街区公共服务供给机制的个案分析[J].武汉大学学报(哲学社会科学版),2006(5):655-660.
② 周怡君,庄秀美.德国照护保险中的国家监督管理[J].台大社工学刊,2014(29):199-242.
③ 周怡君,庄秀美.德国照护保险中的国家监督管理[J].台大社工学刊,2014(29):199-242.

护理需求者选择私人营利组织的护理服务[①]。

2.日本实践

日本在《介护保险法》实施前，长期护理服务主要由市町村自营或委托非营利福利机构提供，营利性机构不得加入长期护理服务的经营，因此长期以来日本的长期护理服务的提供由政府主导。为解决长期护理服务供需不平衡的问题，《介护保险法》规定社会福利法人、公益法人、医疗法人及营利企业、农协、地方自治公共委员会等可以经营长期护理服务事业，居家护理相关服务事业更是大幅放宽企业的投资。这极大促进了日本长期护理保险事业的发展。据统计，2000 年 4 月《介护保险法》刚公布时，从事居家服务的机构有 33 000 余家，居家护理支持指定机构 21 000 家，而到 2003 年 10 月，居家服务机构数量增至 78 000 余家，居家护理支持机构 23 000 余家。其中，营利性长期护理服务机构增幅尤为明显，改变了过去长期护理服务供给主体的结构：在居家访问介护事业经营中，企业最高，占 44.8%，其次为社会福利法人，占 33%，其他为医疗法人等；在痴呆对应型共同生活介护事业的经营中，企业占 42.8%，社会福利法人占 27.3%，医疗法人占 22.4%。企业成为日本介护保险给付居家护理服务的事业主体[②]。

二、我国养老服务多元化供给得失分析

长期护理服务与养老服务极为相似，虽然长期护理服务面向的是失能群体，但失能主要发生在老年群体中。据调查显示，2012 年我国台湾地区 5～14 岁群体失能率为 0.59%，15～29 岁为 0.97%，30～49 岁为 1.26%，50～64 岁为 2.22%，65～74 岁为 7.29%，75～84 岁为 20.44%，85 岁以上为 48.59%[③]。为便于开展长期护理服务，同时不浪费现有养老服务资源，将来长期护理服务必然以现在的养老服务为基础，通过不断转型升级满足要求。分析我国养老服务多元化供给的现状、问题及原因可以为长期护理服务多元化供给提供必要的借鉴。

(一)养老服务多元化供给现状

改革开放以后，我国开始重视养老服务的多元化供给，国家相继颁布了一系列政策法规促进养老服务多元化发展，并取得了一定的成绩。

1.相关政策法规

改革开放前，养老服务完全由政府主导。改革开放后，为提高服务效率，公办养老机构开始探索承包制，通过机构自身员工承包的形式奖勤罚懒、打破"大锅饭"制度[④]。此后，为鼓励和规范养老服务多元化供给，在党和国家一系列重要文件中多次就养老服务多元化供给进行了规范(表8.1)。

① 周怡君,庄秀美.德国照护保险中的国家监督管理[J].台大社工学刊,2014(29):199-242.
② 庄秀美.日本社会福利服务的民营化:"公共介护保险制度"现况之探讨[J].台大社工学刊,2005(11):89-130.
③ 李玉春,林丽婵,吴肖琪,等.台湾长期照护保险之规划与展望[J].社区发展季刊,2013(141):26-44.
④ 陈良瑾.中国社会工作百科全书[M].北京:中国社会出版社,1994:423.

表 8.1 养老服务多元化供给相关政策法规

Table 8.1 Related policies and regulations on diversified supply of pension services

文件名称	颁布时间	相关内容
农村敬老院管理暂行办法	1997 年 3 月	敬老院是农村集体福利事业单位。敬老院以乡镇办为主,五保对象较多的村也可以兴办。提倡企业、事业单位、社会团体、个人兴办和资助敬老院。
社会福利机构管理暂行办法	1999 年 12 月	将社会福利机构定性为是由国家、社会组织和个人举办的,为老年人、残疾人、孤儿和弃婴提供养护、康复、托管等服务的机构。
关于加快实现社会福利社会化的意见	2000 年 2 月	制定优惠政策,引导社会力量积极参与社会福利事业,计划到 2005 年基本建成以国家兴办的社会福利机构为示范、其他多种所有制形式的社会福利机构为骨干、社区福利服务为依托、居家供养为基础的社会福利服务网络。
关于对老年服务机构有关税收政策问题的通知	2000 年 11 月	明确社会资本参与养老服务机构建设相关税收优惠政策。
关于加快发展养老服务业的意见	2006 年 2 月	地方各级人民政府和有关部门要采取积极措施,大力支持发展各类社会养老服务机构。引导和支持社会力量兴建适宜老年人集中居住、生活、学习、娱乐、健身的老年公寓、养老院、敬老院,鼓励下岗、失业等人员创办家庭养老院、托老所,开展老年护理服务,为老年人创造良好的养老环境和条件。
社会养老服务体系建设规划(2011—2015 年)	2011 年 12 月	充分发挥市场在资源配置中的基础性作用,为各类服务主体营造平等参与、公平竞争的环境,实现社会养老服务可持续发展。……鼓励有条件或新建的公办养老机构实行公建民营……加强对非营利性社会办养老机构的培育扶持,采取民办公助等形式,给予相应的建设补贴或运营补贴,支持其发展。鼓励民间资本投资建设专业化的服务设施,开展社会养老服务。
十八大报告	2012 年 11 月	积极应对人口老龄化,大力发展老龄服务事业和产业。
老年人权益保障法	2012 年 12 月	各级人民政府和有关部门在财政、税费、土地、融资等方面采取措施,鼓励、扶持企业事业单位、社会组织或者个人兴办、运营养老、老年人日间照料、老年文化体育活动等设施。
国务院关于加快发展养老服务业的若干意见	2013 年 9 月	通过简政放权,创新体制机制,激发社会活力,充分发挥社会力量的主体作用,健全养老服务体系,满足多样化养老服务需求。
基础设施和公用事业特许经营管理办法	2015 年 4 月	鼓励和引导社会资本参与基础设施和公用事业建设运营,提高公共服务质量和效率,保护特许经营者合法权益,保障社会公共利益和公共安全,促进经济社会持续健康发展,制定本办法。
长期护理保险试点意见	2016 年 7 月	引导社会力量、社会组织参与长期护理服务。
关于全面放开养老服务市场提升养老服务质量的若干意见	2016 年 12 月	开发更加多元、精准的私人订制服务,对养老服务市场向社会力量放开进行了详细规定。

文件名称	颁布时间	相关内容
"十三五"国家老龄事业发展和养老体系建设规划	2017年2月	市场活力和社会创造力得到充分激发,养老服务和产品供给主体更加多元、内容更加丰富、质量更加优良,以信用为核心的新型市场监管机制建立完善。
关于制定和实施老年人照顾服务项目的意见	2017年7月	创新和优化照顾服务提供方式,加大政府购买服务力度,依据相关规定,通过市场化方式,把适合的老年人照顾服务项目交由具备条件的社会组织和企业承担。
国务院办公厅关于推进养老服务发展的意见	2019年3月	对社会力量举报养老服务的政策及其监管进行了较为详细的规定。
国务院办公厅关于促进养老托育服务健康发展的意见	2020年12月	扩大多方参与、多种方式的服务供给。增强家庭照护能力,帮助家庭成员提高照护能力。优化居家社区服务,发展集中管理运营的社区养老和托育服务网络。提升公办机构服务水平,加强公办和公建民营养老机构建设。推动培训疗养资源转型发展养老服务,鼓励培训疗养资源丰富、养老需求较大的中东部地区先行突破,重点推进。拓宽普惠性服务供给渠道,引导金融机构提升服务质效。
国民经济和社会发展第十四个五年规划和2035年远景目标纲要	2021年3月	完善公建民营管理机制,支持培训疗养资源转型发展养老,加强对护理型民办养老机构的政策扶持。

资料来源:笔者根据国家相关文件整理。

2.多元化供给形式

总体来看,当前多元化的养老服务供给形式主要有政府直接提供、社会组织提供、营利性企业提供、公私合作提供、非正式组织提供5种。

(1)政府直接提供

政府直接提供即通过公办养老机构,完全由政府直接提供养老服务。其服务对象范围较为狭窄,一般仅限于城镇居民中无劳动能力、无生活来源、无赡养人和扶养人,或者其赡养人和扶养人确无赡养或扶养能力的60周岁及以上老年人,以及低保、特困等极端低收入生活困难老人。公办养老机构属于政府编制内机构,经费来源于财政拨款,其通常以无偿方式提供服务,但基于事业发展或改善服务对象中重点人员生活条件的需要可以收取一定费用,但数额远低于市场价格。

(2)社会组织提供

社会组织提供即由民政部门注册登记的民办非企业性质养老机构提供服务。其服务对象较为灵活,所有老人都可以参加。经费主要来自社会资本、政府补助和服务收费。社会组织服务收费略高于公办养老机构,但低于市场价格,较为标准合理,不超过绝大多数老人的经济承受能力和支付水平。其与营利性企业的区别在于服务收入所得只能用于机构章程规定的范围,不得分红。

（3）营利性企业提供

营利性企业提供即由工商部门注册登记的营利性养老机构提供服务。其无特定服务对象，根据合同约定，缴纳费用即可进入养老机构，属于营利性经营，可追逐利润最大化并进行分红，但不能享受国家对社会福利机构的相关优惠政策。

（4）公私合作提供

公私合作提供即由政府和非政府组织（社会组织、营利性企业）合作提供养老服务。其形式较为多样，主要有公建私营、公办私助、公私合资、私办公助、特许经营、购买服务6种。其中公建私营是政府建设好养老服务机构，通过招标等形式委托非政府组织经营管理；公办私助是政府在自建自营的养老机构中创建私建私营部分，在该部分由非政府组织按其自身方式独立经营，政府给予一定政策优惠；公私合资是政府和非政府组织共同出资（一般为政府以土地出资、非政府组织以现金出资）建立养老机构，并共同招标或委托专业机构运营；私办公助是非政府组织自行建设养老服务机构并独立经营，政府给予一定补助；特许经营是政府以特许协议的方式将养老服务委托给非政府组织经营；购买服务则是政府直接以现金购买市场上的养老服务提供给有需要的群体（通常为极端困难群体）①。

（5）非正式组织提供

非正式组织提供即由服务对象家属、亲戚或朋友等提供养老照顾。事实上，无论过去还是现在，甚至是将来较长一段时间内，非正式组织（特别是家庭）都是养老服务最主要的生产来源，非正式照顾一直被视为服务对象获得护理的最佳方式②。

3.多元化供给取得的成绩

改革开放后，受国家政策"利好"影响，我国养老服务多元化发展，促进了养老服务业整体的加速成长，在衡量养老服务水平的3个重要指标上（养老机构床位数、实际收养老人数和每千名65岁及以上老人拥有床位数）总体呈逐年上升趋势，尤其是在2006年国家颁布实施《关于加快发展养老服务业的意见》后，增长速度进一步加快（图8.1）。

（二）养老服务多元化供给存在的问题

虽然我国养老服务多元化供给取得了一定的成绩，但总体来看问题仍较为突出，集中体现在养老床位供给结构失衡、存在公共性丧失危险、民营化运行不畅、社会组织作用有限、非正式养老未受到足够重视等方面。

1.养老床位供给结构失衡

从养老服务需求角度来看，当前我国养老服务床位供给总体上呈"哑铃型"③：高端供给多，但入住率低，结构性过剩；中端供给明显不足，供需求人员选择较少；低端供给多，入住率高，但服务质量较低，不符合长期护理需要。养老服务对象主要以老年人为主，在没有其他收入来源的情况下，其养老需求受养老金水平制约，如果不考虑实际情况盲目建设养老机构，养老服务结构性失衡在所难免，这一方面会造成资源浪费，另一方面也不利于老人接受

① 杨团.公办民营与民办公助：加速老年人服务机构建设的政策分析[J].人文杂志,2011(6):124-135.
② 黄源协.台湾社区照顾的实施与冲击：福利多元主义的观点[J].台大社工学刊,2001(5):53-101.
③ 吴玉韶,王莉莉,孔伟,等.中国养老机构发展研究[J].老龄科学研究,2015(8):13-24.

必要的养老服务,安享晚年①。以长春市为例,作为老工业化城市,其退休人员以产业工人为主,2015 年月均养老金为 2 000 元左右。截至 2015 年底,该市共有养老机构 519 家,床位数约 4.72 万张,其中高(月收费 4 000 元以上)、中(月收费 2 000~4 000 元)、低(月收费 2 000元以下)档床位数分别为 2.30、0.96、1.46 万张,入住率则分别为 10%、45%、95%(图 8.2)。

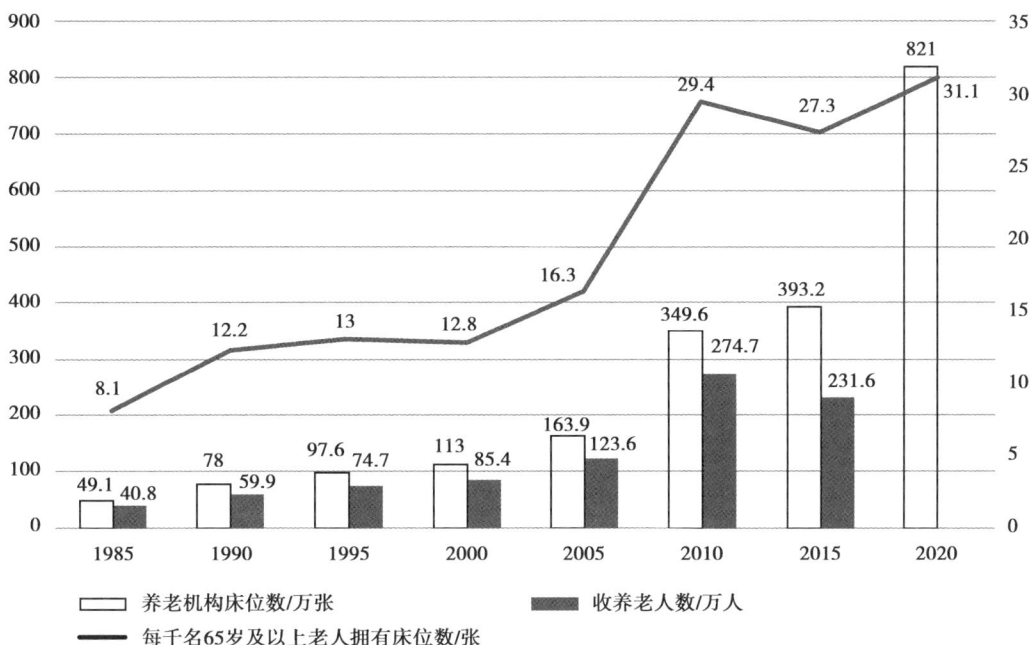

图 8.1　我国养老服务水平提升情况

Fig 8.1　Level improving of pension service in China

　资料来源:历年《中国统计年鉴》《中国民政事业发展统计报告》《中国社会服务发展统计公报》。

　注:自 2014 年起,调整社会服务机构的统计口径为在市场监管、编办和民政部门办理了注册登记手续的社会服务单位,原统计口径中未办理注册登记手续的社会服务单位均已调整到社会服务设施中进行统计;2020 年养老机构收养老人数从公布的资料中未查到。

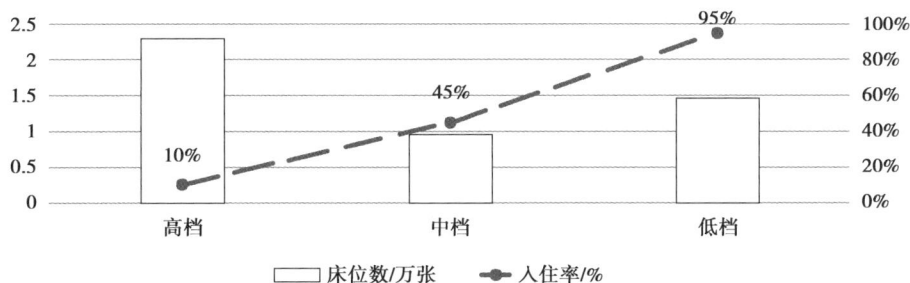

图 8.2　长春市养老床位供给情况

Fig 8.2　Supply of pension beds in Changchun

　数据来源:王桥.我国养老机构发展中存在的问题及对策思考[J].湘潭大学学报(哲学社会科学版),2016,40(6):22-25.

① 王莉,余璐.我国长期照护服务供给:市场化政策,实践与反思[J].中州学刊,2021(7):88-95.

2.存在公共性丧失危险

公共性丧失是指养老服务多元化供给后,一方面资本逐利的本性可能将低收入群体排除在外,使其无法享受应有的长期护理服务,另一方面政府在政绩导向下,在公共政策的执行上可能出现偏差。

福利多元化包含福利分散化和民营化两个方面,福利民营化意即通过市场作用的发挥调节公共服务供给,但市场逐利的本质和政府固有的权力寻租、政绩导向却极有可能对低收入群体产生"挤出效应"。天津的老年公寓变身商业楼便是其中一个典型:马三立老年公寓起初被视为天津市的标志性工程,其是由著名相声大师马三立出名、文光集团出资、政府给予政策优惠(无偿拨地、免税)合作而建的占地8 000多平方米的养老机构,但"打从开业那天起,一直到停业也没有收进多少老人,最多的时候住进了6个人,然后就停滞不前了",原因则是"那是20世纪90年代,入住的价格每人每月超过3 000元,还不包括护理费",这必然使公寓的属性产生了质变,该老年公寓逐渐被用作商业,直到2006年,文光集团整体将其出租给某商业快捷酒店①。在成都市,地方着力建设的微型社区养老服务机构在推向市场后因价格过高,使得最终入住者基本上为中高层离退休老干部,"所谓的社区微型养老机构,最后是服务的对象不再是以社区居家养老为核心,而是转向以市场化的利益最大化为核心"②。

与之相反的则是一些真正扎根民间,但利润微薄、不符合政府追求示范工程效果的社区型养老机构难以得到政府支持而只能勉励经营,提供一些低水平的护理服务。如在长春市南关区滨河社区,下岗的姐弟俩利用租来的2套100平方米的单元房开办了小型的社区护理院,护理费用(含吃住)每月每人仅收500元,广受社区老人欢迎,共计有30多位老人入住。但其因为无法注册登记为民办非企业(社会服务机构)而一直不能享受政府补贴,使护理院服务质量一直处于较低水平③。

3.民营化运行不畅

在公私合作背景下,因未能理顺政府与非政府组织间的关系,政府通常将外部关系内部化,使非政府组织被内化为政府下辖的一个"非独立单位",不仅难以发挥非政府组织的优势,也抑制了非政府组织公共服务的积极性。如在北京西城区月坛街道办事处与天津鹤童老年福利协会(以下简称"鹤童")的合作中,根据合同约定,收费及财务管理由月坛街道办事处负责,鹤童仅从收入中按6%(后调整为10%)收取管理费。这导致鹤童的经营完全受制于月坛街道办事处的预算,一方面无力扩大服务覆盖面和提升服务质量,另一方面经营积极性也大大受挫④。

4.社会组织作用有限

虽然国家出台了一系列规范性文件支持和鼓励社会组织参与养老服务供给,但从实践来看,养老服务社会组织却并未得到发展壮大,据统计,在2009年4月至2014年1月这近

---

① 王勇,胥晓莺.发现中国"银元":中国老龄化浪潮的"危中之机"[J].中国企业家,2009(19):101-110.
② 王晶,张立龙.老年长期照护体制比较:关于家庭、市场和政府责任的反思[J].浙江社会科学,2015(8):60-68.
③ 杨团.公办民营与民办公助:加速老年人服务机构建设的政策分析[J].人文杂志,2011(6):124-135.
④ 杨团.公办民营与民办公助:加速老年人服务机构建设的政策分析[J].人文杂志,2011(6):124-135.

5年时间里,共计有37家民办非企业社会组织获准成立,但这中间仅有5家为养老服务机构①。

此外,社会养老服务组织对政府依赖性强,使得社会组织养老供给难以扩大覆盖面。社会养老服务组织对政府的依赖首先体现为财政资金的依赖。虽然社会养老服务组织资金来源多元,但在实践中,我国社会养老服务组织中完全来自民间力量兴办的"草根社会组织"很少,许多社会组织走的是一种体制内生成的路径,在经济上完全依赖于政府的体制内资源②。一旦政府支持力度减弱,其就极有可能出现财政赤字。社会养老服务组织对政府的依赖还体现在组织机构上的依赖。相当一部分社会养老服务组织是通过政府以自上而下的方式设立的,形成了独特的"半官半民"特色③。在实践中,政府也倾向于对该类社会组织提供支持,社会组织依附于各级政府组织网络的权力与资源,在运行管理上也容易出现科层化问题,这不仅在无形中削弱了社会组织的自治性和自主性,不利于其发展壮大,也造成了其服务质量的下降。

5.非正式养老未受到足够重视

非正式养老服务是养老服务供给的最重要来源,也是最易受忽略的来源。子女赡养父母历来都被视为是天经地义的,因护理父母而给予报酬则被认为有可能导致孝道沦丧④,以至于家庭非正式养老一直被社会推崇,但却不被给予应有的待遇。实际上,给予子女护理父母的报酬导致孝道沦丧是一个伪命题:一方面并非要求老人给予报酬,而是由国家采取社会保险或补贴的方式支付;另一方面通过给付报酬在一定程度上给予家庭经济支持,从而有利于提升家庭护理服务品质。目前,我国家庭非正式护理者普遍存在着经济负担重、护理技能低、身心劳累等问题⑤,需要通过相应的制度设计予以解决。

(三)养老服务多元化供给存在问题的原因分析

我国现有养老服务多元化供给诸多问题形成的原因亦是多元的,集中体现在法律制度供给不足、政府体制运行的固有缺陷、多元化供给背景下当事人之间法律关系界定不明、政府支持力度不够、社会组织注册条件过于严苛五个方面。

1.法律制度供给不足

养老服务关涉全体社会成员的利益,是对社会公共资源的配置,根据法治原则的要求,须有完备的法律制度体系予以保障、规制。目前,虽然党和国家通过了一系列规范性文件对养老服务多元化供给进行规制,但除《老年人权益保障法》外,并未上升到法律层面,缺少法律独有的刚性和权威性支撑,不能满足养老服务多元化发展的需要。而即使《老年人权益保

---

① 邓汉慧,涂田,熊雅辉.社会企业缺位于社区居家养老服务的思考[J].武汉大学学报(哲学社会科学版),2015(1):109-115.
② 邓伟志,陆春萍.合作主义模式下民间组织的培育和发展[J].南京社会科学,2006(11):126-130.
③ 李长远.社会组织参与居家养老服务的困境及政策支持:基于资源依赖的视角[J].内蒙古社会科学(汉文版),2015(4):166-170.
④ 黄源协.台湾社区照顾的实施与冲击:福利多元主义的观点[J].台大社工学刊,2001(5):53-101.
⑤ 刘亚娜.失能老年人家庭长期照护者照护困境及思考:基于一位女性家庭照护者生存状态的个案研究[J].社科纵横,2016(11):103-107.

障法》明确规定"各级人民政府和有关部门在财政、税费、土地、融资等方面采取措施,鼓励、扶持企业事业单位、社会组织或者个人兴办、运营养老、老年人日间照料、老年文化体育活动等设施",但并未规定相应的法律责任,使得该条仅为倡导性规定,在实践中大打折扣。总体而言,目前养老服务多元化供给领域"法治赤字"现象严重①。以目前较受政府和公众欢迎的政府向社会组织购买养老服务为例,其在法律规制方面存在以下几个方面的空白。

（1）社会组织资质规范空白

《中华人民共和国政府采购法》对政府自营利性机构购买公共服务情形的营利性机构的资质进行了规范,但在向社会组织购买公共服务时并未对社会组织的资质进行规范。在实践中,各地政府通常以社会组织合法与否作为资质要求,简单地说,即凡是在民政部门登记的社会组织都有资格成为政府购买公共服务的对象。这明显混淆了社会组织的合法性要件和开展公共服务的资质性要件之间的区别:根据现有法律规范,合法性要件仅为形式法治的要件,即社会组织必须要有登记行为,而开展公共服务的资质性要件则考察的是社会组织开展公共服务的能力、服务条件和服务水平。满足合法性要件的社会组织并不一定有条件提供政府所需要的公共服务。

（2）社会组织信息公开规范空白

通过政府购买公共服务这一形式,社会组织承接了政府的公共服务供给职能。基于行政特许"相似性"原理②,此时社会组织需承担类似于政府直接生产公共服务时须履行的信息公开等义务。但在现有法律制度中,难以找到对公共服务承接人信息公开方面的具体规范。

（3）购买公共服务资金规制空白

预算可以实现对政府开支的监管,遏制权力寻租。但长期以来政府购买公共服务的资金一直游离于预算体系外,不利于国家和社会公众对政府购买公共服务资金的监督③。2014年《中华人民共和国预算法》(以下简称《预算法》)修订时对公私合作不断加深背景下预算制度改革的需求缺乏足够的回应,未明确要求将购买公共服务的资金纳入预算体系,使购买公共服务的资金可以继续在预算外循环,缺少相应监管,资金使用效率不高,留下了权力寻租的空间。

2.政府体制运行的固有缺陷

在社会治理转型期,现有政府体制运行的固有缺陷为多元化发展带来了难题,其中典型的缺陷如政绩导向、权力寻租以及定位模糊等。

（1）政绩导向

官员晋升以政绩为主要考察标准,很多政府官员通过"面子工程"、示范性项目制造轰动效应为自己的晋升加分。体现在养老服务机构的建设上,政府官员的偏好体现为通过养老

---

① 李海平.政府购买公共服务法律规制的问题与对策:以深圳市政府购买社工服务为例[J].国家行政学院学报,2011(5):93-97.

② 翟翌.基于"相似性"本质的行政特许界定及其应用[J].中国法学,2016(1):144-161.

③ 陈治.国家治理转型中的预算制度变革:兼评新修订的《中华人民共和国预算法》[J].法制与社会发展,2015(2):89-104.

机构规模最大化、服务高档化增加自己的升迁机会①。如 2009 年,在国家发展和改革委员会明确要在全国各省市择地建设六七个国家级养老基地之后,地方政府纷纷跟进:北京海淀区计划建设一处建筑面积为 7 600 平方米的区级敬老院和一所 500 张以上床位的区级高端型养老服务机构;天津红桥区则计划用 3~5 年时间新建 2 个规划总面积为 9 000 平方米的大型养老院;济南计划由政府投资 2~3 亿元,新建一处占地 300 亩左右、2 000 张以上床位的大型社会福利中心。

（2）权力寻租

养老服务多元化供给涉及特许经营、政府补助、土地优惠等相关经济活动往来,这为政府权力寻租提供了空间。以目前全国大兴土木建设超大规模老年公寓为例,国家为应对人口老龄化在养老机构建设上给予了一系列优惠,如在养老服务机构建设中,为吸引社会资本参与,政府廉价甚至无偿出让土地使用权。而因为欠缺法律的明确规制,社会资本可借助老年服务名义进行房地产开发,获得丰厚回报,因此为争取政府的支持,必然存在着向公权力输出利益的行为,为官员权力寻租提供机会,以至于有学者认为老年服务机构建设可能成为我国公权腐败的一个重要领域②。

（3）定位模糊

政府在养老服务多元化供给中扮演了多重角色:养老服务直接生产者、养老服务委托者、养老服务购买者、养老服务监管者等等。多重角色的叠加容易造成角色混乱,使政府在承担不同角色功能时未能根据角色定位采取合适的行为。如:作为养老服务委托者本应只根据委托协议行使权利、履行义务即可,但政府却深度介入承接人的养老服务生产,不利于市场作用的发挥;而作为直接生产者,政府理应在市场不愿意和社会组织没有能力提供养老服务的领域或地域提供养老服务,政府却就此寄希望于市场和社会组织作用的发挥,未能有效组织养老服务的供给。

3.多元化供给背景下当事人之间法律关系的界定不明

养老服务多元化供给得到支持的一个重要原因,是通过引入第三方当事人改变了传统直接由政府提供公共服务时当事双方之间冷冰冰的、强行性的行政法律关系,而转变为平等主体间友好型、合作型的民事法律关系③。但以此就界定多元化供给是政府之外当事人双方间的法律关系是片面的。在公共服务多元化供给中,一般存在着三方主体:政府、服务供给者、服务对象,这三者之间相互勾连,形成了三组法律关系,即政府与服务对象之间的法律关系、政府与服务供给者之间的法律关系以及服务供给者与服务对象之间的法律关系。其中政府与服务对象之间虽然具体法律关系内容有变,但仍为行政法律关系无疑。而其他两组法律关系如何定性,目前仍存在较大争议。正是这种争议的存在极易造成养老服务公共性的丧失。

---

①　杨团.公办民营与民办公助:加速老年人服务机构建设的政策分析[J].人文杂志,2011(6):124-135.
②　杨团.公办民营与民办公助:加速老年人服务机构建设的政策分析[J].人文杂志,2011(6):124-135.
③　胡竣凯.长期照顾财政制度之研究:以日本长期照护保险施行之经验为借镜[D].台北:台湾大学,2015.

政府与服务供给者之间主要是通过协议方式确定养老服务有关事宜,如将二者关系直观理解为私法关系:一方面因为服务对象不属于协议主体,利益有可能被政府与服务供给者合谋侵害;另一方面私法关系的典型特征是平等性,只能通过合同约定双方的权利义务,一旦合同达成,就难以根据实际情况进行调整,将会使政府对服务供给者的监管力度降低。

服务供给者与服务对象之间,一方面因为缺少了行政主体属性,另一方面因为其服务也是以协议形式进行的,更被普遍认为是私法关系——服务对象是服务供给者的顾客。根据合同自由原则,合同主体享有签与不签的自由,这就使服务供给者在提供服务时有可能选择服务对象,只向"优质"(经济条件较好、便于提供服务等)服务对象提供养老服务,而将"非优质"(经济条件不好、难以提供服务等)服务对象排除在外。

4.政府支持力度不够

现行国家养老服务政策支持对象以公办养老机构为主,对民办养老机构支持较少。公办养老机构的土地是划拨的,房屋设施是财政投资建造购置的,工作人员中一部分是"吃皇粮"的,而民办养老机构所能得到的支持主要是床位补贴,其运营没有任何补贴,且一些营利性养老机构和规模以下(例如有些省份规定50张床位以下)的小型养老机构则得不到任何补贴,因而民办养老机构与公办养老机构所得政策支持差距甚远[1]。

虽然近年来党和国家诸多规范性文件都提出要鼓励和支持非政府组织开展养老服务,但实际上支持政策难以落地。地方政府响应国家号召,制定了一系列政策措施,但多为临时应急性的,缺乏针对性、操作性的规定。如在政府补贴方面,根据各地规定主要依靠地方公益基金支付,未纳入财政账户,以致经常拖欠补贴。在其他诸如土地优惠、税收优惠、水电费优惠方面,非政府组织尤其是民办营利性组织真正能够享受到的极为有限[2],民办养老机构面临巨大的经营压力。

5.社会组织注册条件过于严苛

目前我国的社会组织发展极为欠缺,这在一定程度上制约了社会组织在养老服务中的功能发挥。据统计,目前我国每万人拥有的社会组织仅为2.1个,与发达国家相去甚远:法国每万人拥有社会组织数量为110个,日本为97个、美国为52个。即使与发展中国家相比,这一数据也极为逊色,如同为金砖四国的巴西每万人拥有13个社会组织[3]。造成这一状况的根源在于我国立法对社会组织的成立要件过于严苛。目前我国主要有两部行政法规——《社会团体登记管理条例》和《民办非企业单位登记管理暂行条例》,对社会组织的成立要件进行了规范。

《社会团体登记管理条例》规定成立社会团体需满足6个条件:有50个以上的个人会员或30个以上的单位会员,个人会员、单位会员混合组成的,会员总数不得少于50个;有规范的名称和相应的组织机构;有固定的住所;有与其业务活动相适应的专职工作人员;有合法的资产和经费来源,全国性的社会团体有10万元以上活动资金,地方性的社会团体和跨行

① 何文炯.老年照护服务补助制度与成本分析[J].行政管理改革,2014(10):28-33.
② 丁学娜.民办非营利养老机构的政府补偿机制研究:基于S市民办非营利养老机构的分析[J].中州学刊,2012(6):94-98.
③ 廖鸿.我国民间非营利组织发展的机遇与挑战[J].中国民政,2005(2):32-33.

政区域的社会团体有 3 万元以上活动资金;有独立承担民事责任的能力。从上述条件来看,其立法初衷在于对社团性组织进行规范管理,而非对公共服务机构进行规范。

《民办非企业单位登记管理暂行条例》规定成立民办非企业单位必须满足 5 个条件:经业务主管单位审查同意;有规范的名称、必要的组织机构;有与其业务活动相适应的从业人员;有与其业务活动相适应的合法财产;有必要的场所。其中的经业务主管单位的审查同意要件即将一大批民间社会服务机构阻却于门槛之外,其因难以找到业务主管单位或业务主管单位门槛过高而不能登记成为民办非企业单位,只能选择在工商登记或不登记成为"黑户"。因为不能取得民办非企业单位资质即无法享受相关政策优惠,使得民间社会服务机构发展步履维艰,难以做大做强①。虽然在 2016 年民政部公布的《民办非企业单位登记管理暂行条例(修订草案征求意见稿)》中:一方面将民办非企业单位改称为"社会服务机构",更贴近该组织的本质;另一方面采取分类登记管理的办法,对于登记为科技类、公益慈善类、城乡社区服务类的社会服务机构实行直接登记,无须业务主管单位审查,这势必对提供长期护理服务的社会组织产生推动作用。但可惜的是,迄今 5 年多过去了,《民办非企业单位登记管理暂行条例(修订草案征求意见稿)》仍然处于征求意见中,未正式行文。

三、长期护理服务多元化供给进路

长期护理服务多元化供给必须通过妥善的、有针对性的法律制度设计予以保证,否则极易出现市场萎缩或失控的极端情形。长期护理服务多元化供给法律制度设计内容较为丰富,涉及服务供给的多个方面,具体而言包括服务机构准入、公共性维持、公私合作治理、公私合作纠纷解决、非营利组织及非正式护理保障、服务人员管理等法律制度。

（一）服务机构准入

长期护理服务机构准入主要讨论长期护理服务机构与长期护理保险基金合作的资格条件和程序要求。

1.准入许可的必要性

长期护理服务准入许可并非指长期护理服务机构的成立需经前置审批,而是指对其与长期护理保险基金合作实行特许许可。长期护理服务机构的成立只需满足《公司法》《合伙企业法》《民办非企业单位登记管理暂行条例》等相关法律法规的规定即可,不需前置审批。

近年来,随着政府职能的转变,我国逐渐减少行政审批事项,《国务院关于促进健康服务业发展的若干意见》也明确要求"放宽市场准入。建立公开、透明、平等、规范的健康服务业准入制度,凡是法律法规没有明令禁入的领域,都要向社会资本开放,并不断扩大开放领域;凡是对本地资本开放的领域,都要向外地资本开放"。但长期护理服务基金的公共属性和长期护理服务对服务对象生命健康的重要影响要求基金管理人应通过设置相应条件选择合适的长期护理服务机构开展合作,既保证基金作用的最大化又确保服务水平。而为了规制基金管理人的许可行为,确保其能够平等对待每一位申请人,国家需制定相应的规范明确许可

① 邓国胜.《民办非企业单位登记管理暂行条例》修订草案征求意见稿的七大突破[J].中国社会组织,2016(13):17-18.

·153·

条件和程序。

2.国外长期护理服务市场准入规范经验

（1）日本的特许准入模式

日本对长期护理服务机构实行特许制，只有获得政府特许的机构才能与长期护理保险基金合作开展长期护理服务，否则其费用只能由服务对象自行负担。《介护保险法》对长期护理服务市场的准入进行了详细规定，其突出特点体现在两个方面：一是根据服务内容不同进行了类型化条件设置；二是对于收容型长期护理服务机构实行渐进式许可。

在类型化设置准入条件方面，《介护保险法》第5章第2至8节分9类①对不同类型的长期护理服务机构进行了准入规制，每一类的准入条件都有所区别。以特许居家服务机构为例，其由都道府县进行审批，特许期限一般为6年，政府在进行特许许可时，除须审核申请人是否符合准入条件，还需综合考虑辖区内的机构数量和人口密度。其准入条件根据申请人性质又细分为三类：一类是当申请人为法人时，其机构服务人员（包括一般服务人员和专业技术人员）须满足厚生劳动省的相关规定；机构的硬件条件须合乎居家护理服务的运营。一类是当申请人为非法人时，除服务人员和服务场所需满足条件外，其主要负责人不得有以下情形：受到监禁以上刑罚，尚未执行或尚未届满；依据其他国民保健医疗福祉相关法律、政令规定被处以罚金，尚未执行或尚未届满；依据《介护保险法》规定被撤销特许未满5年。一类是当申请人为医疗法人时，除不得存在前述情形外，《介护保险法》还特别规定医疗法人在提出申请前5年里，不得有关于居家护理服务的不正当行为。

在收容型长期护理服务机构渐进式准入方面，《介护保险法》依护理服务类别许可福利事业团体提供护理服务，新成立的一般营利事业团体不得经营机构护理服务等，仅可提供居家护理服务，但不在保险给付范围内的服务则不予限制。关于此点曾引起较大争论，厚生劳动省基于三方面考虑反对全面放开收容型长期护理服务机构的开办：首先是护理行为考虑，特别养护老人院等收容型长期护理服务机构提供的机构护理服务涉及较多的医疗行为，只有医疗法人才能胜任；其次是成本投入考虑，开设收容型长期护理服务机构需要较高的前期投入成本，且经营效益长期才能显现，直接允许社会资本参与有可能产生负面效果；最后是福利社会化考虑，传统上认为，全面放开收容型长期护理服务机构与社会福利社区化原则也相悖，但值得注意的是，日本在2003年4月通过的《构造改革特区法》中，已放宽营利企业开设及经营特别养护老人院的条件，各地方政府可以民间主动融资或公办民营的方式运用企业力量开办特别养护老人院②。

（2）德国的契约模式

在长期护理保险基金与长期护理服务机构的合作上，除日本的特许制度外，还有德国的契约模式，即长期护理保险基金与长期护理服务机构通过协议的形式进行合作。根据德国

---

① 这9类分别是特许居家服务机构、特许地区密集型服务机构、特许居家介护支持机构、特许介护老人福祉机构、介护老人保健机构、特许介护疗养型医疗机构、特许预防服务机构、特许地区密集型介护预防服务机构、特许介护预防支持机构。

② 庄秀美，郑佳玲.企业参与长期照护服务供给相关课题之探讨[J].中山人文社会科学期刊,2006(1):97-124.

《长期护理保险法》的规定,满足四个方面的要件即可与长期护理保险人签订长期护理服务供给合同:护理机构符合合同法要求的签约资格;须保证具备支付能力、可提供有效经济的护理服务,同时应支付其员工符合当地标准的工作报酬;须建立内部质量管控系统;须接受政府制定的长期护理服务质量专家标准。德国之所以在服务准入上较为宽松,究其根源在于其护理服务市场化发展较为成功,能够通过竞争机制选择最优的服务供给者,我国现阶段不宜采用此做法。此外更为重要的是德国模式下护理保险人自由裁量权过大,采用此做法在我国目前的政制环境下发生权力寻租的风险较大。

3.我国长期护理服务机构准入许可

我国长期护理服务机构的准入应采取类似于医疗保险的特许制,建议借鉴日本的分类设置条件做法。

首先应建立长期护理机构的分级分类制度,实行机构的功能性分类和层次性分级,即不同的机构具备提供不同等级、不同类型护理服务的能力,实现服务的专业化和层次性[1]。在率先开展长期护理保险试点的青岛市,其2016年颁布的《长期护理保险定点护理服务机构协议管理办法(试行)》中,即将长期护理服务机构分为专护、院护、家护、巡护四类。

其次根据不同类型和层次的服务机构建立不同的准入条件,总体来说包括服务机构的硬件条件、软件条件和历史记录条件三种。

(1)服务机构的硬件条件

为保证服务质量,长期护理服务机构必须具备相应的硬件条件,如床位、公共区域、必要的医疗康复设备等。建议立法时根据不同类型的长期护理服务机构设置不同的硬件条件,如对社区护理机构而言,其在床位、医疗康复设备等硬件条件的要求上相较于全机构式的长期护理服务机构要低。

(2)服务机构的软件条件

所谓服务机构的软件条件是指立法要对服务机构中相关人员提出一定要求,具体可分为对一般服务人员、专业技术人员和管理人员的要求[2]。

长期护理服务属于劳动力密集型产业,机构中主要从业人员是一般服务人员。为确保服务对象能够接受必要的护理服务,建议立法明确规定一般服务人员与服务对象的人数比,防止企业因追逐利润而导致一般服务人员与服务对象比过低,服务质量难以保障。

长期护理服务除日常生活照顾外,还需要提供一定的医疗护理和心理咨询服务,因此,建议立法时明确要求从事长期护理服务的机构必须配备相应的专业技术人员。如德国《长

① 林宝.对中国长期护理保险制度模式的初步思考[J].老龄科学研究,2015(5):13-21.
② 在民政部制定的《老年人社会福利机构基本规范》中,对老年人社会福利机构的人员配置提出了要求:(1)城镇地区和有条件的农村地区,老年人社会福利机构主要领导应具备相关专业大专以上学历,模范遵守国家的法律法规,熟练掌握所从事工作的基本知识和专业技能。(2)城镇地区和有条件的农村地区,老年人社会福利机构应有1名大专学历以上、社会工作类专业毕业的专职的社会工作人员和专职康复人员。为介护老人服务的机构有1名医生和相应数量的护士。护理人员及其他人员的数量以能满足服务对象需要并能提供本规范所规定的服务项目为原则。(3)主要领导应接受社会工作类专业知识的培训。各专业工作人员应具有相关部门颁发的职业资格证书或国家承认的相关专业大专以上学历。无专业技术职务的护理人员应接受岗前培训,经省级以上主管机关培训考核后持证上岗。

期护理保险法》明确规定提供机构式护理的养护之家必须配以经过专业训练的护理人员。

对管理人员的要求则是出于避免道德风险的考量。长期护理服务既是一项产业,更是一项爱心事业,长期护理服务机构的管理人员除须有完全民事行为能力外,在个人社会记录上也须表现良好。可借鉴《公司法》对公司董事、监事、高管的要求规定以下几类人员不得作为长期护理服务机构的主要负责人:因贪污、贿赂、侵占财产、挪用财产或者破坏社会主义市场经济秩序,被判处刑罚,执行期满未逾 5 年;因犯罪被剥夺政治权利,执行期满未逾 5 年;担任因违法被吊销营业执照、责令关闭的公司、企业的法定代表人,并负有个人责任的,该公司、企业被吊销营业执照未逾 3 年;个人所负数额较大的债务到期未清偿。

(3)服务机构历史记录条件

我国将来的长期护理服务机构绝大多数将是在当前养老服务机构基础上,通过转型升级而成的。因此机构的历史记录应作为其准入许可的重要参考依据,如某机构若曾出现过虐老事件,则应在一定时间内冻结其申请资格。

（二）公共性维持

为避免长期护理服务公共性的丧失,需在长期护理服务供给上采取引入强制缔约义务、规定政府兜底责任和加强服务价格管理等措施,确保长期护理服务的公共性质,使其惠及每一位失能人员。

1.引入强制缔约义务

(1)强制缔约义务之于长期护理服务供给

一般来说,公法与私法之间有着严格的分野:因国家与人民之间是命令与服从的关系,故公法是政治国家中控制公权力的强行法;而人民内部之间是平等和自愿的关系,故私法是市民社会中实现意思自治的自由法[1]。但随着社会经济发展的变迁,完全的意思自治并不利于市民关系的维持,有鉴于此,私法中开始出现强行性规范。强制缔约义务是合同法对合同自由的一项重要限制措施,是指"个人或企业负有应相对人的请求,与其订立契约的义务,对相对人的要约,非有正当理由不得拒绝承诺"[2]。在长期护理服务供给上,如非政府组织与服务对象之间的法律关系属于私法关系范畴则可以适用强制缔约规范,通过要求非政府组织履行强制缔约义务避免长期护理服务公共性的丧失。因此,非政府组织与服务对象间法律关系的定性显得尤为重要。

(2)非政府组织与服务对象之间法律关系的定性

在非政府组织与服务对象之间的关系方面,主张"公法关系说"的学者认为公法关系主体双方可以都不是行政主体,"当私人赋有国家的公权时,其站于公权主体的地位"[3],此时其与相对人形成的关系即属于公法关系。法国行政法学界流行的"透明人"理论认为非政府组织是一个"假的私人",有着极高的透明度,让人一看即知其为公法人的伪装、化身或傀儡,

---

① 严益州.德国行政法上的双阶理论[J].环球法律评论,2015(1):88-106.
② 王泽鉴.民法概要[M].北京:中国政法大学出版社,2003:180.
③ 美浓部达吉.公法与私法[M].黄冯明,译.北京:中国政法大学出版社,2003:60.

其行为直接归属于其背后的公法人,故为公法关系①。主张"私法关系说"的学者以长期护理服务民营化供给为例,认为民营化供给改变了以往的行政关系,服务对象与服务供给者之间缔结的是双务合同,属合同法调整范畴②。

实际上,非政府组织与服务对象之间法律关系的定性以主体属性为判断标准已陷入逻辑悖论境地:主张以主体身份判断法律关系属性,但在双方皆为私法主体时为使其适用公法规范,又创设出诸如"透明人"理论等学说,将双方都为私法主体的行为纳入公法规范范畴。

日本理论界在这方面的思考值得借鉴。日本理论界认为,在过去措置制度下,行政机关依照行政处分所决定的服务内容及方式委托社会福利法人等单位提供服务,虽然直接提供服务的为民间机构,但由于机构是处于政府受托者的地位,是代替行政机关履行社会服务职责,其与服务对象之间并不存在合同关系。在引入长期护理保险后,服务对象与服务供给者之间缔结的是护理服务利用合同,服务对象被赋予利用者主体地位,系以合同当事人身份直接与服务供给者缔结契约,其可根据合同,直接请求服务供给者提供服务,其产生的相关纠纷属于私法管辖范畴③。

法律关系性质的判断应以法律关系的内容为标准,如合同的法律性质即应取决于合同的标的④。非政府组织与服务对象之间法律关系的内容是极为清晰的:非政府组织根据长期护理服务合同约定向服务对象提供服务,服务对象则根据约定向服务组织支付费用。其与一般服务合同的区别在于服务费用有可能是由政府(或保险人)直接支付,或是由政府(或保险人)与服务对象共同支付,但无论何种支付方式,都没有改变其私法性质。

(3)长期护理服务供给中引入强制缔约义务

我国关于强制缔约义务的法律规定主要有:

《中华人民共和国民法典》(以下简称《民法典》)第六百五十六条:供用水、供用气、供用热力合同,参照供用电合同的有关规定。

《民法典》第八百一十条:从事公共运输的承运人不得拒绝旅客、托运人通常、合理的运输要求。

《中华人民共和国邮政法》第十五条:未经邮政管理部门批准,邮政企业不得停止办理或者限制办理前两款规定的业务。

《中华人民共和国电信条例》第十七条:主导的电信业务经营者不得拒绝其他电信业务经营者和专用网运营单位提出的互联互通要求。

《中华人民共和国电力法》第二十六条:供电营业区内的供电营业机构,对本营业区内的用户有按照国家规定供电的义务;不得违反国家规定对其营业区内申请用电的单位和个人拒绝供电。

---

① 陈淳文.公法契约与私法契约之划分:法国法制概述[M]//台湾地区行政法学会.行政契约与新行政法.台北:元照出版公司,2002:149-150.
② 陆敏清.国家担保责任于长期照护之实现[D].台北:台北大学,2010.
③ 胡竣凯.长期照顾财政制度之研究:以日本长期照护保险施行之经验为借镜[D].台北:台湾大学,2015.
④ 毛雷尔.行政法学总论[M].高家伟,译.北京:法律出版社,2000:133.

《医疗机构管理条例》第三十一条:医疗机构对危重病人应当立即抢救。

《中华人民共和国执业医师法》第二十四条:对急危患者,医师应当采取紧急措施进行诊治;不得拒绝急救处置。

《机动车交通事故责任强制保险条例》第十条:投保人在投保时应当选择具备从事机动车交通事故责任强制保险业务资格的保险公司,被选择的保险公司不得拒绝或者拖延承保。

从上述强制缔约规范分布来看,主要集中在公共服务供给领域,一方主体或为国有企业(如自来水厂、电厂等),或为法律法规特许经营行业(如出租车营运)主体。长期护理服务供给中政府直接供给或政府与非政府组织合作(包括特许经营、政府给予优惠措施、政府直接购买服务)供给符合这两个方面的特征,因此建议长期护理服务立法时,明确规定此两类长期护理服务机构负有强制缔约义务,从而保障服务对象的权益,避免长期护理服务公共性的丧失。

2.规定政府兜底责任

虽然福利多元主义广受理论界推崇,但亦有学者担心这会造成国家责任的形骸化。因在福利多元化背景下,服务对象自行在市场寻找适合的服务,而国家负担的费用通常有额度限制,超过部分须由服务对象个人支付,这有可能造成经济状况较差者无法获得充分的保障,而仅能获得较低水平的服务。因此,有学者担忧福利多元化背景下,政府将从提供福利服务的场域撤退,任务缩减为在财政上提供支持,国家提供福利的责任会间接缩小、矮化,甚至推却为个人自我责任。如在长期护理服务供给上,国家将提供服务的责任交由民间机构履行,但民间机构并非受国家委托代为履行国家的责任,而是以服务合同当事人的地位提供护理服务,并在开放市场下与其他市场主体进行竞争。从某种程度上可以说国家通过开放长期护理服务市场,放弃了自身应承担的提供服务的实际履行责任,退而转为负监督责任及财政上的担保责任,与国家作为福利供给主体时应积极提供服务及确保服务质量的任务相比,国家责任确实有后退、消极化倾向①。

福利多元主义在福利服务方面体现在福利服务的生产上,志愿组织、商业部门等非正式部门应扮演更多的角色,且要能借由竞争与监督机制,提高资源的使用效率,回应民众的需求,并强化志愿组织的责任。亦即它并非意味着政府角色的完全撤退,而是强调政府宜由服务的直接生产者转向扮演资金筹集运行、服务规制及监督评估的角色②。"政府存在的合法性在于获得公民的信任或委托,而政府之所以能够得到社会或公民的信任,进而得以存在下去的最大理由是政府能够为社会或公民做他们不能做的事情。"③

在长期护理保险立法中,应通过法律的形式明确规定政府的兜底责任,在营利机构不愿承担和社会组织无力承担的地区或领域,政府应承担起长期护理服务供给的责任,这对我国广袤的农村地区显得尤为重要。在具体条款设计上,可参考《国务院关于加快发展养老服务业的若干意见》的规定:"办好公办保障性养老机构。各地公办养老机构要充分发挥兜底作

---

① 胡竣凯.长期照顾财政制度之研究:以日本长期照护保险施行之经验为借镜[D].台北:台湾大学,2015.

② 黄源协.台湾社区照顾的实施与冲击:福利多元主义的观点[J].台大社工学刊,2001(5):53-101.

③ 卢梭.社会契约论[M].何兆武,译.北京:商务印书馆,1980:76.

用,重点为'三无'(无劳动能力,无生活来源,无赡养人和扶养人或其赡养人和扶养人确无赡养和扶养能力)老人、低收入老人、经济困难的失能半失能老人提供无偿或低收费的供养、护理服务。"政府兜底责任还表现为明确禁止公立长期护理服务机构进入经营性领域,以防其与非公立长期护理服务机构尤其是营利性长期护理服务机构形成不公平竞争①,挫伤社会资本参与长期护理服务业发展的积极性②。

3.加强服务价格管理

价格的制定包括市场调节价、政府指导价和政府定价三种。政府指导价是政府的价格行为,是通过宏观调控防止市场失灵导致部分与民生关系密切的商品或服务价格畸高。与政府定价完全由政府决定不同,政府指导价是一种具有双重定价主体的价格形式,由政府规定基准价以及上下浮动的幅度,经营者可以在基准价及其浮动幅度内进行调节,一般包括浮动价格、最高限价和最低保护价三种形式。在适用范围上,根据《中华人民共和国价格法》第十八条规定,下列商品和服务价格,政府在必要时可以实行政府指导价或者政府定价:(一)与国民经济发展和人民生活关系重大的极少数商品价格;(二)资源稀缺的少数商品价格;(三)自然垄断经营的商品价格;(四)重要的公用事业价格;(五)重要的公益性服务价格。

长期护理服务价格的管理应根据不同性质进行相应区分:对于完全营利性的长期护理服务机构,因其未享受国家财政支持或相关政策优惠,应实行市场调节价,国家不应过多干预;而对于享受财政支持或税收、费用优惠的长期护理服务机构,其提供的长期护理服务应实行政府指导价,以防止长期护理服务公共性的丧失。具体措施包括:通过相关立法完善政府对该类长期护理服务机构实施指导价的定价过程和监督要求;鼓励媒体进行舆论监督;建立举报制度,鼓励社会公众对不合理收费进行举报。

4.遏制公私合作权力寻租

公私合作权力寻租的空间主要体现在合作对象选择、公共资金使用和土地使用规划等方面,如在合作对象选择时收受申请人贿赂使其中标、在公共资金使用上收受回扣、在土地规划时收受贿赂调整规划等。鉴于此,有必要通过《中华人民共和国招标投标法》《预算法》和《中华人民共和国城乡规划法》(以下简称《城乡规划法》)加强对长期护理服务公私合作各环节的必要规制。如可通过《城乡规划法》要求各地政府将长期护理服务机构建设规划纳入城乡总体规划布局,依法确定相关土地用途和年期。新建居住小区要像建设幼儿园、中小学一样,按一定人口规模比例配套相应规模的长期护理服务设施,并同步规划、设计与建设。

(三)公私合作治理

养老服务民营化运行不畅问题的根源在于政府与服务供给者之间法律关系难以定性,鉴于此,在长期护理服务公私合作供给上,有必要引入德国行政法学上的双阶理论加强公私合作治理。

---

① 目前在养老服务中即大量存在公办养老机构一方面享受了政府各种福利和优惠,另一方面却和民办养老机构共同竞争的情形。参见吴玉韶,王莉莉,孔伟,等.中国养老机构发展研究[J].老龄科学研究,2015(8):13-24.

② 高传胜.老有所养,中国该如何养?——基于养老服务与保障关系及发展的思考[J].兰州学刊,2016(11):163-169.

1.政府与服务供给者之间法律关系定性的争议

在公私合作背景下,政府与服务供给者之间的合作通常以协议方式进行,如"特许经营协议""服务购买协议"等,协议形式容易让人直观地认为政府与服务供给者之间是私法关系。实不尽然,如在德国,联邦最高法院将政府签订的向私立机构拨付福利医疗费的协议界定为私法关系,但德国《联邦社会救济法》则认为其应归入公法范畴①。目前,理论界关于政府与服务供给者间合作法律关系的定性争议较大,尚未形成有力的通说,主要观点有以下四种。

"公法关系说"认为政府与服务供给者之间的关系属公法规范范畴,理由有三:政府与服务供给者之间的协议内容关涉公共服务对象的利益,但服务对象并不是协议主体,仅通过私法调整可能使其利益受损②;政府签订合同的行为也应如其他行为一样,在"宪法价值框架内进行,而这需要公法规则来达成"③;鉴于公共服务的重要性,政府有权预先决定合约当事人的资格并掌控公共服务的运行④。

"私法关系说"认为政府与非政府组织间的合作协议是行政辅助行为,属于私法行为范畴。此时国家非立于公权力主体地位开展活动,而是处于私法人相当地位开展活动,其与非政府组织间的法律关系受私法原则支配⑤。

"公私关系混合说"主张应通过公法原理来补充或修正合同法中不适合规制公共服务供给的条款,进而达到保障服务对象利益的目的⑥。

"程序规范说"则认为对于公私合作关系定性应跳出公私法二元区分范畴,脱离传统的行政契约法制下架构公私协力合作契约的思考模式,而统一交由行政程序法规范⑦。

2.双阶理论的提出及意义

(1)双阶理论的提出

乌尔比安提出的公法、私法区分成为大陆法系法律体系化的基础⑧。但20世纪以来,随着社会经济发展的变迁,国家开始逐渐介入社会生活,诸如开展公共设施建设、提供公共服务等渐次成为国家的重要职责,坚守公私法二元划分理论难以有效满足社会实际需要。如国家在开展公共设施建设时,除可以采取传统的高权行政外,还可以根据行政自由裁量⑨,运

① 毛雷尔.行政法学总论[M].高家伟,译.北京:法律出版社,2000:36.
② TIRARD M. Privatization and public law values:A view from France[J]. Indiana Journal of Global Legal Studies, 2008, 15(1):285-304.
③ DAVIES A C L. English law's treatment of government contracts[M]//FREEDLAND M, AUBY J. The public law/private law divide. Oxford:Hart Publishing, 2006:114.
④ DAVIES A C L. English law's treatment of government contracts[M]//FREEDLAND M, AUBY J. The public law/private law divide. Oxford:Hart Publishing, 2006:114.
⑤ 廖义男.公共工程公开招标与议价法律问题之研究[J].台大法学论丛,1987,17(1):93-128.
⑥ DAVIES A C L. English law's treatment of government contracts[M]//FREEDLAND M, AUBY J. The public law/private law divide. Oxford:Hart Publishing, 2006:113.
⑦ 董保城.台湾行政组织变革之发展与法制面之挑战[C]//台湾地区行政法学会.国家赔偿与征收补偿·公共任务与行政组织.台北:元照出版公司,2007:290-291.
⑧ 凯尔森.法与国家的一般理论[M].沈宗灵,译.北京:中国大百科全书出版社,1996:226.
⑨ 所谓行政自由裁量,指的是行政机关有权在法律积极明示的授权或消极默许的范围内,基于行政目的,自由斟酌选择自己认为正确、恰当的方式行使行政权力。参见翁岳生.行政法与现代法治国家[M].台北:自刊,1990:42.

用私法形态的法律行为直接完成行政职能,如大型工程中广为采用的 BOT、PPP 模式。在这一背景下,政府除可能选择单一的公法或私法行为完成公共职责外,还有可能采取不同的行为方式,形成一个复杂而形式上看似多阶层的法律关系,"双阶理论"正是为解决这一多阶层法律关系所衍生的法律问题而提出的。

"双阶理论"由德国学者易普森提出。其雏形是易普森于 1951 年在一份有关联邦政府对电影公司提供或拒绝债务保证的程序与正当权利保护鉴定书中的有关阐述。易普森指出,政府与申请人之间的债务保证属于私法关系,但政府同意与拒绝保证的行为并非民法上债务保证的意思表示,其与保证行为属于两个彼此独立的法律行为。至于同意或拒绝的法律性质,易普森认为这是一个产生公法上效果的行为,属于行政机关裁量性质的高权行政处分。5 年后,在一篇名为《对于私人的公法上补助》的论文中,易普森对"双阶理论"进行了详细阐释。他指出国家对私人的补助不再是一个单一的法律行为,而应分为两个阶段:在第一个阶段,行政主体强制性地根据公法规定决定是否提供给付;如决定提供给付,在第二阶段缔结一个有关如何给付的私法契约[①]。双阶理论一经提出,即被德国理论界和实务界广泛接受,并被广泛应用于国家补助、公共设施利用、政府采购[②]等领域。

（2）双阶理论的意义

虽然双阶理论也受到了一些挑战,如有学者指出多数情形下双阶段区分极为困难,双阶关系仅为一种法学上的虚拟,且未交代前、后阶段法律关系间的关系等[③],但在公私合作背景下,双阶理论对规范政府行为、发挥非政府组织的作用有其独特优势。

一方面,双阶理论可以有效避免行政遁入私法。行政自由裁量允许行政主体自行选择合适的行政方式,在依法行政的前提下,行政不仅可依公法,也可根据私法进行。早期的公法并不完全符合法治的基本要求,集中体现在行政的救济体系极不完善上,因此行政以私法的方式进行,对社会公众反而有利。但时至今日,公法或行政法已朝向法治国家和社会正义的要求而发展,行政诉讼等救济方式已经日臻完善,依私法行政的理由已不存在,此时需要注意的是行政大量运用私法,极有可能造成"逃遁到私法"的结果,出现行政规避公法应有规制的危险[④]。双阶理论通过将一个复杂的行为区分为两个或两个以上的阶段,并将其中采用高权手段的行为定性为行政行为,使得政府即使在利用私法行政时仍要受公法的监督与管制,避免了公权力遁入私法而恣意妄为。

另一方面,双阶理论可以解决民营化运行不畅的难题。如上所述,民营化运行不畅的原因在于政府以私法形式行政时未能端正态度,仍以公权力主体的身份将参与合作的非政府组织当成行政相对人或内部机构对待。双阶理论通过区分,将政府未利用高权手段的行为定性为私法行为,此时政府与非政府组织同为民事主体,双方应通过平等协商手段共同达成

① 程明修.双阶理论之虚拟与实际[J].东吴法律学报,2004,15(2):165-204.
② 德国现代政府采购多直接含有宏观调控、环境保护、社会保障等公共目标。参见严益州.德国行政法上的双阶理论 [J].环球法律评论,2015(1):88-106.
③ 程明修.双阶理论之虚拟与实际[J].东吴法律学报,2004,15(2):165-204.
④ 程明修.行政法之行为与法律关系理论[M].台北:新学林出版股份有限公司,2005:33.

公共服务供给的目的。如在政府购买公共服务中,政府与非政府组织间的第二阶段法律关系应为买卖关系,适用买卖合同的相关规则;在公私合资中,二者的第二阶段法律关系为出资人关系,应通过符合公司法规定的治理结构和治理形式进行运作。如此,有利于减少政府对公共服务供给的直接行政干预,提高非政府组织参与公共服务供给的积极性,促进公共服务供给民营化畅通运行。

(3)双阶理论在长期护理服务供给中的应用

目前我国理论界对双阶理论的认识尚处于起步阶段,仅有少数学者对双阶理论进行了知识性介绍[1],未能进行全方位、深层次的讨论,因此现阶段立法及实践中全面接受双阶理论作为行政法中的一项基本制度时机尚不成熟。但长期护理服务供给中,因设施建设前期投入较大,必然会大量采取公私合作方式。为理顺政府与非政府组织之间的关系,建议通过立法的形式将政府利用高权手段和未利用高权手段的行为区分开来,进而明确对于不同手段的行为根据其性质适用不同的法律规范进行调整,一方面确保政府行为在法律框架内进行,另一方面理顺公私合作法律关系,推动长期护理服务事业的发展。如在德国,政府作为护理保险人,与服务供给者之间通常要签署护理服务特许合同和护理报酬给付合同两份合同。其中护理服务特许合同是服务供给者取得护理服务供给资格的依据,性质上属于行政合同,体现的是护理保险人与服务供给者间的行政关系[2];护理报酬给付合同则是服务供给者要求护理保险人支付费用的依据,性质上属于私法合同,体现的是护理保险人与服务供给者之间的民事关系。

(四)公私合作纠纷快速解决

随着公私合作开展长期护理服务日趋频繁,双方之间产生矛盾也在所难免。对于长期护理服务公私合作中产生的矛盾,建立快速纠纷解决机制,一方面可以减轻法院负担,节约社会资源,另一方面有利于推动公私合作的发展和长期护理服务的持续供给。

1.德国长期护理公私合作纠纷解决机制

在长期护理公私合作纠纷的解决方面,德国建立的长期护理服务供给仲裁制度可供借鉴。

根据德国《长期护理保险法》第76条,邦护理保险合作社与邦护理机构协会[3]共同筹组仲裁机构,其成员包括主席1人、中立成员2人,以及同等数目的护理保险合作社和护理机构代表。其中主席和中立成员由参与的机构共同推荐,若不能取得一致推荐意见,则通过抽签决定;机构代表由邦护理保险合作社和邦护理机构协会自行指定。值得注意的是虽然仲

---

① 如严益州.德国行政法上的双阶理论[J].环球法律评论,2015(1):88-106;王锴.政府采购中双阶理论的运用[J].云南行政学院学报,2010(5):145-149;欧阳君君.自然资源特许使用协议的性质认定:基于对双阶理论的批判性分析[J].中国地质大学学报(社会科学版),2015(4):36-45;胡朝阳.政府购买服务的法律调整体系探析:以代理理论与双阶理论为分析视角[J].学海,2014(4):146-152;张青波.行政主体从事私法活动的公法界限:以德国法为参照[J].环球法律评论,2014(3):161-173.

② 周怡君,庄秀美.德国照护保险中的国家监督管理[J].台大社工学刊,2014(29):199-242.

③ 邦护理保险合作社和邦护理机构协会分别是由照护基金和照护机构组成的行业自治组织。参见林美色.长期照护保险:德国、荷兰模式析论[M].台北:巨流图书公司,2011:184.

裁机构成员由双方代表共同推选,但其在参与仲裁活动时并不受双方干预,邦护理保险合作社和邦护理机构协会只能通过撤换仲裁机构成员对其施加压力。

仲裁机构享有的管辖权限包括:在邦护理保险合作社和邦护理机构协会对双方签署的框架协议相关内容意见不一致时,确定框架协议相关内容;合同当事人意见不一致时确定养护之家给付与品质协议的内容;合同当事人或护理费用委员会意见不一致时确定护理费用、食宿报酬以及偿付款数额;确定应由护理机构支付的老人护理训练分摊款项的数额;确定护理机构因未适当履行义务而应扣减相关费用的具体数额。

仲裁程序根据当事人的申请而启动,仲裁机构原则上应在4~6周内作出仲裁决定。仲裁实行成员一人一票制,仲裁结果采取简单多数决,若不能产生多数决,则由主席决定仲裁结果。当事人对于仲裁决定不服的,可以向社会法院提请诉讼。

关于仲裁决定的性质,理论界一般认为其为行政处分[1],因此决定必须符合《德国社会法典》第十篇社会行政程序的相关规定,即须以书面形式、说明理由、告知救济途径并送达当事人。仲裁机构因对护理服务的"经济""效率""节约"等不确定概念享有自由裁量权,具有"判断特权",因此法院对仲裁结果的审查权限在事实层面极为有限,其只能审查仲裁机构作出仲裁决定时对所依据的事实是否正确认知、是否适用了通常意义上的有效评价原则、是否查明了当时相互冲突的利益、判断是否是恣意作出。而在程序层面,法院则享有完全的审查权限,如审查仲裁机构是否有管辖权、仲裁机构组成是否有瑕疵、法律或议事规则所规定的仲裁程序是否被遵守等等[2]。

2.我国长期护理公私合作纠纷仲裁机制构建

从德国的仲裁机制来看,其主要解决的是护理保险基金管理人与护理机构间因费用、服务内容、服务质量产生的矛盾,属于私法领域的内容。我国护理保险基金管理人属于国家事业单位法人,具有行政主体属性,而根据《中华人民共和国仲裁法》的规定,行政争议不应纳入仲裁范围。但通过前述双阶理论的引入,护理保险基金管理人的服务供给许可属高权行政,但在后续的供给合同履行、保险付费中,其与护理机构之间属于民事法律关系,因此履行合同的相关争议可以纳入仲裁范围。我国进行相关立法时可借鉴德国经验制定类似的仲裁制度。

(五)非营利组织、非正式护理法律保障

非营利组织和非正式护理是长期护理服务的重要组成部分,须通过相应的法律制度设计保障二者的健康发展。

1.充分发挥非营利组织在长期护理服务供给中的作用

(1)要允许非营利组织从事营利性活动

《民办非企业单位登记管理暂行条例》和《社会团体登记管理条例》都明确规定社会组织不得从事营利性经营活动,这实际上混淆了作为目的的营利与作为手段的营利之间的区别:作为目的的营利是指社会组织将通过营利性活动得来的资金分配给组织成员,而作为手

① 卓俊吉.德国长期照护保险法制之研究[D].台北:台湾政治大学,2004.
② 卓俊吉.德国长期照护保险法制之研究[D].台北:台湾政治大学,2004.

段的营利则是组织成员并不分配通过营利性活动获取的资金,而是将其作为保障、扩大事业发展的基金。

现阶段我国非营利社会组织的独立性较弱,主要还是依靠政府的资金支持,这使其很有可能逐渐丧失与政府平等对话和合作的资本而沦为依靠政府财政生存的一个部门[①]。为壮大非营利社会组织,使其能够更好地提供长期护理服务,应通过相关法律的修改与完善允许非营利长期护理组织从事一定的经营活动,同时对其营利性所得予以必要的监管,仅允许其用以拓展符合其章程目的范围内的事业,不得用于组织成员的分配。此外,其营利所得不应享受相关税收优惠[②]。

(2)要理顺政府与非营利组织之间的关系

非营利组织与政府之间的关系应是在保持合作的同时又相互独立。一方面,非营利组织的发展需要政府的支持,尤其是资金方面的支持。据统计,即使在非营利组织发展较为成熟的国家,政府财政支持也是其最重要的资金来源,如在德国,非营利组织资金有65%来自政府,法国为58%,意大利为57%,美国为51%,西班牙为49%,英国为40%。我国政府对非营利组织的资金支持呈两极分化态势:政府主导的"体制内"非营利组织资金几乎全额来自政府支持,而完全发轫于民间的"体制外"非营利组织则难以获得政府支持,发展艰难。

另一方面,政府对非营利组织的支持必须采取适当的方式进行,不能因政府的支持而使非营利组织的独立性丧失,同时不能使非营利组织打上科层化烙印,以致社会组织的优势无从发挥。组织社会学中的资源依赖理论认为,任何组织都无法通过内部实现资源保障,必须通过组织间的交换网络与组织外单位进行交换获得,而在资源交换时,外部单位必然会对组织提出一系列要求,使组织易被外部单位控制,丧失独立性[③]。过往我国政府购买养老服务多采取"内部化购买"方式,即只从政府主导的非营利组织购买服务,自上而下成立的内生性、依附性社会组织远比独立性社会组织更容易获得政府购买居家养老服务项目及资金的支持[④]。这既使"体制内"非营利组织独立性丧失,更使"体制外"非营利组织因不能获得政府支持而举步维艰。

为鼓励非营利组织参与长期护理服务供给,建议在长期护理保险立法中,通过法律的形式给予所有供给长期护理服务的非营利组织同等待遇,如税收、土地、水电费优惠等;规定通过公开招标的形式选择公私合作对象,"体制内"非营利组织不再享有"优先合作权";规定通过协议的形式开展公私合作,公私合作时适用前述"双阶理论",在政府没有运用高权行为时,公私间同为民事主体,地位平等。

---

① 萨拉蒙也曾在其主持的研究报告中说,没有一个国家的非营利部门收入主要来源于私人和慈善捐赠,其比例平均仅为12%,而来自政府的各种资助则占到34%。但是,当非营利组织的资金很大一部分来自政府时,往往会受到许多规范的约束,使其在组织使命与契约要求之间摇摆,甚至为了维持组织的生存而完全听命于政府的指令,从而丧失其独立品格。转引自于常updating.非营利组织问责:概念、体系及其限度[J].中国行政管理,2011(4):45-49.
② 刘力.政府采购非营利组织公共服务:德国实践及对中国的启示[J].政法论坛,2013(4):164-170.
③ PFEFFER J, SALANCIK G R. The external control of organizations[M]. New York:Harper and Row, 1978:258.
④ 李长远.社会组织参与居家养老服务的困境及政策支持:基于资源依赖的视角[J].内蒙古社会科学(汉文版),2015(4):166-170.

2.实现家庭非正式护理价值法制化

非正式护理是长期护理服务供给中最为重要的来源,其主要通过家庭成员完成。长久以来因失能被认为是个人风险,虽然家庭非正式护理发挥了重要作用,但其价值一直未得到法律的承认。德国的长期护理保险制度首先承认了家庭非正式护理的价值,并通过法律的形式予以保障,如规定支付家庭护理津贴、提供护理咨询服务、解决家庭非正式护理人员的社会保障问题等等。我国历来重视通过道德的教化作用,让社会大众从内心自觉并持久地将内心的这种自觉转化为实际的家庭护理行动①。这种内心的自觉如果得到稳固的、完善的、社会化的长期护理保险制度支持则可以进一步提升个体应对风险的能力,强化其自觉行为,否则完全依靠家庭护理既耗竭了家庭资源,又难以保障失能人员的生活质量②。因此首先必须通过法律的形式对家庭非正式护理的价值予以承认,其次通过相应的制度设计将家庭非正式护理支持法制化,如规定发放护理津贴、提供喘息服务等,其具体内容本书后续章节将有详细讨论。

---

① 刘亚娜.失能老年人家庭长期照护者照护困境及思考:基于一位女性家庭照护者生存状态的个案研究[J].社科纵横,2016(11):103-107.
② 党俊武.长期照护服务体系是应对未来失能老年人危机的根本出路[J].人口与发展,2009(4):52-55.

第九章　长期护理服务对象的权利保障

长期护理需求评估法律制度是失能人员成为长期护理保险保障对象、接受分级服务的"准入门槛"，但失能人员成为保障对象后，其权利的充分实现，还需要建立相应的保障对象权利保障法律制度，否则保障对象的各种权利极易成为"空中楼阁"，使长期护理社会保障制度的制度初衷难以实现。

一、完善成年监护制度

成年监护制度虽是私法中的一项基本制度，但其同时具有公共属性，关涉社会福祉①。自老龄化问题成为社会热点问题以来，不少国家或地区开始通过修改完善民事法律中有关成年监护的内容以应对老年化所产生的私法问题②。如在加拿大，不列颠哥伦比亚省自1993年开始便对被学界称为"过时"的监护制度进行改革，其最初推出的四部立法，其目的便在于使"适用于监护、医疗同意、入院护理、公共受托人的法律现代化"，并承认这些法律主体即脆弱成年人的权利，为实现这一目的，这四部立法都秉承三项共同的指导原则：

①充分尊重所有成年人的自决权。成年人有权按照自己的意愿生活，选择接受或拒绝监护、支持或协助，只要其有能力就日常生活事项作出决策且不伤害其他人。

②获得最小帮助权。在成年人因身体或精神原因而不能照顾自己或自己的财产时，有权获得最有效但限制性和侵扰性最小的支持、协助或保护。

③意定监护优先。成年人只有在已尝试或仔细考虑其他办法后仍不能寻找到合适的监护人的，才可以向法院寻求指定监护人③。

而在大陆法系，如德国和日本，这两个国家皆在本国实施长期护理保险以前，对本国民法典中的监护制度进行了较大程度的修改，完善了其中有关成年监护制度的内容，以适应长

---

① 张继元,税所真也.老龄化背景下日本成年监护制度运用状况及启示[J].社会保障研究,2016(2):55-67.
② 戴瑀如.论德国成年监护制度之人身管理:兼论程序法上之相关规定[J].台北大学法学论丛,2014(90):159-208.
③ 坎宁安.加拿大协助决定取代成年监护的最新动向[J].上海师范大学学报(哲学社会科学版),2021(1):15-24.

期护理保险和长期护理保险服务经办的需要,我国也应加快相应法律规范的完善,以适应即将出台的长期护理保险法,切实保障老年群体的权益。

（一）成年监护制度与长期护理保险间的关联

1971年12月20日,联合国大会对外公布了《智力迟钝者权利宣言》,在最后一条明确提出各国为防范因有严重智力残缺而不能明确行使自身权利不得不剥夺或限制时,必须以法律的形式对该剥夺或限制的程序进行规定,以免发生风险。同时这种程序必须以合格专家对智力迟钝者是否具有社会能力的评价为根据,并应定期加以检查,被剥夺或限制权利的人可向高级当局诉请复核。在长期护理保险制度中,如上所述,长期护理服务供给经历了"从措置到契约"的过程,而契约建立在本人的意思表示基础上,因此本人的判断能力如有欠缺或不足,必然会影响契约的效力,特别是护理保障对象多为失能失智人员,其有可能为无民事行为能力或限制民事行为能力人,在缔约能力上已经受限,这就尤其需要通过完善成年监护制度加强服务对象权益保护。因此,德国在1994年出台《长期护理保险法》之前于1992年出台了《关于改革监护法和成年保佐法的法律》,对"就旧法例对欠缺自我保护能力的成年人的监护和保佐制度也进行了根本的修正"[1],与即将实施的长期护理保险法形成了默契配合。日本也是在1999年12月通过了民法修改案,修改了之前民法典中关于监护的相关条文,完善了相关成年监护制度[2],并规定其与《介护保险法》于次年4月1日同时施行,对长期护理保险制度的发展起到了重要的推动作用,二者共同被称为"车子的两轮,相辅相成"[3]。

（二）域外完善成年监护以适应长期护理保险发展的经验

1.德国的成年监护制度

德国自进入老龄化社会以来,高度重视对高龄者的权利保护,并于20世纪90年代对其已实施了90多年的民法典中有关监护制度的内容进行了大幅度修改,在1992年1月1日生效的《关于改革监护法和成年保佐法的法律》《修改照管法及其他规定的法律》两部法律中,德国以"法律上的照管"替代了原有的成年人监护和保佐制度[4]。而这并非仅仅是法律概念或语词的转变,更是对原法典中对欠缺自我保护能力的成年人的监护和保佐制度所进行的根本性修正。

与原有的成年监护相比,本次修法最突出的特点便是成年监护从二元走向一元。修法前,德国民法典中成年监护采取二元体制,即以禁治产宣告剥夺行为能力为前提,将成年监护分为禁治产监护和障碍者辅佐两个类型,并分别实施不同的规制措施,修法后,二元变一元,将禁治产监护与障碍者辅佐合并为成年照护制度[5]。从法条形式上看,即首先将原法典中第6条、第104条第3款、第114条、第115条、第1986条、第1908条、第1920条有关剥夺

① 龙卫球.民法总论[M].北京:中国法制出版社,2002:259.
② 焦佳凌.日本成年监护制度及其启示[J].社会福利,2014(2):46-47.
③ 黄诗淳.长期照顾法简评:从私法之观点[J].月旦法学杂志,2016(2):244-248.
④ 刘金霞.德国、日本成年监护改革的借鉴意义[J].中国青年政治学院学报,2012(5):119-124.
⑤ 目前国内不少学者将其称为"照管",如陈卫佐翻译的《德国民法典》(法律出版社2006年版)。本书认为从德国当时修法以因应老龄化社会到来、保护老年人权益的维度来看,似乎更应称之为"照护",因"照管"有照顾、管理之意,而"照护"则是照顾、保护,突出保护,以凸显立法初衷。

行为能力的禁治产宣告、禁治产宣告监护、障碍者辅佐等内容相应删除、修改,然后再新加入相应的成年照顾规范于法典第 1896 条和第 1908 条中。与原成年监护制度相比,新的成年照护制度具有以下四个特点。

(1)照护申请上的变化

根据新法,并不限于对精神障碍者进行照护,对于身体障碍者同样适用,主要根据个体具体情形遵循必要的原则为其选任"照护"人,但根据补充性原则要求,在障碍者本人、家属、朋友或基于障碍者本人的委托就足以对障碍者给予保护时,照护选任不被允许。照护申请原则上应由障碍者本人提出,但对于精神障碍者照护人的选任,监护法院可依职权迳行为之。

(2)照护效果上的变化

照护人仅在监护法院划定的职责范围内享有代理被照护人的权限,且选任了照护人并不代表被照护人的行为能力即被否定或受限制,监护法院可以在特别情形下,为了保护被监护人的利益,作出"同意保留"的规定①,对于同意保留规定范围内的事项,必须在取得照护人的同意或追认后才具有法律效力,除非该行为系纯获利行为或日常生活上的轻微事务的意思表示。

(3)充分尊重被照护人意思②

即使是对于完全无意思表达能力的障碍者也充分尊重其意愿,如在照护人的选任上,需要尊重被照护人的意愿;在照护开始后,照护人应充分配合或尊重被照护人的意愿,只要该意愿不违反照护人的福祉以及照护人的期待;此外照护开始后,原则上应由照护人亲自照护被照护人,不能转介其他人,因照护人是在被照护人意愿下选择的,照护人不能照护被照护人的可解除照护关系。

(4)特别对人身照护作了规定

修改后的法典第 1904 条、第 1905 条规定,照护人在代理被照护人接受健康检查、治疗行为、医疗侵袭行为以及绝育手术等特殊事项时,必须经过监护法院许可,此外,更重要的是第 1906 条对因接受疗养设施或药物治疗而必须采取有关剥夺被照护人自由的措施时,设置了严格的限定条件。首先,只能是在两种情形下实施此限制行为:一是被照护人的心理问题有可能造成自杀或将显著的健康损害加诸己身;二是有必要进行健康状况调查、治疗或医疗手术,如不安置被照护人就无法实施,且被照护人因心理问题而不能认识安置的必要性,或不能按这一认识实施行为的。其次,照护人在采取上述行为时必须取得监护法院的认可,除非事情紧急,不及时采取措施将会产生损害危险,但仍需要不迟延地事后取得监护法院批准。再次,在上述危险情形消失时,照护人应立即终止相应措施并报监护法院。最后,该条还特别提出,在疗养机构、休养所或其他设施居留而未被安置的被照护人,在可能被用机械设备、药物或以其他方式长期或周期性地剥夺自由时亦应遵循上述规定,这在一定程度可被视为是专门针对长期护理保险服务而作的规定。

---

① 李昊.大陆法系国家(地区)成年人监护制度改革简论[J].环球法律评论,2013(1):72-91.
② 陈雄,牛盼盼.论法定成年监护制度去行为能力化[J].江汉大学学报(社会科学版),2019(6):5-16,118.

2.日本的成年监护制度

1999 年 12 月,日本通过了《关于修改民法的一部分的法律》《关于任意监护契约的法律》《关于伴随施行〈关于修改民法的一部分的法律〉修改有关法律的法律》《关于监护登记等的法律》四项修正案,对民法典原来规定的监护制度进行了再造,特别是建立了相对完备的成年监护制度,其主要内容包括以下四个方面。

(1)调整了意思能力障碍分类

废止了民法典中规定的"禁治产""准禁治产"宣告制度,将行为人意思能力根据障碍严重程度分为"监护""保佐"及"补助"三个等级。

(2)修改了法定监护制度

规定凡是意思判断能力有问题的本人或其配偶、家属等均可向家事法院提出申请,法院在经过调查、讯问及本人精神鉴定程序后,根据本人精神状态和医师的诊断书、鉴定书将本人持续对事物的辨识能力分为"欠缺""显然不足""不足"三类,并分别对应宣告为"监护""保佐"及"补助",并分别选任权限内容不同的"监护人""保佐人"及"补助人",其中为避免监护人责任负担过重,其人选可以是 2 人及以上,共同对监护事项进行管理,且明确规定法人亦可以担任监护人。

(3)创设了任意监护制度

为适应高龄化社会需要①,专门通过《关于任意监护契约的法律》制定了任意监护制度,规定在本人有意思判断能力时,可在政府监督机关的指导配合下以签订委托监护合同的形式为自己选择监护人,该任意监护人可以不在法定监护人范围内选,同时为了确保委托监护合同的效力,该合同以公证人作成公证为合同成立要件,且在委托人发生精神障碍致判断能力不充分时,应向家事法院申请选任"任意监护监督人"后合同方可履行,而被选任的任意监护人根据委托监护合同行使职权,履行义务,并定期向家事法院提交履职情况。

(4)创设了监护登记制度

为改善公示制度的缺陷,通过《关于监护登记等的法律》创设了监护登记制度,设立了专门机关负责监护登记相关事务,由内阁法务大臣指定地方法务局或其支局、办事处、登记处办理监护登记具体工作,且有关监护事项必须公告周知并交付监护登记事项证明书。

通过上述一系列制度的更新、创设,日本建立了相对完善的成年监护制度,与同时实施的长期护理保险制度起到了很好的协调配合作用,具体而言包括以下两点。

①监护人职责设计的优化。日本民法典第 9 条规定,监护人管理被监护人的财产,并代表其进行有关财产的法律行为,可以撤销成年被监护人的法律行为,但后者购买日用品及其他日常生活行为的不在此限;第 856 条规定,监护人需根据监护监督人或家事法院的要求,报告监护事务、提出财产目录;第 858 条则规定,监护人在处理被监护人的生活、疗养及财产管理事务时,必须尊重被监护人的意思,并考量其身心状态和生活状态。由这三条规定可知,监护人职责重点包括帮助被监护人进行财产管理以及人身监护两个方面,其中后者与长

---

① 李霞.成年后见制度的日本法观察[J].法学论坛,2003(5):88-95.

期护理保险关系密切,因这里的人身监护主要包括"生活照顾、医疗帮助、选择合适的介护服务并缔结介护服务合同、办理入住机构照护程序等"①。同时为了保障被监护人的根本利益,被监护人婚姻、收养等身份行为的撤销,以及手术、输血等医疗行为的同意等行为不得由监护人直接行使,必须由取得被监护人住所所在地的家事法院同意后才可实施。

②保佐人职责设计的优化。日本民法典第 13 条、第 120 条、第 876 条对其职责进行了相应的规定,其中与长期护理保险相关的是第 876 条之 4 第 1、2 款,规定家事法院可以根据需要,裁定保佐人在一定范围内对被保佐人的法律行为享有代理权,但这种代理权的行使必须以得到被保佐人的同意为前提,以尊重被保佐人的自我决定权②。

3.德日两国完善成年监护制度以协调长期护理保险的经验

德日两国通过修改、完善本国的成年监护制度,至少在三个维度上使其与长期护理保险制度实行了有机契合,在有效推动长期护理保险制度健康、持续、稳健发展的同时,充分保障了长期护理服务对象的权利。

(1)充分保障长期护理服务对象(被监护人、被保佐人)的自决权

随着年龄的增长,老年人身体机能、心理机能逐渐丧失,但这并不代表老年人完全没有意思表示,其对自己的生活仍有一定的规划与安排,且只有在遵循这种自身的规划与安排而作出的护理方案才是最适合失能人群的,因此德日两国都在法定监护之外,认可意定监护的必要性,使长期护理服务对象可以按照自身意愿选择监护人,而且德国还特别规定了对于意定监护人原则上只能由其履行监护职责,不能转介,以尊重被监护人委托时的选择权。此外,与以前的单纯宣告禁治产相比,在成年监护制度背景下,被监护人并不必然丧失所有行为能力,其仍可从事一定的法律行为,这再次从制度上强化了对护理服务保障对象自决权的保护。最后,成年监护制度还要求监护人在履行监护职责时必须充分尊重长期护理服务对象的意愿,这进一步保障了长期护理服务对象的意思自治,使其能够按照自身意思决定接受何种介护服务安排。

(2)便利长期护理服务开展

为被监护人选择监护人的最重要目的是使其在为了被监护人利益的情况下代为处理特定事务,德日两国都规定了在紧急情况下,监护人为了长期护理服务对象的利益可直接从事有关长期护理服务的法律行为,以方便其接受长期护理服务,提升长期护理服务经办效率。

(3)强化监护人监督

考虑到被监护人的身心状况,为了防止监护人的道德风险,防止其可能侵害被监护人利益,德日两国都有关于通过第三方或司法机关来对监护人进行监督的规定,这在一定程度上确保了长期护理服务保障对象的利益不遭监护人侵害。

(三)我国成年监护制度现状与问题

1987 年施行的《中华人民共和国民法通则》(以下简称《民法通则》)对成年监护的规定

① 吴秀玲.日本成年后见制度及其困境对台湾地区之启示[C]//李玉春.长期照顾法制之建构与实践.台北:元照出版公司,2021:137.
② 渠涛.最新日本民法[M].北京:法律出版社,2006:430.

较为简单,以行为能力宣告为前提,为精神病人确定监护人主要以法定方式进行,即第十七条规定的,对于无民事行为能力或者限制民事行为能力的精神病人,由其配偶、父母、成年子女、其他近亲属、关系密切的其他亲属或朋友、居委会或村委会担任监护人。《民法通则》关于监护人代理权的规定较为粗放,仅规定监护人需保护被监护人的人身、财产及其他合法权益,除为被监护人的利益外,不得处理被监护人的财产。1988 年后公布通过的《最高人民法院关于贯彻执行〈中华人民共和国民法通则〉若干问题的意见(试行)》才对监护人的权限进行了规定。但总体上而言,这两部法律主要是站在对需要照护的成年人进行管理的角度进行设计的,基本上没有考虑被监护人的自决权,如意定监护制度的阙如、被监护人对被选任的监护人不满意如何处理等,皆未作规定。

《民法通则》施行后,不少学者对其提出了批评,特别是随着我国于 2000 年进入老龄化社会,完善成年监护制度以保障老年群体权益的呼声越来越高。如有学者提出,随着老龄化社会的到来,两大法系都各自修改了本国的监护制度以适应老龄化社会需要,而我国由《民法通则》《中华人民共和国未成年人保护法》和《老年人权益保障法》构成的监护制度存在着亲权与监护权混淆、成年监护不完善、缺少监护监督和财产监护规制规则等不足,在制定《民法总则》时应构建"亲权+监护+照管"三位一体的监护制度,其中照管即主要是为了解决丧失自我管理能力的成年人所设计的照护制度[①]。有学者则从比较法的视角,研究了世界各国或地区的成年监护制度改革过程,认为为缓解老龄化社会所带来的诸多难题,各国监护制度改革呈现出"从医疗监护模式转向人权监护模式,从全面监护转向部分监护,制度利用者扩大化,保护与支援措施多元化,意定监护为主、法定监护为辅"等特征,而我国由《民法通则》为主体构建的成年监护制度落后于现代世界主流成年监护制度的上述发展趋势,且与联合国《残疾人权利宣言》要求也存在着差距,应立即改革完善我国的成年监护制度,如在法定监护中确立有限监护的中心地位,并在法定监护之外新设意定监护、保佐与辅助,以顺应我国老龄化社会的到来[②]。有学者则从老龄化社会背景出发,通过考察联合国《残疾人权利公约》相关内容,提出《民法通则》构建的成年监护制度与联合国《残疾人权利公约》第十二条的规定相背,应尽快修改,建立以协助决策模式为核心理念的新型成年监护制度[③]。在此背景下,2017 年 3 月 15 日出台的《中华人民共和国民法总则》(以下简称《民法总则》)与《民法通则》相比,关于成年监护的规定出现了四点新的变化:

①设置了意定监护制度。《民法总则》第三十三条规定,具有完全民事行为能力的成年人,可以与其近亲属、其他愿意担任监护人的个人或者组织事先协商,以书面形式确定自己的监护人。协商确定的监护人在该成年人丧失或者部分丧失民事行为能力时履行监护职责。

②依法选择监护人应充分尊重被监护人的自决权。《民法总则》第三十条规定,依法具

①　杨立新.《民法总则》制定与我国监护制度之完善[J].法学家,2016(1):95-104.
②　李霞.成年监护制度的现代转向[J].中国法学,2015(2):199-219.
③　李国强.论行为能力制度和新型成年监护制度的协调:兼评《中华人民共和国民法总则》的制度安排[J].法律科学(西北政法大学学报),2017(3):131-140.

有监护资格的人之间协议确定监护人,协议确定监护人应当尊重被监护人的真实意愿。《民法总则》第三十一条规定,村委会、居委会、民政部门或法院在确定监护人时,应充分尊重被监护人的意愿。

③监护人在履行监护职责时必须充分尊重被监护人的意思。《民法总则》第三十五条要求成年人的监护人在履行监护职责时,必须最大程度地尊重被监护成年人的真实意愿,对与其智力、精神健康状况相适应的民事法律行为,监护人主要发挥的是保障、协助作用,且在被监护人有能力独立处理相关事务时,监护人不得干涉。

④对《民法通则》的行为能力宣告制度进行了调整。将原来的适用于精神病人的行为能力宣告制度调整为不能辨认或不能完全辨认自己行为的行为能力认定制度,在适用对象的范围上有了一定程度的拓宽,同时由"宣告"调整为"认定"也在一定程度上保护了对象隐私。

《民法总则》在成年监护制度的构建上就尊重被监护人意愿以及保障其自决权取得了较大的进步,但仍然遭到了不少学者的批评,因此在《民法典》制定过程中,不少学者建议完善成年监护制度,如:有学者对《民法总则》沿袭《民法通则》将监护制度一体规定的方式提出了批评,认为其将监护与行为能力挂钩的方式限制了监护的适用空间,特别是其缺乏有关人身监护的内容将会绞杀监护措施的多元化发展,因此《民法典》应在婚姻家庭编分则中进行专项的"监护制度分则"构建①;有学者则提出《民法典》立法时应引入当前广泛存在于两大法系的协助决定制度,在《民法典》中专设"监护"一章置于"婚姻家庭编"的"收养"章之后,并对成年和未成年监护予以区分,在成年监护部分又区分为"监护"和"协助",并以"最后监护"和"最小监护"原则对二者的适用顺序进行规制,此外还需规定"残疾人诉权""尊重本人自我决定""持续性代理协议""医疗预先指示"等制度规范,以最大程度保护成年被监护人的权益②。但最后公布的《民法典》基本上沿袭了原《民法总则》中关于成年监护的内容,未做任何改变。

(四)完善我国成年监护以保障长期护理服务对象权利的建议

总体来看,长期护理保险制度与成年监护在两个维度上紧密相连,一是要充分保障服务对象的权利,二是要便利长期护理保险经办,推动长期护理保险稳健、持续发展,否则也会损害服务对象的权利。在这两个维度指引下,我国成年监护制度的完善应主要从以下五个方面展开。

1.取消监护与民事行为能力挂钩

老龄化社会的到来,老龄人口越来越多,第七次人口普查结果显示,截至 2020 年 12 月 31 日,我国 65 岁及以上老人已达 1.9 亿多人,而随着年龄的增长,老年人的身体和心理机能必然相应出现下降,在照顾自己身体和财产时常有力所不逮,需要被照护。在传统的家庭结构中,成年子女常伴身边,老人并不太需要选任监护人,但随着我国城市化进程的发展,核心

---

① 李贝.统一规则模式下监护制度的不足与完善:立基于《民法总则》的评议[J].法律科学(西北政法大学学报),2019(2):107-116.

② 李霞.协助决定取代成年监护替代决定:兼论民法典婚姻家庭编监护与协助的增设[J].法学研究,2019(1):100-118.

家庭成为家庭结构的主流,为老年人选任监护人的需求日益迫切。但现有的监护与民事行为能力宣告制度挂钩的方式并不能适应老龄化社会成年监护选拔需要,因为虽然老年人的身体、心理机能出现下降,但并未达到丧失行为能力的程度,仍以行为能力的丧失作为成年监护的开始,将会出现不少老年人无法满足条件而不能选任监护人的局面,不利于其经办相关保险事务,特别是挑选长期护理服务机构、选择长期护理服务计划等事项,因此建议取消监护与民事行为能力挂钩制度,可遵从老人意思设置意定监护。

2.成年监护主体一元变二元

现有成年监护中只有"监护"一种,即在被宣告为无民事行为能力或限制民事行为能力人之后,只能选择"监护人",而不论是完全无民事行为能力人还是限制民事行为能力人的监护人,其法定职责完全一致,这在制度设计上不够合理,不符合社会治理的精细化要求。此外,特别是随着老龄化社会的到来,越来越多的具有完全民事行为能力的老人会选择监护人,如将其选择的监护人权限与前述二者合一,则更显得不够合理。因此,笔者建议将成年监护主体一元变二元,即将原来的"监护人"变为"监护人"和"辅助人"两类,其中监护人主要面向完全无民事行为能力的成年人(必要时可扩展至限制民事行为能力人),而辅助人则主要面向限制民事行为能力人和自主选择监护的具有民事行为能力的成年人,区分的关键在于针对二者设计不同的职责权限,其中前者制度设计时重在便利监护职责行使,后者则应偏重行使监护职责时尊重被监护人的自决权。

3.充分尊重被监护人意思自治

①充分尊重被监护人选任监护人、辅助人的自由。在监护人(辅助人)的选择上应实行意定监护优于法定监护原则,是否选任监护人(辅助人)、选谁来担任监护人(辅助人)原则上都应以被监护人的意思为准。

②监护人、辅助人在履行职责时应充分尊重被监护人、被辅助人的自决权。对于日常生活事项原则上由被监护人自行处理,在处理重要事项时亦应充分尊重被监护人的意愿,特别是对于辅助人,其对被监护人主要起到的是辅助作用。在长期护理保险中,充分尊重被监护人的意思自治主要体现在护理服务内容和形式的选择上,如是接受居家护理还是接受机构护理,接受何种形式的服务以及不同服务之间如何分配(如清洁护理、饮食护理的时间分配)。

4.授予监护人紧急事务处理权

在新的成年监护制度中,一方面意定监护将逐渐增大比例,而在意定监护中,监护人(辅助人)的职责主要依据监护协议进行,但在发生突发事件时,如不及时采取相应措施可能会危及被监护人的人身安全,此时应授予监护人紧急事务处理权,享有约定范围外的代理权限,待危险消除后再予以补正。另一方面在法定监护中同样会发生类似情况,即如上述监护人(辅助人)在履行监护职责时要充分听取被监护人(被辅助人)的意见,而在突发情况下,监护人(辅助人)应有权在为了被监护人(被辅助人)利益的情况下便宜行事。

5.强化监护人监督

在成年监护制度中,监护人的选任只是监护的开端,相关政府部门、法院在确定了监护人之后并不意味着退出了监护工作,而是应强化对监护人的监督,确保其根据约定或法律规定履行监护职责,避免监护人虐待被监护人、侵吞被监护人财产等事件发生,因此还需要制定相应的监护人监督规则,如定期提交履职报告、寻访被监护人等。

二、加强护理服务合同的法律规制

(一)格式合同视域下护理服务对象权利保障

格式合同又称为定式合同、标准合同,是合同一方当事人事先拟订的、未与对方当事人协商的合同①。格式合同是现代合同的重要类型,已普遍适用于现代商业社会。"在目前普通人所订立的合同总数中,定式合同的数量大约占99%⋯⋯对于那些较为活跃的人来说,他们每天可能要签订几份定式合同。停车场与剧院票据、百货商场售货小票、加油站加油收据等都是定式合同。"②

格式合同是现代化大生产的产物,在市场活动中,具有节省时间、减少纠纷、减少交易成本、增加社会财富、为日常生活带来便利等优点③。但因其是一方当事人单方面拟订的,其经常会在格式合同中制订对己方有利而对对方不利的条款,如通过歧义性语言诱导对方、免除己方责任、加重对方责任、排除对方主要权利等。

在长期护理服务供给多元化背景下,保障对象与服务供给者之间通过签署服务合同形成服务供给民事法律关系④。在实践中,服务供给者通常会采取格式合同形式,保障对象通常只有选择签与不签的自由,而对于格式合同的内容将无从选择,因此,必须加强对护理服务格式合同的法律规制。

(1)长期护理服务管理部门应制订护理服务合同范本

德国为保护机构服务对象权利在《居住及照顾契约法》中即明确对护理服务合同的内容进行了规范⑤。我国可以通过合同范本的形式规范护理服务内容。虽然服务供给者与服务对象之间为私法关系,但护理服务供给者的护理服务提供行为具有履行公共任务的性质,因此在法理上,长期护理服务管理部门有权通过制订护理服务合同范本将服务供需双方的权利义务明确化,以督促护理服务供给者的行为合乎公益⑥。由长期护理服务管理部门发布长期护理服务合同范本有两方面优势:一方面其作为专业性的管理部门,有能力制订科学的合同范本,指导服务供给者开展护理服务;另一方面其作为独立于合同当事人的第三方,制订的服务合同内容能够不偏不倚,避免服务供给者单方制订格式合同时可能出现的弊端,有利于保护保障对象权益,减少纠纷。

(2)司法实践中加强对保障对象的保护

在司法实践中,服务对象与服务供给者因护理服务格式合同纠纷起诉到法院的,法院应

---

① 王利明.对《合同法》格式条款规定的评析[J].政法论坛,1999(6):3-15.
② 韩从容.论格式合同的价值冲突与利益平衡机制[J].现代法学,2000(6):150-152.
③ 柯华庆.格式合同的经济分析[J].比较法研究,2004(5):31-42.
④ 马晶,袁文全.长期护理服务质量监管机制研究:以德国法为例[J].西南民族大学学报(人文社会科学版),2018(1):103-108.
⑤ 蔡雅竹.论中国台湾地区长期照护双法草案及其法律问题:兼论德国之长照保险制度[D].台北:台湾大学,2014.
⑥ 蔡雅竹.论中国台湾地区长期照护双法草案及其法律问题:兼论德国之长照保险制度[D].台北:台湾大学,2014.

根据《民法典》的规定加强对保障对象的司法保护,格式合同中如有免除服务供给者责任、加重服务对象责任、排除服务对象主要权利的,有关条款无效;对格式合同内容的理解发生争议时,应当按照通常理解予以解释,格式合同内容有两种以上解释的,应当作出不利于服务供给者的解释。

(二)消费者保护视域下护理服务对象权利保障

1.长期护理服务对象的消费者属性

关于长期护理服务对象的消费者属性,我国学者讨论较少,其原因可能是其自然属于消费者,无讨论的必要性。如有学者提出"养老机构侵权责任除适用有关违反安全保障义务的侵权责任的一般规定外,还受到《中华人民共和国消费者权益保护法》(以下简称《消费者权益保护法》)第七条关于消费者有权要求经营者提供的商品和服务,符合保障人身、财产安全的要求约束"①,但至于为何要受《消费者权益保护法》规则约束,作者并未展开论证②。同样在司法实践中,不少法院也选择适用《消费者权益保护法》来调整养老服务纠纷③,如在"赵淑苓与大连市甘井子区中华路街道东部社区养老服务中心生命权、身体权、健康权纠纷"一案中,原告赵淑苓与被告大连市甘井子区中华路街道东部社区养老服务中心签订了养老服务合同,后赵淑苓因高烧40 ℃入院治疗,共计花费6 000元。出院后,原告了解到,其在与被告签署养老服务协议时,被告尚未取得大连市民政部门有关资质的批复,即被告无经营资质,且彼时亦未配备民政部门要求的必须持有上岗证的各种护理人员,因此被告构成消费者欺诈,原告据此依据《消费者权益保护法》向法院提起诉讼。一、二审法院在审理过程中,都认可了《消费者权益保护法》的适用,但因原告不能证明被告未获批资质及配备相应工作人员与其损害间的因果关系而被法院驳回了诉讼请求④。

我国台湾地区也发生过类似案例,法院最终也是根据所谓"消费者保护法"支持了原告的诉讼请求。2014年2月,患有重度失智症并有肢体残疾的A入住B护理中心,2016年7月29日上午,A在护理中心的个人房间内用餐时,有护理服务工作人员C值班,但C未全程照护A用餐,A在用餐过程中,因食物堵塞喉管而昏厥,护理师D发现后立即通知距B护理中心8.6公里远的长期合作的救护车公司来将A送到医院,并未通过119专线请求相距仅1.9公里的消防局派遣救护车。A送到医院后抢救无效身亡,死因系气管及支气管堵塞食物导致低血容量性休克。A的子女便以所谓"消费者保护法"为依据,要求B护理中心承担相应的责任。法院认为,B护理中心在事发当日未配备足够的护理人员,放任A自行用餐,因

① 孙文灿.养老机构侵权责任研究[J].华东师范大学学报(哲学社会科学版),2017(4):85-92.
② 从现有研究来看,此种情况较多,如有学者提出养老院应根据《消费者权益保护法》负有安全保障义务、适用惩罚性赔偿等经营主体责任,但至于为何适用消费者保护法,作者也未交代。详见于永宁.责任竞合视角下养老院入居合同免责条款的法律规制[J].山东大学学报(哲学社会科学版),2014(4):27-33.
③ 有学者通过梳理567份关于养老服务纠纷的裁判文书发现,当前法院对于此类纠纷的裁判路径主要有两条:一是依据《民法典》认定养老机构违约,承担违约责任;二是依据《民法典》"侵权责任编"和《消费者权益保护法》认定养老机构违反安全保障义务,承担侵权责任。详见汪敏.中国机构养老服务的民事法律风险研究:基于567份裁判文书的整理与分析[J].社会保障评论,2018(1):103-122.
④ 详见辽宁省高级人民法院(2016)辽民申4 821号民事裁定书。

而发生食物堵塞喉管而致死亡的结果,且在 A 堵塞后,B 护理中心选择长期合作的救护车公司而非最近的消防局救护车,耽误了及时就医,因此根据其所谓"消费者保护法"第 7 条"从事设计、生产、制造商品或提供服务之企业经营者。于提供商品流通进入市场,或提供服务时,应确保该商品或服务,符合当时科技或专业水准可合理期待之安全性",判令 B 护理中心承担损害赔偿责任①。

但有学者对此案提出了批评,认为不应适用所谓"消费者保护法"。一方面长期护理服务合同系债务人(长期护理服务供给者)提供综合性生活支持服务的混合合同,债权人(长期护理服务对象)享有接受此服务以持续日常生活的权利,是以维持人性尊严而能持续生活为目的,为了达成此种以持续有尊严生活为目的的债的本旨,债务人必须提供包括生活支持、社会参与及服务等综合性支付,而从台湾地区所谓"消费者保护法施行细则"第 4 条的文义解释来看,适用权益保护规定的应为一次性商品或服务,将持续性的长期护理服务纳入消费者权益保护的规定并不适当。二是长期护理服务合同与其他类型的服务合同相比,更具维护社会安全公益性的目的,这与消费者保护法中的消费性合同多属私益相矛盾,将具有公益性目的的长期护理服务合同纳入消费者保护法调整并不合适②。

本书认为,从消费者保护法的特征来看,其主要是为了对消费者利益给予特别保护,使处于信息不对称弱势方的消费者在特殊规则的调整下免遭经营者侵害③。《消费者权益保护法》和我国台湾地区所谓"消费者保护法"在对是否适用消费者保护法时,都以"消费者"作为核心概念,而非商品或服务是一次性还是持续性、私益性还是公益性,上述台湾地区学者从这两个角度分析长期护理服务不受消费者保护法调整在理论基础上便走入了误区。而所谓消费者,所谓"消费者保护法",是指以消费为目的而为交易、使用商品或接受服务者,《消费者权益保护法》则是规定凡为生活消费需要购买、使用商品或者接受服务的人属于消费者,长期护理服务对象属于消费者应无疑义。

2.消费者保护视域下护理服务对象的权利保障

明确长期护理服务对象的消费者定位对于其权利保障具有重要意义,唯需注意的是如何平衡给予服务对象特别消费者权利保护和长期护理服务行业的稳健发展之间的关系。

消费者权益保护法是给予经济交换中处于弱势方特别保护的法律,而在消费者内部也出现了分层现象,典型如农村消费者相对于城市消费者,农村消费者掌握的信息更为薄弱,是消费者"大弱者群体中更弱的小弱者群体"④,同样在不同年龄段中,老年消费群体、青少年消费群体相对于中年消费群体也是"大弱者群体中更弱的小弱者群体",而过往的消费者法律实践并未注意到这一消费者内部分层,对于不同消费者群体采取一体保护的法律理念,这"影响作为经济法主体的消费者的细分"。为更精细化消费者保护法的功能,彰显经济法

① 我国台湾地区"高等法院高雄分院"2019 年度原上字第 5 号判决。

② 俞百羽.长照契约之定性及法律适用问题:长照服务应否适用消保法[C]//李玉春.长期照顾法制之建构与实践.台北:元照出版公司,2021:217-218.

③ 李昌麒,许明月.消费者保护法[M].北京:法律出版社,2014:43.

④ 应飞虎.论经济法视野中的弱势群体:以消费者等为对象的考察[J].南京大学学报(哲学·人文科学·社会科学),2007(3):67-74.

的实质正义价值,应该针对消费者群体中更弱势的特殊消费者给予特别的保护,这种特别的保护并不一定必须通过立法来实现,而主要是通过"法律实施力度的加强来实现"①。

　　近年来,不少法院在涉及审理老年消费者的案件时,考虑到老年人的特殊情况,而给予老年人更倾斜性的保护。有研究者通过案例研究发现,在涉及经营者安全保障义务的认定时,法院多考虑到老年群体的特殊身份,而给予了经营者更高的安全义务要求②。如在"管伯英等与杭州旅游集散中心有限公司等旅游合同纠纷"一案中,一、二审法院都考虑到受害人管伯英等的老年人身份而对被告的安全保障义务提出了较高要求。2006年7月10日,阙邦闻(管伯英之夫,时年81岁)向杭州吴山广场旅行社支付了旅游费398元,并于7月16日中午按约定时间抵达黄山。因台风影响,景区内索道缆车关闭,导游遂带领阙邦闻等26人于14:00开始步行登山,至17:00时,阙邦闻突然摔倒在地,不省人事,导游立即报警求救,但阙邦闻仍在抢救无效后死亡,其妻管伯英及子女向杭州市中级人民法院提起诉讼,要求其承担违约责任。杭州市中级人民法院认为根据《消费者权益保护法》第七条、《旅行社管理条例》第二十一条,旅行社提供的服务应当符合保障旅游者人身、财产安全的要求,本案中旅游机构明知阙邦闻已有81岁高龄,应充分考虑到老年人的生理和心理特点,采取相较于中青年人更周到细致的服务措施。但作为完全民事行为能力人的阙邦闻及其家属亦应对其年龄状况、身体条件和旅游事项有相应的判断能力,因此判令旅游公司承担20%的责任。一审后,管伯英等不服,向浙江省高院提起上诉,浙江省高院审理后认为,旅行社明知阙邦闻已逾80高龄,仍与其缔结旅游服务合同,意味着其自愿接受了因此可能带来的风险责任,制订相较于中青年人更周到细致的服务和防范应急措施。阙邦闻亦有过错,综合考量双方过错程度,将一审中旅游公司的责任份额由20%调整为70%③。

　　诚然给予老年消费者群体倾斜性保护对于保障老年人权益具有重要意义,但不可忽视的是这种倾斜性保护会给经营者造成更重的负担,增加其市场成本,降低其利润空间。"若这种利益减少到一定程度,且不能经由经营者正常努力而消化,则会增大经营者的经营风险;若这种影响涉及行业内所有或绝大部分经营者,则必然增大行业风险。一般而言,对行业的负面影响主要表现有二:行业规模缩小,甚至行业趋于消亡;行业质量降低。"④特别是在老年群体的主要消费领域如养老、护理服务等领域,采取严格的倾斜性保护将会使企业被迫采取预防性措施,如在长期护理服务领域,服务供给者可能会为了规避责任而采取"防御性长期护理"或"过度性长期护理"两种措施。在前者,长期护理服务企业可能会对服务对象采取筛查措施,拒绝向难以照顾的老人提供长期护理服务;在后者,长期护理服务企业可能会配备更多的设备、设施以及护理人员,但这必然会增加成本,小型护理企业将无以为继,

①　应飞虎.论经济法视野中的弱势群体:以消费者等为对象的考察[J].南京大学学报(哲学·人文科学·社会科学),2007(3):67-74.

②　杜乐其,钱宇弘.老年消费者安全保障义务之"合理限度"认定浅窥[J].中南大学学报(社会科学版),2014(6):133-138.

③　一审案件详情参阅杭州市中级人民法院(2007)杭民三初字第348号民事判决书;二审案件详情参阅浙江省高级要求被告承担赔偿责任理由不能成立"人民法院(2008)浙民一终字第200号民事判决书。

④　应飞虎.信息、权利与交易安全:消费者保护研究[M].北京:北京大学出版社,2008:93.

最终会将长期护理服务办成高端服务,成为只有少数人才能够享受的服务。

因此,司法实践中在处理服务对象与服务机构纠纷案件时,有必要考量护理服务对象的特殊性而给予一定程度的倾斜性保护,但这种倾斜性保护必须适度,不能给长期护理服务企业造成过重的负担,从而影响长期护理服务行业的稳健发展。典型如在"赵淑苓与大连市甘井子区中华路街道东部社区养老服务中心生命权、身体权、健康权纠纷"案中,一、二审法院都认为虽然被告在签订合同时尚未完成设立程序,但该行为"并不必然构成对原告权益的损害,且原告在与被告签订入住协议前,已经对于被告所具备的服务条件和设施进行了充分了解,协议履行期间,被告所提供的服务设施和条件与原告之前所进行的了解并无差异,原告据此主张被告存在虚假宣传,要求被告承担赔偿责任理由不能成立"[①],而在上述我国台湾地区的判决中,法院则认为 B 护理中心在事发当日未按"老人福利机构设立标准"配备足够的人员具有过失,不符合所谓"消费者保护法"第 7 条"从事设计、生产、制造商品或提供服务之企业经营者。于提供商品流通进入市场,或提供服务时,应确保该商品或服务,符合当时科技或专业水准可合理期待之安全性"要求,应负损害赔偿责任[②]。两相比较,部分省市法院在判断是否尽到合理注意义务时,并不单纯将行政管理性规范的不满足作为判断标准,而是对不满足行政规范的行为与损害发生之间进行了因果关系的检阅,而部分省市法院则单纯将行政管理性规范的不满足作为判断标准,无疑对长期护理服务企业提出了过高的要求。

三、强化服务对象的隐私保护

长期护理需求评估和服务过程中,相关单位会接触到保障对象的大量个人信息,如保险人因保费收缴而掌握保障对象的经济信息,服务供给者因提供服务而掌握服务对象的个人健康信息,此类信息都属个人隐私范畴并具有重要的市场价值,应给予特别的法律保护,不完善的隐私保护会给保障对象带来不利影响,特别是对于失能老年群体,因其判断力和警惕性都处在衰退期,更容易成为电信诈骗案件的受害者[③],而这正是我国当前长期护理服务中亟须解决的问题,如有学者在对上海市长期护理保险的调研中,服务对象反映出的最大问题就是对于个人隐私保护不够[④]。

(一)德国有关立法借鉴

在已有长期护理保险立法实践的国家或地区,德国特别重视对长期护理保险保障对象的隐私保护,其经验值得借鉴。德国《长期护理保险法》以专章形式对保障对象隐私保护进行了规定,在其第九章——"资料保护与统计"中,共计用 17 个条文对保障对象个人资料的使用、删除和统计进行了系统、详细的规定。

---

① 一审案件详情参阅(2015)甘审民初字第 38 号民事判决书;二审案件详情参阅(2016)辽 02 民终 5 号民事判决书。
② 我国台湾地区"高等法院高雄分院"2019 年度原上字第 5 号判决。
③ 潘利平.居家和社区养老服务中的法律风险及对策建议:以成都市郫都区居家和社区养老服务中心为样本[J].西南民族大学学报(人文社会科学版),2019(2):63-67.
④ 戴卫东,金素怡.上海市失能老人长期护理服务的满意度及其影响因素[J].残疾人研究,2019(3):30-38.

（1）服务供给者的保密义务

服务供给者对因工作性质而掌握的服务对象个人资料有保密义务，仅在审核护理辅具必要性、审核个案给付品质与经济性程序、签订与执行供给合同、护理费用协商、费用支付协商与整体供应合同等特定情形下，将服务对象个人资料提交给保险人及其协会或受托处理资料的机构。

（2）保障对象个人资料须合目的性使用

在保障对象个人资料的使用上，出于保护保障对象隐私考虑，《长期护理保险法》规定保险人、保险人协会与医事服务处仅在必要时，可分别依该法第 94 条、第 95 条、第 97 条的规定，合乎长期护理保险目的地使用保障对象的个人资料。

（3）保障对象个人资料需妥善保管

保障对象个人资料和因护理而产生的相关资料如给付结算、经济性审查、品质维护审查、合同签订与执行等，相关单位须妥善保管。根据《长期护理保险法》的规定，上述材料至少应保存两年，始得删除，在用作联邦统计时，须以密封形式转交于各邦统计局等。

（二）我国对服务对象隐私保护的立法设计

近年来，我国越来越重视个人信息的保护，相关立法中越来越注重加入个人信息保护的有关规定。特别是在 2021 年 8 月通过的《中华人民共和国个人信息保护法》（以下简称《个人信息保护法》）对个人信息的收集、使用等进行了较为全面的规定，如对个人信息的适用只有在满足"取得个人的同意""为订立、履行个人作为一方当事人的合同所必需，或者按照依法制定的劳动规章制度和依法签订的集体合同实施人力资源管理所必需""为履行法定职责或者法定义务所必需""为应对突发公共卫生事件，或者紧急情况下为保护自然人的生命健康和财产安全所必需""为公共利益实施新闻报道、舆论监督等行为，在合理的范围内处理个人信息""依照本法规定在合理的范围内处理个人自行公开或者其他已经合法公开的个人信息"等条件时才可以处理个人信息，这为长期护理保险保障对象个人信息、隐私等的保护提供了强有力的保护，此外在借鉴德国立法经验的基础上，我国对长期护理保险保障对象隐私保护的立法设计还应着重考虑以下两方面问题。

（1）保障对象隐私保护宜以"法律"形式确认

法律位阶是指在统一的法律体系内确定不同类别规范性法律文件之间效力等级与适用顺序的制度①，如由代议制机关通过的"法律"其效力通常高于行政机关制定的"规章"。因此为凸显某一法律制度的重要性，通常会以"法律"形式进行规范，而对于重要性略低或尚在探索阶段的法律制度则多采用"规章"等规范性法律文件形式。德国为凸显其对保障对象个人隐私保护的关注，在其长期护理保险基本法——《长期护理保险法》中以专章的形式作出规定，立法位阶较高。目前我国个人信息保护虽然逐渐受到重视，也通过了《个人信息保护法》对个人信息保护进行了规定，但为了提高长期护理保险保障对象个人信息、隐私保护的针对性和有效性，仍有必要借鉴德国的做法，将保障对象个人隐私保护规定于长期护理保险基本法中。

---

① 　胡玉鸿.试论法律位阶划分的标准［J］.中国法学,2004（3）:22-32.

（2）保障对象隐私保护立法设计应"事前规制"与"事后责任"并行

"事前规制"可以借鉴德国《长期护理保险法》对保障对象个人资料的使用、删除和统计进行规定，规定相关单位负有隐私保护义务，使用个人信息资料须符合比例原则要求，只能在有利于保障对象权利实现时使用保障对象个人信息等。"事后责任"则是立法明确规定不当使用或泄露保障对象隐私应承担的法律责任，如损害赔偿民事责任、取消服务供给主体资格行政责任、非法泄露个人信息罪刑事责任等。

（3）要重视信息安全技术的运用

要求相关机构负有采取有效措施以保护服务对象隐私的技术责任，如建立信息密钥管理制度，以有效地处理信息分割、隐私保护和服务获取人资格审查等制度①。

四、其他相关保护措施

（一）强化损害救济及申诉调解

1.强化损害救济

长期护理服务过程中因服务供给者的故意或过失造成服务对象权利受到损害的，服务对象所受损害如何救济可从服务供给者的责任和国家承担的责任两个层面进行探讨。

（1）明确服务供给者的损害赔偿责任

服务供给者与服务对象之间属私法关系，服务供给者因故意或过失造成服务对象损失的，首先，应根据护理服务合同承担相应的违约责任，即承担债务不履行或不适当履行责任。前者指服务供给者未能根据护理服务合同约定提供护理服务，后者指服务供给者提供的护理服务不符合合同的约定。其次，在符合侵权责任构成要件时，服务对象还可以选择根据《民法典》"侵权责任编"的相关规定要求服务供给者承担侵权责任，包括因服务机构设施或服务人员造成的损害。

（2）明确国家的担保责任

关于国家是否承担损害赔偿责任争议较大，有学者认为多元化长期护理服务供给中，若服务供给者非为公部门，一般国家不应承担损害赔偿责任。但日本理论界认为根据日本《介护保险法》，道府县不仅有指定服务供给者的职责，且对服务供给者有指导、监督职责，故当道府县有怠于指导、监督职责而产生损害时，可能构成国家赔偿法上之责任；至于因道府县不行使上述职责而要求其承担损害赔偿责任时，需满足一定的条件：对国民生命、健康有重大且急迫的威胁，行政机关有预见危险之可能性，不行使规制权限就无法防止结果发生，行使规制权限具有期待可能性②。国家赔偿责任的前提是有公权力的行使，在长期护理服务多元化供给下，如服务供给者非为公部门，如上所述，其与国家之间的关系具有双阶性，但无论在服务供给主体资格获得的行政关系还是服务报酬给付的私法关系中，都未涉及公权力的让渡，因此要求国家承担国家赔偿法上的责任较为牵强。但国家不承担国家赔偿法上的责

① 陈诚诚.长期护理服务领域的公私合作[J].中国社会保障,2016(7):37-39.
② 王吟吏.长期照护制度中家庭照护者法律定位之研究:日本长期照护制度之借镜与反思[D].台北:台湾政治大学,2012.

任并不意味着国家不需要承担任何责任,此时国家根据其在长期护理保险制度中的最终责任者角色,需要承担国家担保责任。国家担保责任发轫于德国,是指在公私合作背景下,私人承担部分或全部的执行责任,而国家则应确保其合秩序之履行①。即国家虽然不直接承担公共服务供给的任务,而是将其交由非政府组织或个人履行,但国家仍应担保保障对象能够接受应有的服务。非政府组织或个人在履行任务造成相对人损害时,应首先由非政府组织或个人承担损害赔偿责任,在其无能力承担时,再由国家承担最终的担保责任。

2.建立申诉调解措施

长期护理服务过程中,服务对象在感到权利受到侵害时固然可以采取司法途径予以救济,但司法途径不仅过程漫长,耗费金钱和精力,而且多数失能者根本就没有能力提起诉讼,因此为有效保障服务对象的权利,必须建立相应的申诉调解措施。

(1)申诉措施

申诉措施主要是为避免行政诉讼程序的冗繁而建立的处理保障对象与长期护理保险管理部门之间纠纷的途径。当保障对象对长期护理保险管理部门的相关决定不满意时,可向长期护理保险管理部门提出行政复议,长期护理保险管理部门需限期予以答复,保障对象对处理结果仍不满意的,可向其上级主管部门提出申诉,由上级主管部门在限期内解决。

(2)调解措施

调解措施主要是为减少不必要的民事诉讼而建立的处理保障对象与服务供给者之间纠纷的途径。当保障对象与服务供给者之间产生纠纷时,可向长期护理服务行政主管部门申请调解,对调解结果不满意时,再向法院提起诉讼。长期护理服务主管部门因更熟悉长期护理服务业务,由其对保障对象与服务供给者之间的纠纷进行调解,相较于司法途径,不仅更有利于纠纷的化解和症结问题的解决,而且能够大量节约当事人的时间、精力和金钱成本。

(二)建立长期护理信息公开制度

长期护理市场是一个信息不对称市场,保障对象明显处于信息弱势一方,极有可能因为掌握的信息较少而受到服务供给者的欺诈,且失能人员的特殊状态也增加了其自身维权的障碍,因此必须构建相应的信息公开法律制度,在保护保障对象权利的同时,发挥“消费者的监督力量”和社会监督作用,促进长期护理服务产业健康发展②。如日本便规定,要将护理信息公开化作为介护保险法律制度的内容之一,长期护理服务提供方必须在相关网站上公布其机构运营情况和服务内容,而地方上的都道府县都设置了信息公开平台,强制要求长期护理服务提供方在其平台上公布相关服务信息,相关政府也会不定期核查信息的准确性③。长期护理保险管理部门应搭建信息公开平台,将涉及长期护理的相关信息如长期护理保险资金收支运行情况、护理服务机构登记信息、人员信息、过往服务情况等通过信息平台对外发布,以便利保障对象选择服务机构,促进社会公众参与长期护理服务监督。同时亦应要求

① 李以所.德国“担保国家”理念评介[J].国外理论动态,2012(7):26-32.
② 刘淑琼.绩效、品质与消费者权益保障:论社会服务契约委托的责信课题[J].社会政策与社会工作学刊,2005(2):31-93.
③ 罗遐,吴潇.德、日两国长期护理保险制度改革路径及对我国的启示[J].卫生软科学,2021(8):65-70.

服务机构建立相应的公示平台,公开自身运行及护理提供相关信息。

(三)强化国家的转介安置义务

国家的转介安置义务是指当服务供给者因自身营运不当或不可抗力导致被取消服务供给主体资格或难以继续提供护理服务时,国家必须采取相应的转介安置措施,确保长期护理服务供给的连续性、持续性,使保障对象能够正常接受护理服务,保障保障对象权益。国家在长期护理服务中转介安置义务的履行有两种方式:一是由政府直接接续提供护理服务,即指定公办护理服务机构提供护理服务;二是政府扮演中介角色,选择合适的第三方服务供给单位提供护理服务。

第十章　长期护理服务人员的管理规范与权利保障

　　长期护理服务作为一种劳动力密集型的"爱的服务"产业,服务人员素质的高低决定了服务质量的高低。服务人员素质的高低需通过执业资格规范、执业培训规范和权利保障规范共同作用予以保证:执业资格规范在准入环节把关服务人员的素质,执业培训规范则通过在执业过程中相关培训的要求确保护理服务人员及时更新知识,权利保障规范通过良好执业环境的营造确保高素质服务人员继续从事长期护理服务。

一、执业资格规范

　　执业资格是对从事某一行业专业资格的认定,其既可以作为持有者具备某种专业技术能力可从事特定工作的证明,也可以作为从事某一特定行业的准入门槛。建立长期护理服务人员执业资格制度对服务对象而言,方便其选择服务供给者,对服务供给机构而言便于其选择应聘者和制定薪酬制度,对国家而言则有利于规范行业发展、保障长期护理保险制度运转。民政部于 2002 年出台的、2019 年修改的《养老护理员国家职业标准》对养老护理人员职业标准进行了规范,对长期护理服务执业资格规范的制定有参考意义。

(一)护理工作分级

　　长期护理的服务对象是失能人员或羸弱的老人,需要的服务包括:日常生活护理,如饮食、个人卫生等;基本医疗护理,如护理、服药、物理治疗、记录观察慢性病情况等;社会参与护理,如开导心理问题者参与社会正常交往等[①]。不同服务内容对护理人员素质的要求是不同的,如果对不同类型的事务采用统一的执业资格要求,一方面与现有实际不符,会造成长期护理服务人力结构性短缺,另一方面也会造成人力资源的浪费。因此有必要建立分级制度,制定不同的执业资格标准。

---

① KANE R L. Changing the face of long-term care[J]. Journal of Aging & Social Policy, 2005, 17(4): 1-18.

在英国,从事健康护理的工作人员被分为9类:资深督导、咨询实务工作者、高阶实务工作者、专业实务工作者、实务工作者、实务工作者助理、技士、支持工作者和入门工作者①。这种分类方法的优点在于可以督促执业人员通过学习不断提升执业等级,但其一方面过于复杂,在现实中发挥的作用极为有限,未能得到以中年女性为代表的长期护理服务主要人力资源的青睐②,另一方面也与长期护理服务工作的实际脱节。德国则依据服务内容对长期护理服务人员进行分类,有专业护理人力、护理据点个案管理师、居家护理服务人员、机构中附加护理员和非专业服务人力五类。

在我国当前的地方护理试点实践中,关于长期护理服务人员的规定相对较为粗糙,多为在对有关申请定点护理服务机构的管理办法中规定,将配备一定的护理服务人员作为申请要件,至于具体的护理人员分级、资质要求等则未做详细规定,如《上海市长期护理保险定点护理服务机构管理办法(试行)》规定,"提供长护险服务的人员,应当是执业护士,或参加养老护理员(医疗照护)、养老护理员、健康照护等职业(技能)培训并考核合格的人员,以及其他符合条件的人员,并开展与其资格相符的工作"。

在与长期护理服务相近的养老护理员中,我国对护理人员分级进行了规定。根据《养老护理员国家职业标准》,养老护理员分为五级/初级、四级/中级、三级/高级、二级/技师、一级/高级技师5类,其中五级/初级养老护理员可从事生活照护、基础照护和康复服务等工作,四级/中级养老护理员可从事生活照护、基础照护、康复服务和心理支持工作,三级/高级工可从事基础照护、康复服务、心理支持和培训指导工作,二级/技师护理员则可从事护理服务、照护评估、质量管理和培训指导等工作,一级/高级技师则可从事照护评估、质量管理和培训指导等工作。这一版本的护理人员分级与前几个版本相比,有了较大的进步,特别是从护理服务内容的分级上来看,已经非常契合当前的长期护理服务工作,因此建议长期护理服务人员执业资格分级可以《养老护理员国家职业标准》为基础,进行相应修改,建立以服务工作内容为基础的分级制度,分为生活护理、日常身心护理、专业身心护理、高级护理4类。其中生活护理指从事一般的日常家务清扫、身体清洗等工作,这是长期护理服务工作的主体;日常身心护理还包括对失能人员身心健康一般的护理活动;专业身心护理则更进一步,还需要具有一定的医疗和心理咨询专业知识;高级护理则是除从事护理工作外,还要担负针对护理人员的培训、护理管理等工作。

(二)执业资格获取

在日本,长期护理服务执业资格的取得分为需经国家考试和不需经国家考试两种途径。其中需经国家考试者是指具有3年以上护理实践的工作者以及由厚生劳动省认定的相当于有3年以上长期护理服务经验者——在福利专业高中或专科学校修完厚生劳动省指定课程和学分者。不需经国家考试者主要包括3类:有高中学历并在介护福利士培训机构接受2年

---

① 吕宝静,陈正芬.台湾居家照顾服务员职业证照与培训制度之探究:从英国和日本的做法反思台湾地区[J].社会政策与社会工作学刊,2009(1):185-233.

② MCFARLANE L, MCLEAN J. Education and training for direct care workers[J]. Social Work Education, 2003, 22(4): 385-399.

以上的专门训练者;指定的大学福利相关专业毕业,进入介护福利士培训机构接受 1 年专门训练者;曾接受社会福利士或保育士培训机构培训毕业且再进入介护福利士培训机构接受 1 年训练者[①]。

在德国,《长期护理保险法》将护理服务人员分为非专业护理人员和专业护理人员两大类。非专业护理人员通常为护理对象家属、邻居或志愿者。对于非专业护理人员虽未设置准入门槛,但为提升非正式护理服务质量,根据法律规定,护理保险人应向其无偿提供护理课程,护理课程应介绍独立执行护理的技巧与知识。专业护理人员则是指经过护理相关教育培训取得专业护理资格的人员,根据其工作场所的不同又分为护理机构服务人员和护理管理师两种。护理机构服务人员除须完成"健康与疾病护理人员""健康与儿童疾病护理人员"或"老人护理人员"培训外,另须于 5 年内拥有 2 年以上实际职业经验。若工作场所为以照顾身心障碍者为主的小区式护理机构,则受过医疗卫生护理或医疗卫生教育培训并于最近 5 年内有 2 年实际职业经验,可视为受有护理专业训练的护理人员。此外,此类护理专业人员须接受至少 460 小时之继续教育。护理管理师资格的取得则需满足 4 个要件:须为"健康与疾病护理人员""健康与儿童疾病护理人员""老人护理人员""社会保险专业人员"或"完成社会工作大学课程者";已在护理保险人处从事护理咨询、管理等工作至少 3 年;完成"护理专业 100 小时""个案管理 180 小时"与"法律 120 小时"继续教育[②];完成在小区护理服务处 1 周、机构式护理机构 2 天的实习。

长期护理服务既是一项经验性工作也是一项技术性工作,日本在长期护理服务执业资格的授予上重视的是从业人员的实际工作经验,对从业人员的专业背景未作硬性要求,这与其未建立护理工作分级制度有关。我国《养老护理员国家职业标准》规定,养老护理人员执业资格的取得在进行相应培训的基础上,还需通过鉴定。鉴定分为理论知识考试和技能操作考核。理论知识考试采用闭卷笔试方式,技能操作考核采用现场实际操作方式。其中技师还须进行综合评审。

其实基本的日常护理工作,因为主要从事的是家务性活动,所以服务人员只需具有一定的生活经验即可,资格的取得可由国家根据其工作经验直接授予,无须经过培训和考试。而其他护理工作,则需涉及专业知识,此时执业资格的取得须经过相应的专业技能培养,再通过实践练习,并以考试的形式予以确认和最终授予。以高级护理为例,其从业资格的取得,首先须接受专门的医疗、护理、心理咨询等专业培训,其次要求具有一定年限的实际工作经

---

① 吕宝静,陈正芬.台湾居家照顾服务员职业证照与培训制度之探究:从英国和日本的做法反思台湾地区[J].社会政策与社会工作学刊,2009(1):185-233.

② 其中"照护专业 100 小时"包括照护与健康知识,如照护给付专业概念、照护相关医学知识、照护相关社会科学知识、慢性疾病与照护需求者之医学需求、失智症等精神疾病特别照护、照护与医学给付质量维护等。"个案管理 180 小时"包括个案管理理论与实务基本原则 110 小时,如个案管理的定义与功能、个案管理概念、资料分析与资料维护、需求调查与供给管控等;另包括深入课程 70 小时,如照顾计划作为个案控管方法、社会法上程序知识、社会法上交易行为等。"法律 120 小时"包括社会法总论 40 小时,如说明、咨询、答复、身心障碍基本概念,照护保险给付法、健康保险实物给付等;特别照护相关领域 80 小时,如身心障碍法、照护保险人契约法、个人资料保护、照护查核、社会救助法、与疗养之家之私人照护契约、与居家照护之照护契约等。参见江清馦课题组.德国、荷兰长期照护保险内容与相关法令之研究[R].台湾地区"行政院"经济建设委员会委托项目,2009:57.

验,最后还需要通过相应的笔试、面试环节。对于某些特殊护理行为,若涉及国家其他法律规范的,还必须满足相应的法律规范要求。如对精神疾病人员的护理,若涉及心理咨询服务,还需满足《心理咨询师国家职业标准》的要求。

除职业经验和专业知识要求外,护理服务人员执业资格的授予还需设置一些基本要件,如从业人员需已满 16 周岁、有完全民事行为能力、无违法犯罪记录、身体健康等。

(三)执业资格应用

建立长期护理服务人员执业资格制度,其作用主要体现在分级准入关联和薪酬关联两个方面。

1.分级准入关联

执业资格既可以作为执业人员工作能力的证明,也可以作为执业的基本要件。《养老护理员国家职业标准》虽然规定了执业资格,但并未明确其性质,实践中既未作为执业证明,也未作为执业要件,发挥的作用极为有限[①]。

现阶段,一概将执业资格作为执业要件是不现实的:一方面,按照国际上通行的失能老人与护理人员 3∶1 的配置标准计算[②],截至 2018 年,我国需要 373 万护理员,但目前我国各类养老服务设施服务人员不足 50 万人,持证专业护理人员不足 2 万人,全国养老服务人才需求缺口较大,远低于国际一般护理人员配置标准[③];另一方面,部分长期护理服务工作的内容是洗衣做饭、清洁卫生等家务工作,虽然极为必要,但多为脏活、苦活、累活,不需要也难以吸引高素质人才,如果法律法规在执业条件设置上要求从业人员具有较高的文凭或技术水平,明显不符合实际需要[④]。

基于现阶段实际和护理工作需要,有必要建立分级准入关联。分级准入关联建立在护理工作分级的基础上,因日常护理更注重的是生活经验,其准入不需要执业资格要件,仅需要有相应的生活经验即可;而其他护理工作,因需要相应的知识储备,此时执业资格应作为执业要件。通过分级准入关联,可粗略将长期护理服务人力资源分为专业和非专业两大类。非专业类体量占绝对主导,其不将执业资格作为执业要件,可以充实长期护理服务队伍,解决一大批人员的就业问题,推动长期护理服务事业发展。而对专业类护理人员,通过将执业资格作为执业要件,一方面可以保证服务质量,另一方面也可以促进无执业资格者通过努力取得执业资格,进而从总体上提升我国长期护理服务从业人员的素质。

2.薪酬关联

长期护理服务执业资格如果是执业要件,不通过国家考试即不得从事长期护理服务工作,此时则不需要通过薪酬关联激励从业人员取得执业资格。但如上文观点,在主要的日常护理中不宜将执业资格作为执业要件,此时就应通过薪酬关联鼓励长期护理服务人员取得执业资格。

---

① 王先益.养老护理员职业标准亟待深入贯彻[N].中国社会报,2009-11-04(03).
② 顾磊.我国养老护理员增长与短缺并存[N].人民政协报,2017-07-25(09).
③ 杨团.公办民营与民办公助:加速老年人服务机构建设的政策分析[J].人文杂志,2011(6):124-135.
④ 于新循,袁维勤.我国养老服务行业准入若干法律问题研究[J].理论与改革,2009(6):136-140.

但现实问题是长期护理服务付费主要依据的是护理服务的时间而非护理服务的质量，且服务人员取得执业资格的过程必然耗费一定的时间和精力，因此服务人员没有动力去取得执业资格，服务机构也不愿意员工去取得执业资格。为解决这一矛盾，日本政府 2006 年修改了护理报酬支付基准，开始在访问护理的特定服务供给单位采用加成"人才要件机制"，即当护理机构的居家服务人员中取得介护福利士执业资格人员的比例在 30% 以上时，加成报酬支付比，以确保护理服务人员能力提升的同时，其护理报酬亦能相应提升[①]。这种护理薪酬与护理人员执业等级关联的做法，值得我国相关立法借鉴。

二、执业培训规范

长期护理服务人员执业资质规范主要解决的是入口关，但在取得执业资质后，还需要通过不断的培训，这一方面可以使服务对象获益，而且服务人员自身亦可从中获益，如姿势不良、重复性与持续性动作过多导致人员身体健康伤害，加上低落的个人成就感及情绪问题，长时间的交互作用将引发职业倦怠[②]，通过相关专业技能培训可以减轻伤害，预防职业倦怠。《长期护理保险试点意见》规定，要加强护理服务从业人员队伍建设，加大护理服务从业人员执业培训力度，至于具体的培训规范则未进行详细规定。

（一）日本长期护理服务人员执业培训规范及其借鉴

根据人员分类对培训要求进行了规范。在《介护保险法》的配套法律《介护保险法施行规则》中，对护理服务人员中的介护支援专门员[③]培训进行了规范，要求其在取得执业资质后，仍需接受"实务研修"并在参加测验合格后才能开始相关介护支援专门员的工作；在担任 6 个月以上的介护支援专门员后，则需继续参加专门的 56 小时的 I 级研究课程，而具有 3 年以上介护支援专门员工作经验并修满 I 级研修课程的，可参加 32 小时的 II 级研修课程。在此基础上，为了鼓励更多的人参加培训，日本在 2005 年设立了"主任介护支援专员"一职，已取得介护支援专门员资格且已接受了 70 小时研修课程的人员可取得此职务任职资格，这一方面起到了督促各从业人员自律管理的功能，同时也拓宽了介护支援专门员的职业发展空间[④]。

而对于直接提供长期护理服务的一线人员，日本在 20 世纪 90 年代的"新黄金计划"中便将此类人员的培训列为当时的政策重点。进入 21 世纪，鉴于长期护理需求越来越多，为提高培训质量，2013 年日本将 1991 年针对一线护理人员的三级培训课程合并为两级，即将

---

① 吕宝静，陈正芬.台湾居家照顾服务员职业证照与培训制度之探究：从英国和日本的做法反思台湾地区[J].社会政策与社会工作学刊，2009(1)：185-233.

② HONKONEN T, AHOLA K, PERTOVAARA M, et al. The association between burnout and physical illness in the general population：Results from the Finnish Health 2000 Study[J]. Journal of Psychosomatic Research, 2006, 61(1)：59-66.

③ 根据《介护保险法》第 7 条第 5 款，介护支援专门员的主要职责包括要介护者或要支援者提供咨询，根据要介护者或要支援者的身心状况安排合适的居家服务、地区密结型服务、机构服务、介护预防服务及地区密结型介护预防服务的适用，并协助市町村、居家服务机构、地区密结型服务机构、介护保险机构、介护预防服务机构、地区密结型介护预防服务机构与要介护者或要支援者进行沟通。

④ 陆敏清.从日本法制探讨台湾地区长照人员之管理规范[J].台日法政研究，2020(3)：57-113.

原第一级课程与原介护支援基础研修课程合并为"实务者研修"课程,学时数由230小时调高为450小时;原第二级课程与介护职员初任者研修课程合并,学时数为130小时;原属第三级的50小时研修课程仅作为非专业人员的入门基础,同时从2014年4月起不再针对该培训支付报酬,其他两级课程则是在研修的同时,仍可以领取劳动报酬[①]。

(二)日本长期护理服务人员执业培训规范的借鉴

1.高度重视长期护理服务从业人员的培训工作

执业培训是长期护理保险制度能够长期稳健发展的重要一环,是长期护理保险制度的重要组成部分,特别是在长期护理服务多元化供给的背景下,不能完全将其交给市场自发调节或者是通过事后的服务质量监督评估制度予以解决,必须由国家出台相应的管理办法予以规范。

2.结合现实情况根据护理工作的具体内容对培训的要求进行规制

不能采取粗略笼统的培训要求,需要进行类型细化,对从事不同类型护理服务工作的人员在学习时限、学习具体内容等方面提出不同的规范。

3.区分执业资格和执业培训

不能认为取得了执业资格便可直接开展执业,特别是对于技能性、知识性比较强的长期护理服务工作,即便是在取得资格后也需要进行相应的入职培训后才能上岗。

4.重视执业知识的更新

护理服务行业虽然不像信息产业等高科技产业那样处于知识的不断流变之中,但随着护理技术的发展,特别是人工智能等新科技的不断渗透,护理服务行业也需要进行知识的常更常新,因此仍需对已经从事长期护理服务行业的人员定期开展培训,确保其业务能力的提升。

5.重视执业伦理、法规培训

毋庸置疑,长期护理服务业务知识培训是执业培训的重点,但在培训专业知识的同时,还需要重视职业伦理、法规的培训,因为护理服务行业是"爱的行业",为了确保行业充满爱,需要不断通过外在的执业伦理和法律法规的培训来提升从业人员的道德情操以及法规意识,使其在道德情操的内心自省以及法律法规的外在约束下,用心做好护理服务工作。

6.提供资金、时间支持

长期护理服务人员的培训必然会产生一定的费用,并影响其工作、休息时间,为确保服务效果,政府还必须投入一定的资金予以支持,以使护理服务企业、护理服务人员有接受培训的意愿。

(三)我国长期护理服务人员培训规范的构建

1.规范形式

在规范形式上,基于我国长期护理保险立法应采取以《社会保险法》为中心、相关配套规范为支撑的长期护理保险法律体系,建议在作为《社会保险法》次一级的"长期护理服务法"

---

① 陆敏清.从日本法制探讨台湾地区长照人员之管理规范[J].台日法政研究,2020(3):57-113.

中通过授权性规定,由人力资源和社会保障部门制定相应的执业人员培训办法。

2.规范要点

在具体的规范上,除需借鉴上述相关经验外,还应结合我国长期服务行业现状,以下三个方面需要特别注意。

(1)结合现状制定相应的培训管理办法

考虑到我国长期护理保险仍在试点阶段,护理服务行业发展还不健全,建议相关办法的出台可以稍缓,待试点成熟、长期护理保险基本法及其次一级法律较为完善后再制定专门的执业人员培训管理办法;同时在制定管理办法时对于已经从事长期护理服务行业一定时间的人员可以省去入职培训环节,对于已经从事但未达到一定时间的可以让其在一段时间内完成培训即可,不能要求其立即开展培训,在完成规定培训内容后才能开展。

(2)服务相关人员培训全覆盖

从事长期护理服务工作的人员类型多样,制定行政规章时应做到全员覆盖,不能仅要求从事一线护理服务工作的人员参加培训,对于参加护理需求评估、护理服务管理工作的人员同样要求其参加评估。

(3)规定长期护理服务企业的培训协助义务

出于成本效益考虑,不少长期护理服务企业不愿意职工参加培训,且认为培训没有什么效果。事实上一项调查研究显示,针对护理服务人员的培训占比仅为41.34%[①]。为了督促企业组织开展、支持协助员工参加护理培训,应通过相应的规范设计要求企业有协助员工培训的义务,同时通过相应的税收、财政补贴等方式对企业给予相应的补偿。关于这点,在《长期护理保险试点意见》中也做了相应的规定,要求"加强护理服务从业人员队伍建设,加大护理服务从业人员职业培训力度,按规定落实职业培训补贴政策"。

三、执业权利保障

目前,我国在长期护理服务从业人员方面,存在着专业素质普遍较低、专业素质较高人才不愿从事长期护理服务的困境。一方面,大量学历低、未经培训、工作经验不足的护理人员从业易导致服务对象遭受虐待的情况多发[②];另一方面,由于社会观念和执业环境原因,高素质、有专业背景的人员又不愿意从事长期护理服务相关工作[③]。为培养与长期护理服务要求相匹配的专业长期护理服务人力资源,有必要通过规范性文件完善长期护理服务执业环境。长期护理服务执业环境是指长期护理服务人员从事长期护理服务工作的环境,包括有形的环境和无形的环境两种。有形环境是指服务工作场所的设施等,无形环境则是指服务人员的薪酬、政策支持等。优化长期护理服务人员执业环境是确保长期护理服务人力资源的关键因素。

①　王立剑,叶小刚,凤言.养老护理人员市场监测及发展前景研究[J].社会保障研究,2016(2):101-114.

②　DONG X Q. Elder abuse in Chinese populations:A global review[J]. Journal of Elder Abuse & Neglect, 2015, 27(3): 196-232.

③　王希晨,吕欣桐,周令,等.医养结合视角下养老护理员培训相关研究进展[J].中国护理管理,2016(10):1380-1384.

(一)执业权利保障的理论内涵

长期护理服务人员当前所面临的内、外部执业环境较为恶劣,不利于保障长期护理服务的可持续性和服务质量,不利于长期护理保险事业的发展,对长期护理服务人员执业环境规范提出了现实需求。内部执业环境则是长期护理服务本身的工作特性。有别于一般的医疗护理,长期护理是一种长时间、连续性、多元化及个别化的护理,包含了对服务对象生理、心理以及社会层面的多方面支持。服务内容繁杂多样,易引发疲劳、烦躁及缺乏动力等情绪问题,有研究显示79.8%的长期护理服务机构员工曾与服务对象家属有过争执[①]。这种情绪的长期积累会使护理服务人员对服务的认同感降低及严重缺乏成就感,出现健康伤害或疾病[②],如引发疲倦、头痛和感冒等一般健康问题[③]。而从业人员却普遍对自身的身心健康缺乏了解,不能够及时、正确地进行自我调节[④]。

外部执业环境是指社会观念和社会政策。一般认为,长期护理服务人员所从事的不过是帮助失能人员饮食排泄、身体清洗、家务照顾等简单工作,并不需要具备特定的专业知识和技能,任何成年人均可从事该职业。这种认识使长期护理服务人员薪酬低、工作条件差,但凡有其他谋生方式的人员都不愿从事该项工作,造成了长期护理服务人员流动性大的问题,这种不稳定的人力供给一方面增加了护理服务人员培训的成本,另一方面也必然影响服务质量,影响长期护理服务对象的生活质量[⑤]。

(二)执业权利保障的具体措施

1.保障薪酬待遇

在开放的人力资源市场中,若长期护理服务人员无法获得与工作强度相匹配的薪酬,则长期护理服务人力资源,特别是素质较高的长期护理服务人力资源的流失将不可避免。我国部分省市针对长期护理服务工作人员的一项调查显示,该群体普遍将"提高薪资"摆在改善工作环境的第一位[⑥]。目前,我国护理人员收入整体上普遍较低,仅比所在地最低工资标准稍高一点[⑦]。调查显示,2013年养老机构中医护人员年平均工资为29 244元,养老护理员为27 864元[⑧],约为该年社会平均工资(45 676元)的60%。为提高护理从业人员薪酬,国家可通过相关规范对其基本薪酬予以保障,或通过给予一定补助、津贴等提高长期护理服务人员待遇。此外还可通过服务质量导向的量化指标对服务人员给予补贴,如根据服务对象满

① GANDOY-CREGO M, CLEMENTE M, MAYAN-SANTOS J M, et al. Personal determinants of burnout in nursing staff at geriatric centers[J]. Archives of Gerontology & Geriatrics, 2009, 48(2): 246-249.

② 吴宗颖,纪景琪,王冠今.病患服务员之健康状态分析及医疗建议[J].中华职业医学杂志,2008(4):283-290.

③ 许哲瀚,龚建吉,赵建蕾,等.长期照护人员职业倦怠与自觉健康之关联性研究[J].澄清医护管理杂志,2013(2):55.

④ BUERHAUS P I, STAIGER D O, AUERBACH D I. Implications of an aging registered nurse workforce[J]. The Journal of the American Medical Association, 2000, 283(22): 2948-2954.

⑤ POTTER S J, CHURILLA A, SMITH K E. An examination of full-time employment in the direct-care workforce[J]. Journal of Applied Gerontology, 2006, 25(5): 356-374.

⑥ 简慧娟,庄金珠,杨雅岚.台湾地区长期照顾十年计划现况与检讨[J].社区发展季刊,2013(3):6-18.

⑦ 丁学娜.民办非营利养老机构的政府补偿机制研究:基于S市民办非营利养老机构的分析[J].中州学刊,2012(6):94-98.

⑧ 吴玉韶,王莉莉,孔伟,等.中国养老机构发展研究[J].老龄科学研究,2015(8):13-24.

意度、服务对象失能程度、护理的连续性、夜间护理、假日护理等情况设置补贴,在提高护理人员待遇的同时,一并提高服务质量。

2.改善工作环境

工作环境关系人力资源的发展,护理服务业为一种劳动密集且高压负荷的行业,服务人员需要正向支持的工作环境。改善长期护理服务人员工作环境具体可以从两个方面着手:一是明确长期护理服务人员的劳动者地位,通过劳动法、劳动合同法等相关劳动者保护法律的适用切实保护长期护理服务人员的权益;二是通过政策性规范,引导长期护理服务机构主动改善工作软硬件设施,减轻服务人员的劳动强度,营造良好的工作环境。

3.完善就业政策

近年来,随着经济增长放缓,工作岗位数量增长减慢,年轻人就业越来越困难,但长期护理服务中却存在较大的劳动力缺口。建议国家完善相关就业政策,鼓励年轻人及大专以上学历者从事长期护理服务工作,在满足长期护理服务产业人力需求的同时,促进多元就业、增加就业机会。

4.加强人才保障

长期护理服务并非仅为简单的日常生活照料,还包括康复护理和护理管理工作,具有一定的专业性。为提高服务质量和提升长期护理保险管理效率,需通过相应措施加强长期护理服务人才保障。2013年发布的《国务院关于促进健康服务业发展的若干意见》明确规定要加大人才培养和执业培训力度,并提出了支持高等院校和中等职业学校开设健康服务业相关学科专业、鼓励社会资本举办职业院校、建立健全健康服务业从业人员继续教育制度等具体措施。各地方主管部门应以此为契机,充分贯彻各项政策,完善配套措施,加强长期护理服务人才保障。

第十一章　人工智能赋能长期护理保险及其法律规制

近年来,随着大数据、云计算、生物特征识别、机器学习等技术的兴起,人工智能成为各行各业的热点,养老服务、长期护理服务等传统的以自然人为主的领域开始积极引进人工智能,以缓解当前存在的服务资源紧缺、服务资源流向不够精准、服务对象满意度不高等问题[①]。诚然,人工智能赋能长期护理保险对长期护理保险的发展具有重要的推动作用,但不容忽视的是这也为长期护理服务领域带来了一些新的法律问题,鉴于此,有必要围绕人工智能赋能长期护理保险引发的法律问题进行专门研究。需说明的是,虽然人工智能是一门新兴科技,但其所引发的法律问题有部分仍在传统护理范畴之内,对于这部分问题本章不再赘述,可参考上述相关章节。

一、人工智能赋能长期护理保险的实践

据学者研究,人工智能赋能长期护理保险最早系由英国生命信托基金会提出,是指通过整合、集成新兴信息网络及相关智能技术来参与护理服务[②],进入 21 世纪,随着信息通信技术、机器学习、大数据等技术的兴起,以及人口老龄化问题的叠加,人工智能进入养老、护理服务领域的广度与深度日益扩大、加深。

(一)人工智能赋能长期护理保险的内涵

所谓人工智能赋能长期护理保险,是指将现代信息通信技术,如互联网、物联网、社交网、大数据、云计算、区块链等应用到长期护理保险的资金筹集、失能评估、护理服务计划制订、具体护理服务工作当中:一方面部分代替传统的人工工作方式,避免人的价值判断影响长期护理保险经办的客观性;另一方面发挥智能科技在信息自动检测、预警甚至主动处理方面的优势,拓宽拓深原有的人工护理范围,在服务对象的生活起居、康复保健等方面实现技

[①]　黄昕."人工智能+养老"服务模式探究[J].西安财经大学学报,2020(5):35-42.

[②]　朱海龙.智慧养老:中国老年照护模式的革新与思考[J].湖南师范大学社会科学学报,2016(3):68-73.

术与人的友好、自主式、个性化智能交互。① 从这一定义不难看出,人工智能赋能长期护理保险具有四个方面的典型特征:

①技术性。即将现代信息通信技术等智能科技应用到失能人员的护理之中。

②替代性。即通过智能科技的整合、集成与引入,部分传统的人工护理工作被科技所取代。

③全面性。与传统的人工护理服务相比,人工智能可以全天候、全方位、全过程地投入护理服务过程,既可以起到事后服务的作用,还可以起到提前介入预防的作用。

④社会性。传统人工护理服务的焦点在于生活照顾、身体康复等,而人工智能的介入则可以拓展老年人的社会交往空间,满足老年人的社会需要,在解决服务对象社会需要的同时,提高服务对象的身心健康。

（二）人工智能赋能长期护理保险的主要类型

1.人工智能赋能长期护理保险的应用现状

进入 21 世纪,随着全世界进入老龄化社会,越来越多的国家开始重视因老龄化而带来的照护服务难题,纷纷出台相应的法律、政策鼓励人工智能进入养老、护理服务领域。如在 2011 年,美国启动了"AMP 计划",推动前沿信息科技进入养老服务领域,在政策支持下,产学研不断融合,智能家居、护理机器人、生活辅助设备、护理管理应用程序等不断涌现,有力提升了美国长期护理保险的智能化水平。老龄化较严重的国家之一日本,出台了诸多政策扶持人工智能技术辅助长期护理保险发展,如:在 2007 年出台的"长期战略方针"中,描绘了一幅借助人工智能设备减轻家庭成员与护理人员工作负担的一生健康社会蓝图;在 2013 年"日本再兴战略"中,提出研发护理机器人,推动人工智能技术的研发与落地;2014 年发布《与家庭护理相结合促进适当使用信息系统照顾老年人的指南》,力推以大数据、人工智能等新兴信息通信技术为核心的介护保险管理系统,通过标准化的数据收集与管理,将被保险人健康服务纳入医疗、护理和保险工作的整体体系中②。我国台湾老龄化较为严重,为应付日益增多的失能人口,不少长期护理服务机构开展了人工智能赋能长期护理保险的实践,其中新北市双连安养中心从 2011 年起便开始了人工智能护理服务的实践,其开展的相关人工智能赋能护理实践见表 11.1。

表 11.1　新北市双连安养中心人工智能赋能长期护理服务实践

Table 11.1　New Taipei City Shuanglian Nursing Center Artificial Intelligence Empowers Long-term Nursing Service Practice

时间	项目名称	项目简介
2011 年	科技研究发展专案创新科技应用于服务计划	运用"一站式服务"理念,建立"创新整合型银发智慧生活便利站",结合便利的老人科技装置,使银发族能与亲朋好友、安养机构人员面对面通话,另一方面整合各类型第三方服务供应商于统一平台,使服务对象无论身处何地都可以享受专为老人提供的服务,构建"银发智慧生活便利站"社交网络与市场

①　左美云.智慧养老:内涵与模式[M].北京:清华大学出版社,2018:4.

②　赵慧灵.人工智能赋能长期护理保险的调查研究[D].石家庄:河北经贸大学,2021.

续表

时间	项目名称	项目简介
2013 年	建筑物智慧化改造	在中心内安装安全出入辨识与侦测救援系统和无线护理侦测系统,当服务对象走向危险区域或中心大门出入口时,系统会即时通报服务人员,在第一时间找到服务对象,避免发生意外
2013 年	智慧生活实验室——智活公园	与台湾大学智慧生活科技整合与创新研究中心合作,将中心服务人员设为老人福祉商品和服务的试用者,让研究者通过检测发现服务对象的潜在需求,并从服务对象的角度去思考和设计,创造最符合服务对象需求的科技产品与服务
2014 年	建筑物智慧改造	在中心内安装紧急呼叫无线系统和无线紧急通报网络系统,通过弹性化的传输网络架构、更相容的系统和人性化的管理操作界面满足服务对象突发事件紧急呼叫的需要
2016 年	4G 智慧社区照顾服务计划——智慧社区照顾北部示范场域建置计划	与双连社会福利慈善事业基金会、浩鑫股份有限公司合作,研发"HOCA"智慧居家服务管理系统,提供居家护理服务流程数字化、智慧选派居家护理方案、耗材管理、服务评鉴、费用自动调整、居家服务行政管理系统
2017 年	智慧照护方案	与友达光电合作开发长期护理方案,内容包括生活服务机、信息广播系统、移动护理机、智慧床垫、精准定位系统、紧急呼叫管理等,并提供核心技术云端智慧咨询系统,整合五大照护工作(护理、照顾、社工、康复、营养)与人事行政、财务、总务等部门,建置管理咨询平台,提升照护服务与经营管理功能
2018 年	智慧科技应用于失智症生活照护与非药物治疗创新服务	将科技智慧设备导入中心失智者服务专区的既有照护模式,通过数字化身体互动游戏、高龄者认知训练应用 App 以及陪伴型机器人,丰富失智者服务专区活动内容,达到延缓失能效果、增进失智服务对象护理品质的作用
2018 年	智慧生活服务系统	与富新实业合作,以养护中心为场域进行建筑智能化环境改造,试用声控 SOS 呼叫系统产品,可声控电视/空调/窗帘/灯具等,提升护理服务对象生活便利性

资料来源:赖明妙.长照服务智慧化科技应用之分享[J].电脑与通讯,2019(7):7.

2.人工智能赋能长期护理保险的底层运行逻辑

从当前各国或地区的实践来看,人工智能在多个方面对长期护理保险制度予以赋能,如既可以在保险制度设计上通过大数据测算护理需求,也可以在护理需求评估阶段通过建立在智慧终端、大数据基础上的信息管理系统进行评估、选择合适护理方案;既可以在失能发生后发挥代替人工进行护理的作用,也可以在护理过程中通过生物特征识别等技术起到提前预防作用;既可以起到评鉴长期护理服务质量、提高服务对象满意度的作用,也可以发挥合理分配护理资源确保长期护理保险长期稳健运行的作用。而从法律规制的维度来看,人工智能赋能长期护理保险的底层逻辑包括"信息收集""数据分析"和"智慧应用"三个维度。在信息收集维度,主要是通过各种人工智能终端,利用生物特征识别等技术收集失能老人相关信息,并通过网络传输到信息管理系统;在数据分析维度,主要是通过大数据、已有相关分析工具等对智能护理终端收集到的数据进行分析,评估是否失能、失能程度、需要匹配何种服务计划等;在智慧应用维度,则是在信息收集和数据分析维度的基础上,根据已有的人工护理经验、智能制造技术等生产制造出合适的智慧终端或 App 程序,部分取代人工护理服务,同时在这些终端中植入相关检测系统检测使用产品或服务后服务对象的身心变化并及时调整服务内容,除此之外,在智慧应用维度,产学研还将在已有技术、使用状况等基础上深化合作,生产更能满足服务对象需要并促进其有尊严、有价值生活的智慧护理产品或服务。

(三)我国关于人工智能应用于长期护理保险的相关政策

随着我国于 2000 年进入老龄化社会,失能人员日益增多,同时在少子化背景叠加下,人工智能赋能长期护理保险的需求愈发迫切。当前,国家尚未出台专门的关于人工智能在长期护理保险中应用的政策,但《长期护理保险试点意见》明确指出,在保险金的经办管理上,要"加强信息网络系统建设,逐步实现与养老护理机构、医疗卫生机构以及其他行业领域信息平台的信息共享和互联互通"。

而在与长期护理保险紧密相关的养老服务领域,全国老龄办早在 2012 年便提出了"智能化养老"概念,并在 2013 年 8 月成立了全国智能化养老专家委员会,以推动科技、信息要素在养老服务工作中的应用[1]。2015 年 7 月出台的《国务院关于积极推进"互联网+"行动的指导意见》(国发〔2015〕40 号),明确提出要利用互联网促进智慧健康养老产业发展,主要通过云计算、大数据等技术提供长期跟踪、预测预警的个性化健康管理服务,通过搭建信息服务平台,提供康复护理、健康管理、看护护理等居家智慧养老服务,通过移动便携式互联设备网提高服务水平。2017 年 2 月,原国家卫计委、工信部、民政部三部委联合出台了《智慧健康养老产业发展行动计划(2017—2020 年)》(工信部联电子〔2017〕25 号),提出要引入智能终端、大数据、云计算、物联网等新兴信息技术产品,实现机构、社区、家庭、个人与养老资源的智能交互和有效配置,升级现有智慧养老服务,提高服务质量效率和水平,计划到 2020 年底制定 50 项智慧养老服务产品和服务标准,建立一批智慧养老应用示范基地,培育一批示范引领企业;2019 年 3 月出台的《国务院办公厅关于推进养老服务发展的意见》(国办发〔2019〕5 号),要求工信部、民政部、发改委、卫健委等部委根据职责推进实施"互联网+养老"行动,促进人工智能、物联网、云计算、大数据等新一代信息技术和智能硬件等产品在养老服务领域的深度应用。2019 年 9 月,民政部在《关于进一步扩大养老服务供给促进养老服务消费的实施意见》(民发〔2019〕88 号)中,要求必须尽速推进养老服务与互联网的深度融合,依托大数据、云计算、智慧终端、互联网、物联网等,开发多种"互联网+"应用,打造多层次智慧养老服务体系。

由此可见,我国政府部门推进人工智能赋能养老服务的方向是极为明确的,同时配套了一系列较为合理的、具有前瞻性的政策措施[2],并采取了相应的激励措施。而作为老年服务体系一部分的长期护理服务行业,同样适用上述政策,在此政策红利和市场蓝海的吸引下,

① 新华社.全国智能化养老专家委员会第一次工作会议召开[EB/OL].(2013-08-26)[2021-09-18].中国政府网.
② 魏强,吕静.快速老龄化背景下智慧养老研究[J].河北大学学报(哲学社会科学版),2021(1):99-107.

我国人工智能赋能养老服务、长期护理服务必将进展迅速。

二、人工智能赋能长期护理保险的优越性

相较于传统的人工护理,大数据、云计算、生物特征识别等现代技术支撑下的人工智能赋能护理服务具有缓解护理服务资源短缺、实现有限长期护理保险基金精准流向、满足护理服务对象个性化需求、有效保障老年群体的新兴权利和提高服务质量监管效率等优势,确保长期护理保险制度的长期稳健运行。

(一)缓解护理服务资源短缺

当前总体上我国护理资源是极为短缺的,体现在护理人力资源短缺和护理设备设施资源短缺两个方面,通过人工智能赋能,可以在较大程度上缓解护理服务资源短缺的现象。

(1)缓解护理人力资源短缺

一方面如前所述,在少子化、空巢化背景下,家庭护理人力资源极为稀缺,家庭的非正式护理功能式微;另一方面近年来国家大力提倡的社区护理虽然可以弥补家庭护理的不足,但仍处于起步阶段,多数社区基本上没有配备专门负责失能人员护理的工作人员和岗位,而在机构护理中,也如上述我国护理人员与国际上通行的配备标准相差很远。护理人力资源远不能满足失能人员护理需要,人工智能赋能长期护理服务可以有效缓解护理人力资源短缺的窘境,如通过护理机器人便可取代原来需要依靠护理人员才能解决的诸如喂饭、洗澡、翻身、导尿、康复等工作,此外还可以通过大数据信息服务系统有效、合理地调配护理人力资源分布,结构性优化人力资源配备。

(2)缓解护理设施设备资源短缺带来的护理资源需求紧张

虽然近年来我国大力推行无障碍工作,但无论是在养老机构、街道、社区还是在家庭,智能化、适老化环境营造还存在着较大不足,这就进一步增加了本就短缺的护理人力资源的负担,如目前家中的电气设备开关若未经适老化改造,其通常都是固定在墙面上的,这就极不利于居家护理的半失能老人,家中必须有人协助他们才能正常生活。而通过人工智能赋能,如将家中上述开关进行适老化、智能化改造,则可以满足这部分半失能人员对护理服务资源的需求。

(二)实现有限长期护理保险基金精准流向

在当前经济下行、疫情冲击背景下,国家采取了"减税降费"等措施,要求切实减轻企业负担,而传统上社会保险的大部分缴费都来自企业,因此长期护理保险的筹资面临着较大的困难。从试点地区来看,虽然采取了以医保划转为主体、多种渠道并用的筹资方式,但从筹资实践来看,长期护理保险基金主要还是来源于医保划转,这一方面给医保基金带来了较大的挑战,另一方面也使长期护理保险不得不依附在医疗保险之下,长期护理保险基金的充盈可持续并不乐观。在人工智能赋能长期护理保险方面,通过智慧终端检测、大数据分析、智能交互匹配等可以有效实现护理需求的评估、护理方案的确定等,有效分配极为有限的护理资源,实现有限长期护理保险基金的精准流向。此外,人工智能赋能长期护理服务还能通过身体、心理等方面的数据检测,提前介入医疗治疗或康复护理,有效避免或延迟服务对象从

轻度失能向中度失能、中度失能向重度失能转变,进一步节约医疗互利基金开支,使其流向更需要的群体。

（三）满足护理服务对象个性化需求

1.可以满足护理服务对象的多样化护理需求

护理服务对象的需求具有多样性,在人工智能赋能长期护理服务条件下,通过智能终端数据的收集,可以分析出护理服务对象的护理服务需要排序,优先满足其最需要护理服务的同时,满足其多样化的护理需求,而传统人工护理通常不能做到这些,因为护理人员一方面在护理知识的掌握上是有限的,另一方面该护理知识主要是面向共同性需要的,无法满足服务对象个性化需求,而人工智能则可以通过个性化的设置满足护理服务对象的多样化需求。

2.可以及时检测并反馈服务对象各项身体、心理指标并及时调整服务内容

智能终端可以自动检测老人的身体、心理等各项指标数据,并及时将数据传输到信息系统,系统通过数据比对、分析,可以及时设计出满足当前老年人身体和心理状态的护理计划,避免不适当的护理计划既浪费宝贵的护理人力、财力资源又不能满足老年人的护理需要。

3.可以满足服务对象全天候 24 小时护理需要

人工护理服务时间相对而言较短,如在日本,根据服务对象选择,每天护理服务可能只有 1 个小时,而人工智能终端则可以做到全天候 24 小时护理,满足老年人时间上服务全覆盖的需求。

（四）有效保障老年群体的新兴权利

1.保障老年人的社会参与权

老年人的社会参与权是随着世界老龄化程度不断加深而出现的针对老年人的一项新兴权利。在 1982 年的维也纳老龄问题世界大会上,通过了包括 62 项建议在内的《老龄问题国际行动计划》,明确了在《国际人权公约》基础上为保障老龄人口权利而应采取的措施框架。1995 年,联合国经济、社会及文化权利委员会在《经济、社会及文化权利国际公约》的基础上发布《老龄人口的经济、社会文化权利》,提出各缔约国有义务特别注意促进和保护老龄人口的经济、社会和文化权利,在性别平等的基础上强调老龄人口在工作、社会保障、家庭、生活水平、身心健康、教育文化等方面的权利。1999 年是国际老人年,联合国提出了包括"个人终身发展、多代关系、老龄化与发展、老年人处境"四个方面的共享社会理念。2002 年,联合国发布《积极老龄化:政策框架》,正式提出积极老龄化理念,并对其体系架构进行了探索。根据世界卫生组织的界定,积极老龄化由"健康""参与""保障"三支柱组成,积极老龄化法治体系构建需要围绕这三支柱展开,其中"参与"是积极老龄化法治的核心。

"参与"是近年来受积极心理学影响而提出来的,是积极老龄化理论的核心内容,老龄群体参与权的实现,既需要一定的制度保障老年人的权利,也需要增强老年人参与社会和家庭建设的能力,同时激发老年人产生"参与"的意识和动力。这要求积极老龄化法治体系的建构应将"参与"作为核心,通过老年就业、居住、交通、教育等法律制度的构建保障老年群体的"参与权"。而在传统的人工护理服务中,主要解决的是服务对象的基本生活需要,对老年人的社会参与关注较少,人工智能赋能下,可以通过相关智慧终端(如适合失能群体的通信设

备等)使失能老年群体有效参与社会交流,保障其社会参与权。

2.保障老年人的数字权利

随着人类社会迈入信息化社会,数字权利作为一种新型权利逐渐进入理论研究领域,如有学者便主张将人民群众对数字科技的掌握和运用奉为"权利"并将其归属于"人权"范畴,以人权的规范性强化对数字科技开发及运用的伦理约束和法律规制[1],其权利内容包括积极和消极两个面向,其中积极面向的义务指向为国家,要求国家采取相应的措施来推动数字人权的保障[2]。但在现实中,数字科技固有特征、社会结构内在原因、公共服务供给不均衡等造成了老年数字贫困现象突出,集中体现在数字生活方式贫困、数字产品服务贫困、数字技能知识贫困、数字使用效益贫困等方面,特别是对于失能人员,数字贫困问题更为突出。而通过人工智能赋能,利用适老化的数字产品改造技术等,可以有效帮助老年人跨越"数字鸿沟",消弭数字贫困,分享信息化时代的"数字红利"[3]。

(五)提高服务质量监管效率

如上所述,长期护理服务质量监管是长期护理保险法律制度的重要组成部分,特别是在服务多元化供给背景下,长期护理服务质量监管是国家作为调控监管者和最终责任者的义务履行,也是保障保障对象权利、推动长期护理服务产业发展和推动长期护理保险制度良性发展的必然要求。但在传统的人工服务领域,长期护理服务质量监管存在着诸如监管标准不够完善、监管机制有待优化、监督缺乏有效性等问题[4],即便采纳本书第七章提出的有关完善我国长期护理服务质量监管的建议,其仍然会带来诸如保险运行成本过高、传统监管顽疾难以根除等问题。而人工智能赋能长期护理保险,则可以有效实现服务质量的监管。

①人工智能赋能长期护理服务有助于实现全过程、全场域的护理服务质量信息化监管。通过"互联网+智慧终端"的方式,将长期护理服务的全过程、全场域纳入信息系统之中,可以实现反馈处理的全程可追溯,能够有效保障老年人的人身与财产安全。

②人工智能赋能长期护理服务有助于解决农村地区长期护理服务质量监管难题。一直以来,农村长期护理服务因其地域分散性难以监管,或因监管成本过高而被制度有意忽略或力所不逮而暂不规定,但通过人工智能赋能则可以有效解决这一难题,特别是近年来随着国家高度重视农村的数字化建设,先后出台了《"十三五"全国农业农村信息化发展规划》《中共中央 国务院关于实施乡村振兴战略的意见》《数字乡村发展战略纲要》《数字农业农村发展规划(2019—2025年)》等规范性文件,从数字乡村建设的战略目标、建设思路到具体对策都进行了较为详细的规定,取得了显著成效,如据第49次《中国互联网络发展状况统计报告》显示,截至2021年12月,我国现有行政村已全面实现"村村通宽带",贫困地区通信难等问题得到历史性解决。我国农村网民规模已达2.84亿,农村地区互联网普及率为57.6%,这为在农村推行"人工智能+长期护理"提供了有力保障,可有力提升农村长期护理服务质量

① 张文显.构建智能社会的法律秩序[J].东方法学,2020(5):4-19.
② 郭春镇.数字人权时代人脸识别技术应用的治理[J].现代法学,2020(4):19-36.
③ 魏强,吕静.快速老龄化背景下智慧养老研究[J].河北大学学报(哲学社会科学版),2021(1):99-107.
④ 黄昕."人工智能+养老"服务模式探究[J].西安财经大学学报,2020(5):35-42.

的信息化监管。

③人工智能赋能长期护理服务有助于实现政府部门间的数据共享。大数据、云计算、智能设备等人工智能产品服务,可有效打通不同政府部门间在长期护理数据共享中的难点和堵点,实现不同数据的有机融合,信息化、便捷化、高效化地解决长期护理服务中遇到的难题,提高政府对长期护理服务质量监管的效率。

④人工智能赋能长期护理保险有助于历史记录监管。如上所述,在长期护理服务市场准入中设置历史记录条件这一事前监管措施可有助于确保长期护理服务质量,但在传统服务场域,因为信息采集、储存等手段不完善,这一历史记录条件发挥的作用较为有限,而通过大数据信息系统,则可以有效实现历史记录监管,对于曾经有过不良执业记录的机构、服务人员在其注册时便可予以市场禁入。

三、人工智能赋能长期护理保险引发的法律问题与规制

人工智能赋能长期护理保险可有效促进长期护理保险制度的长期稳健运行,提高护理服务对象的满意度,但同样会引发一系列法律问题,这些法律问题一部分与人工护理引发的法律问题具有同质性,后者的解决方案可作为前者的参考,但另外一部分属于人工智能所引发的特有问题,需要通过相应的规制措施予以引导、规范、化解。

(一)服务对象隐私保护

1.人工智能赋能长期护理保险引发的服务对象隐私权保护新问题

传统人工护理服务下的隐私问题在人工智能赋能照护下继续存在,但呈现出一些新特点,如在传统的人工护理服务中,获取服务对象隐私信息的人员范围一般仅限于护理服务人员,而在人工职能赋能长期护理服务时,获取服务对象隐私信息的人员范围就会扩大到能够接触信息系统的所有人,增加了服务对象隐私泄露的风险①。同时在传统的人工护理服务中,对于部分隐私信息,服务对象在不想让服务人员知晓时,可以要求服务人员回避,但在人工智能赋能的长期护理服务中,智能机器主要是根据设计者设计的程序开展工作的,在没有设计相应控制程序时,服务对象难以阻止智能机器人获取隐私的行为。此外,更为重要的是传统人工服务中服务人员获取的隐私仅存在于服务人员的脑海中,但在人工智能服务中,通过监测设备获取的服务对象的隐私将被长时间地储存在云端、信息系统之中,这些涉及服务对象隐私的影像资料与数据保存时限、云端数据安全措施等都将会随时成为隐私泄露的区域②。

2.人工智能服务赋能长期护理引发的服务对象隐私权保护新问题的法律规制

对于人工智能赋能长期护理保险引发的服务对象隐私权保护新问题,除了依然要依据隐私权、采取与传统人工护理同样的保护,还必须在具体法律规制上采取新措施。

①承认服务对象对个人隐私的主导与控制权。要在人工智能设备上设置"告知同意"程

---

①　王东浩.基于技术和伦理角度的机器人的发展趋势[J].衡水学院学报,2013(5):57-62.

②　HOFMANN B. Ethical challenges with welfare technology:A review of the literature[J]. Science and Engineering Ethics,2013(2):389-406.

序或者在提供人工智能护理服务时就要告知服务对象可能涉及的隐私问题①。

②通过设置相应程序履行告知义务。设置相应程序,使服务对象在接受服务时,能够知晓隐私正在被监测、录制,如在启动监测时开启亮灯提示;同时还要设置相应的关闭程序,在不影响正常服务的同时,还可以保护隐私。

③加强信息系统安全防护。如设置严格的信息系统工作权限,仅少数因工作需要而必须知晓检测录制影像的人才有权限打开系统;同时提高影像的安全技术措施级别,确保安全②。

④尤要注重保护重度失智失能患者的隐私。此部分群体往往更可能放弃隐私权保护以换取护理,同时因为生理、心理方面的限制,他们可能并不清楚人工智能机器的检测、录制个人隐私功能,即便他们能够意识到,也不知道如何向外界表达不同意的意愿③,这就尤要注重采取类似上述的成年监护等制度相互配合才能加强服务对象隐私保护的措施。

(二)服务对象信息安全保障

1.个人隐私与个人信息的联系与区别

区别个人隐私与个人信息的目的在于对于服务对象信息的保护不能完全照搬服务对象个人隐私的保护。个人隐私与个人信息是一对既有联系又有区别的概念。

①在法律维度上,个人隐私与个人信息是两个不同的概念。个人隐私一般包括私生活安宁和私生活秘密两个方面,侧重于个人私生活领域不受他人干扰、个人信息保密不受他人非法搜集、刺探和公开的权利④。而个人信息,根据《个人信息保护法》的定义,是指以电子或者其他方式记录的与已识别或者可识别的自然人有关的各种信息,包括"个人姓名、住址、出生日期、身份证号码、医疗记录、人事记录、照片等单独或与其他信息对照可以识别特定的个人的信息"⑤。

②在法益范围上,个人隐私权与个人信息权的法益范围交叉但不完全重叠。有的个人隐私属于个人信息,有的个人隐私不属于个人信息,前者如涉及个人疾病史的相关信息既属于个人隐私也属于个人信息,后者如私生活安宁不受打扰是隐私权的法益客体但不属于个人信息权利的法益客体。有些个人信息因涉及个人私生活领域属于个人隐私,有些个人信息因高度公开而不属于隐私,前者如个人住址,后者如个人的手机号码。另外,有些个人信息完全独立于个人隐私权利法益辐射之外,如个人姓名。

2.人工智能赋能长期护理保险引发的服务对象个人信息保护新问题

数字时代,万物皆可信息化⑥。在人工智能赋能长期护理服务背景下,服务对象在保险

① DRAPER H, SORELL T. Ethical values and social care robots for older people: An international qualitative study[J]. Ethics and Information Technology, 2017(1): 49-68.
② 叶明莉.应用机器人于高龄照护的伦理考量[J].领导护理,2016(4):13-20.
③ KORTNER T. Ethical challenges in the use of social service robots for elderly people[J]. Zeitschrift für Gerontologie und Geriatrie, 2016(4): 303-307.
④ 张新宝.隐私权的法律保护[M].北京:群众出版社,2004:7.
⑤ 张新宝.从隐私到个人信息:利益再衡量的理论与制度安排[J].中国法学,2015(3):38-59.
⑥ 李琴,岳经纶.信息技术应用如何影响社会福利权的实现?——基于贫困治理的实证研究[J].公共行政评论,2021(3):79-97.

经办、服务接受过程中所形成的地理位置、收入情况、消费习惯、身体心理状况等皆可信息化,成为服务提供企业掌握的重要资源,为服务对象个人信息保护带来新问题。

①信息保护问题。面对海量数据,长期护理服务企业必须采取妥善的技术手段强化用户信息安全保护,避免信息泄露带来的用户损失,但这势必会增加企业成本[①]。

②企业利用个人信息违法牟利问题。当前个人信息泄露的源头大部分来自掌握信息的企业[②],且多系其为牟取非法暴利恶意所为[③],如在2016年公安部开展的涉嫌网络诈骗专项整治活动中,便发现9家大型知名互联网平台涉嫌贩卖个人信息。

③平台利用掌握的信息通过算法向服务对象定制化推送不必要的商品或服务,诱导用户消费,而对于数字素养不高的长期护理服务对象群体极易在感到"贴心"之余而冲动性购买,并未意识到其实际上陷入了企业的算法陷阱[④]。

3.人工智能赋能长期护理保险引发的服务对象个人信息保护新问题的法律规制

（1）强化用户信息安全管理

护理服务提供企业必须根据《个人信息保护法》要求,加强对服务对象的信息保护,一方面要加强内部规范,建立相应的机制禁绝企业内部管理人员、技术人员贩卖服务对象个人信息,另一方面要采取适当技术措施强化服务对象信息安全管理,防止网络黑客等违法分子采取不当技术攫获服务对象的信息。

（2）强化算法治理

一是树立"算法向善"责任理念,将"以人为中心"的"算法向善"理念作为人工智能赋能长期护理保险的核心理念,在算法技术的设计、开发与应用过程中最大程度地考虑其负外部性,保证其符合人本主义下的伦理道德价值取向,从算法开发源头最大限度削减服务提供企业管理人员、技术人员潜在机会主义带来的算法技术异化问题。二是建立"算法向善"内控机制,将算法透明管理、算法社会影响评估等制度内嵌于服务提供企业内部管理体系,全过程确保"算法向善"。三是强化"算法向善"披露制度,将算法所依据的数据来源、数据收集标准和数据分析处理过程通过适当的方式向社会公众披露,接受社会公众的监督。四是建立"算法向善"内审制度,设立企业内部伦理委员会,定期对服务提供企业算法决策进行审计[⑤],确保服务提供企业"算法向善"。

（3）强化数字安全内部治理

发挥护理服务企业在护理服务体系中的核心地位,强化对其他服务参加者的数字安全治理引领作用。信息是数字时代的权力中心[⑥],互联网在去中心化后又迅速重构了中心,在

① EOM S, HUH J. Group signature with restrictive linkability：Minimizing privacy exposure in ubiquitous environment[J]. Journal of Ambient Intelligence & Humanized Computing, 2018(4)：1-11.
② HUNT T, SONG C, SHOKRI R, et al. Chiron：Privacy-preserving machine learning as a service[J]. Proceedings on Privacy Enhancing Technologies, 2018(3)：123-142.
③ 曲薪池, 侯贵生.基于三方演化博弈的平台信息安全治理研究[J].现代情报,2020(7):114-125.
④ 阳镇, 陈劲.数智化时代下企业社会责任的创新与治理[J].上海财经大学学报(哲学社会科学版),2020(6):33-51.
⑤ 张凌寒.《个人信息保护法(草案)》中的平台算法问责制及其完善[J].经贸法律评论,2021(1):36-46.
⑥ 韦思岸.大数据和我们:如何更好地从后隐私经济中获益[M].胡小锐,李凯平,译.北京:中信出版集团,2016:18.

人工赋能长期护理服务背景下,参加服务提供的企业除了传统的服务机构,还有提供算法的第三方信息平台企业,以及链接在该平台上的其他企业,如送餐、提供康复护理的企业等,形成了一个以护理服务企业为中心的长期护理服务提供体系,在这个体系中,护理服务企业成了具有"准公共权力"的新中心①。护理服务企业应充分利用其在体系内的"价值引领""准立法""准行政""准司法"地位,撬动全部资源,以强化对服务对象的利益保护;同时以引领护理服务为载体,通过技术内嵌平台治理规则、强化规则执行监管和严格违规处理等措施引导、规范护理服务提供体系内的其他企业提升数字安全技术和网络安全层级,进一步强化对服务对象的利益保护。

(三)服务对象数字权利保护

1.数字人权与数字鸿沟

进入信息化社会以来,数字技术的发展为人类社会带来了极大的便捷,快速推动了社会经济的发展,有效满足了社会大众的各式各样需求。在此背景下,近年来有学者主张将人民群众对数字科技的掌握和运用奉为"权利"并将其归属于"人权"范畴,以人权的规范性强化对数字科技开发及运用的伦理约束和法律规制②。有学者提出数字社会的出现重塑了人权形态,数字人权成了新一代人权,即"第四代人权",需要构建相应的人权保护机制,将数字人权的保护置于具体场景中,通过对不同群体间权益的平衡实现③。还有学者则进一步指出数字人权包括消极面向与积极面向,其中消极面向意味着个体在大数据时代享有"独处的权利",即个体在参加数字生活时享有不被识别、不被打扰、不被侵犯的权利,而积极面向则是在个体无法逃逸出数字社会的背景下④,国家有义务采取相应的措施保护个人的数字权利⑤。

数字人权积极面向下国家的作为义务在数字鸿沟问题治理上尤为突出。近年来在人口老龄化、生活数字化、贫困相对化叠加背景下,数字鸿沟问题的社会治理日益受到政府和社会的关注。习近平总书记强调,"网信事业要发展,必须贯彻以人民为中心的发展思想"。2020年11月国务院印发的《关于切实解决老年人运用智能技术困难的实施方案》,专门对数字鸿沟问题突出的老年群体提出要通过完善法律规范强化对老年"数字鸿沟"的治理。

所谓数字鸿沟,早在20世纪末便已出现,在1995年7月至2000年10月,美国国家电信与信息管理局接连4次发布美国国内数字鸿沟问题报告,并将解决数字鸿沟问题提升为其首要的人权和经济工作。此后,其他国家、国际社会开始逐渐关注数字鸿沟问题。早期数字鸿沟又可称为"数字接入鸿沟",指不同群体在获取数字设备和接入互联网上存在的差异。随着数字技术的发展和普及,不同群体在数字资源使用能力上的差异,即"数字素养鸿沟"成

---

① 刘少杰.网络化时代的权力结构变迁[J].江淮论坛,2011(5):15-19.

② 张文显.构建智能社会的法律秩序[J].东方法学,2020(5):4-19.

③ 马长山.智慧社会背景下的"第四代人权"及其保障[J].中国法学,2019(5):5-24.

④ 蒋国建.网络化生存、网络孤独症蔓延与心理危机[J].探索与争鸣,2013(10):81-85.

⑤ 郭春镇.数字人权时代人脸识别技术应用的治理[J].现代法学,2020(4):19-36.

为关注焦点①。近来,理论界开始关注数字资源使用对不同群体产生的结果的差异,即"数字获益鸿沟"②。

2.数字鸿沟成因

数字鸿沟属于结构性贫困范畴,是由社会结构、经济结构、文化结构、公共政策结构等相对稳定程度高的因素所造成的,仅凭个体的努力和微观行为无法改变。③ 如在农村数字鸿沟的形成中,在市场结构方面,资本的逐利性使得企业倾向于将资源布局于城市等人口密集区,而对于乡村则较少涉足④,数字服务最先于城市开始,教育、旅行、娱乐等发展性、优质数字资源主要倾向于城市投放,而对于乡村目前数字化商业服务还主要限于网络购物、网络娱乐等少数领域。而在农村数字信息的供给上,农业农村发展类经济回报效益少的数字信息基本上较少有企业提供,而医药广告、虚假宣传等无效或广告信息则充斥网络。又如文化结构,贫困群体常常共享着一种自甘贫困、福利依赖的社会文化心理,这使数字素养鸿沟群体中的一部分对数字资源比较陌生甚至存有偏见,缺乏提升数字素养的欲望,不愿意接受数字化服务,甘愿处于数字素养贫困境地,如在我国的一些"淘宝村"中,虽然不少农村居民通过网商分享了数字红利,但是仍有不少农村居民认为使用数字资源是年轻人、文化人的专利,农村人、老年人、青少年不应该接触计算机、网络,因为这会耽误农业生产和危害农村青少年的学业。⑤

3.服务对象数字权利保护

数字鸿沟的结构化成因最终需要通过结构化方案来解决,不能仅仅指望通过个体自身努力去填补。特别是对因失能需要接受护理服务的人群而言,其更是无法通过自身努力去逆转数字鸿沟困境,需要根据数字人权的要求,由国家提供相应的措施确保其能够接受人工智能赋能的护理服务。在具体措施上,主要通过数字赋权和技术增能来实现:

①数字赋权。要通过软硬法兼治措施构建失能群体的数字赋权机制,赋予失能群体数字终端使用权、数字服务接入权、数字技能教育权、数字安全保障权等权利。

②技术增能。要围绕数字产品服务失能人员使用标准、数字应用失能人员改造、数字市场违法行为治理等构建失能群体数字技术增能机制,提升老年群体数字使用能力。

(四)服务对象个人自决权保护

1.人工智能赋能下的服务对象物化

人的物化是现代经济发展的必然结果⑥,所谓"物化",在马克思主义的经典文本中有过这样一段论述,"他们不仅相等,他们之间甚至……不会产生任何差别。他们只是作为交换

---

① WARSCHAUER M, DE FLORIO-HANSEN I. Multilingualism, identity, and the internet [M] // HU A, DE FLORIO-HANSEN I. Multiple identity and multilingualism. Tübingen: Stauffenburg, 2003: 155-179.

② ROBLES J M, TORRES-ALBERO C, DE MARCO S. Spanish e-government and the third digital divide: A sociological view [J]. Journal of US-China Public Administration, 2011, 8(4): 401-412.

③ 闫慧.农民数字化贫困的结构性成因分析[J].中国图书馆学报,2017(2):24-39.

④ 宁立标.论数字贫困的法律治理[J].南京社会科学,2020(12):87-92.

⑤ 闫慧,闫希敏.农民数字化贫困自我归因分析及启示[J].中国图书馆学报,2014(5):68-81.

⑥ 刘森林.物化:文化之思还是经济社会整体之思?[J].哲学研究,2019(5):3-15.

价值的占有者和需要交换的人,即作为同一的、一般的、无差别的社会劳动的代表互相对立","所以他们是价值相等的人,同时是彼此漠不关心的人。他们的其他差别与他们无关。他们的个人的特殊性并不进入过程"①。而在人工智能赋能长期护理保险下,服务对象的物化现象更为严重。虽然人工智能的介入可以有力缓解服务资源紧张状况,但在特定情形下,服务对象自身极有可能被视为物而对待,如人工智能在没有考虑服务对象感受的情况下,移动服务对象或对其进行引流管护理等事项,便会发生服务对象的物化问题②,因此时服务对象并未获得事先告知且未被考虑感受的情况下被人工智能服务器材当成物品一般进行处理。

2.服务对象物化下的自决权沦丧

在人工智能赋能长期护理服务的背景下,曾有学者发出"科技促进的究竟是失能人员、护理人员还是管理者的福祉"的疑问③,亦即人工智能赋能长期护理服务到底是为失能人员赋能,还是为护理服务人员赋能,抑或是为护理服务经营机构赋能?特别是对于失智症患者,其是否还有足够的判断能力决定是否接受人工智能型护理服务?这种没有判断能力的情形是否会演变成其他人剥夺其自主选择权的理由④?如包括家属在内的护理人员仅仅着眼于自身护理事务的便利性而忽略服务对象的意愿使用人工智能护理服务,护理服务经营机构从自身经营与管理成本出发而不考虑服务对象的意愿使用人工智能代替人工护理服务时,如何保障服务对象的自决权?此外,更为重要的是,因为人工智能服务机器在出厂时便被设计好了相应的程序,而现实护理服务发生的场域是复杂多变的,以设计好的程序应对复杂的服务场域就可能发生更严重的侵害护理服务对象权利的问题,如对于监测型机器人,其主要是通过监测服务对象的行为来预防其从事危险活动,就极有可能发生监测型机器人在不考虑服务对象意愿的情况下强制、擅自将服务对象封闭在一个特定的、程序认为"安全"的区域之中,变相地将对老年人提供的安全服务变成了"监禁"⑤。

3.人工智能赋能长期护理服务下服务对象自决权保护

(1)明确人工智能服务机器的控制权在于服务对象本人

有学者指出,面对人工智能赋能长期护理保险引起的服务对象物化问题,其关键在于"由谁控制机器人",即服务对象本身是否被赋予了选择、消费购买、控制、拒绝使用人工智能服务的权利?人工智能服务机器如何在服务对象具备主导权的情况下,提供护理服务⑥?因此,在人工智能从事长期护理服务时,应在上述成年监护制度的配合下,充分尊重服务对象

---

① 马克思,恩格斯.马克思恩格斯选集(第31卷)[M].北京:人民出版社,1995:358-359.
② HOSSEINI S H, GOHER K M. Personal care robots for older adults:An overview[J]. Asian Social Science, 2017, 13(1):11-19.
③ HOFMANN B. Ethical challenges with welfare technology:A review of the literature[J]. Science and Engineering Ethics, 2013, 19(2):389-406.
④ DRAPER H, SORELL T. Ethical values and social care robots for older people:An international qualitative study[J]. Ethics and Information Technology, 2017(1):49-68.
⑤ 张嘉秀.护理与智慧医疗法律风险[J].护理杂志,2021(4):23-31.
⑥ SHARKEY N, SHARKEY A J. The eldercare factory[J]. Gerontology, 2012(3):282-288.

的意愿,由其决定是否接受人工智能护理服务、接受何种人工智能护理服务以及人工智能护理服务机器在设计上应有相关允许老年人可以便捷地选择拒绝服务的程序,此外,通过相应的成年监护评鉴制度,对了为护理服务方便而不考虑服务对象意愿使用人工智能服务的监理人员采取相应的措施,直至剥夺其监护资格。

（2）人工智能护理服务机器在设计上应更人性化

首先在护理服务机器的设计上应充分调研,并结合护理服务专家和工作人员的意见,设计更契合服务对象需要的人工智能机器,否则可将其视为违反了《消费者权益保护法》上的"安全保障义务",承担相应的法律责任。其次在人工智能护理服务机器的设计上应有醒目的提醒老年人选择的按钮或程序,便利护理服务人员选择。

(五)服务致损责任规制

在人工智能被赋予法律主体资格之前,其和传统的非护理工具并无本质上区别,正如在智慧医疗中,人工智能医疗工具与传统的手术刀、B超仪器等并无区别①,因此关于使用其造成的损害应与传统责任分配机制一样,唯需注意的有两点。

（1）人工智能护理服务工具提供人的责任

所谓人工智能护理服务工具提供人,包括在机构护理中操作人工智能护理服务工具向服务对象提供服务的人以及向居家护理服务对象提供人工智能服务工具的人,在前述情形中,提供人负有注意义务和告知义务,即操作人工智能工具的人必须熟练掌握人工智能护理服务工具的操作技能以及在操作时严格按照手册进行,同时必须将人工智能护理服务工具的相关知识、注意事项等告知服务对象,否则应承担相应的侵权责任。而在后者,人工智能护理服务工具提供人一般只需要负责告知义务即可。

（2）人工智能护理服务工具生产者的责任

首先,人工智能护理服务工具生产者负有生产者责任,对于因设计有瑕疵人工智能护理服务工具致服务对象受损的,生产者根据《民法典》第一千二百〇三条、一千二百〇五条承担相应的生产者责任。其次,生产者负有告知、培训的后合同义务,即生产者应告知护理服务提供企业人工智能护理服务工具的性能及操作方法,并通过适当的形式组织护理服务提供企业的相关人员开展操作技能培训等,否则亦应承担相应的民事责任。

---

① 刘建利.医疗人工智能临床应用的法律挑战及应对[J].东方法学,2019(5):133-139.

结　论

　　长期护理保险作为因应老龄化社会失能人员增多的一项社会保障制度,在我国有望成为与养老、医疗(含并入的生育保险)、工伤、失业保险并列的一项社会保险。根据社会法治国、基本权利和给付行政理论的要求,长期护理保险制度需纳入法治化轨道运行。我国长期护理保险法律制度的构建既要参酌其他国家或地区的立法经验,又要注重我国社会保障法的体系性,着重从管理体制、资金的筹集与运行、保障对象、服务供给和护理给付等五个方面加强规制。本书在深入分析德国、日本等国家长期护理保险立法经验的基础上,结合我国长期护理保险制度建设背景和实际需要以及社会保障体系建设现状,就我国长期护理保险法律制度建设有关问题提出了较为系统的参考意见。

　　①长期护理保险是现阶段我国积极应对老龄化的重要措施。我国老龄化呈现出"未富先老""老年人口绝对数量大""老龄化叠加少子化"等典型特征,失能人员护理已成为社会性难题。已在德国、荷兰、日本等国家证明了自身价值的长期护理保险制度既具有有效分散社会风险、实现筹资多元化、保障老年人权益、体现人本主义关怀、缓解中年人压力、确保人的自由发展等社会功能,还可以发挥解放劳动力、增加社会财富创造、缓解就业压力、推动护理服务产业化等经济价值。

　　②我国政府部门在长期护理保险制度中的功能定位为制度供给者、调控监管者和最终责任者。国家在社会保障中经历了从置身事外者到一线责任者再到二线责任者的角色变迁,从当前国内外经验和我国社会保障制度实际来看,我国政府在长期护理保险中的功能定位应是制度供给者、调控监管者和最终责任者。国家在长期护理保险中的任务:首先,加强顶层制度设计,通过立法明确对长期护理保险的规制和保障,发挥国家的制度供给职能;其次,根据法律规范的要求,加强对长期护理保险的监督管理与协调,发挥国家的调控监管职能;最后,在"市场失灵"时,国家应采取转介安置等相应措施以保障服务对象权益,发挥国家的最终责任职能。

　　③我国长期护理保险运行应采取社会保险型运行模式。当前国际上长期护理保险主要有社会救助型、社会保险型和社会福利型三种运行模式,从我国社会保障体系来看,我国长期护理保险应采社会保险型运行模式,且长远来看长期护理保险应独立于医疗保险。当前,我国人口老龄化速度加快,失能人员渐次增多,随着少子化趋势推进和家庭结构的变迁,家

庭护理功能逐渐式微,而现有的养老服务、社会救助、医疗保险、大病保险等制度在因应护理需要时都存在一定的问题,建立长期护理保险制度有其现实基础。长期护理保险采用社会保险型运行模式有利于福利多元化背景下长期护理服务资源的充分调动和服务对象的权利实现。为凸显长期护理保险的重要性以及提高保险统筹水平,建议在试点阶段,长期护理保险可依附于医疗保险,但长期护理保险立法时应将二者置于平行而非隶属地位,从长远来看,长期护理保险应独立于医疗保险。

④我国长期护理保险立法应采取保险、服务合一模式。长期护理保险立法有保险、服务分立和保险、服务合一两种模式,鉴于我国现有社会保险法的体系结构,建议我国长期护理保险采用保险、服务合一的立法模式。同时,在规范设计上,建议长期护理保险基本法中以概括性规定为主,并通过授权条款将相关具体事宜,如服务需求评估、定点护理服务资格等的立法权限授予相关行政主管部门,由其根据实际制定相应规范,从而构建一个以《社会保险法》为中心、相关配套规范为支撑的长期护理保险法律体系。

⑤我国长期护理保险资金筹集应采用多元模式。与其他已建立长期护理保险制度的国家相比,我国失能人口众多,单一的护理资金筹集模式难以满足实际需要,建议我国长期护理保险主要通过社会保险、政府补助和个人付费三种方式筹集资金。其中,在社会保险资金筹集方式上,建议参照医疗保险设计相关的保险制度,护理保险费率与医保费率挂钩;在政府补助筹资方式上,建议规定政府补助的下限,以免政府通过控制支付减轻自身责任;在个人付费筹资方式上,建议固化个人付费比例,并设置基金支付上限以防范道德风险;在保费分担上,对于职工原则上仍然采取个人和用人单位共同承担的方式,但在现行国际和国内社会经济背景下,单位部分仍然采取医保划转方式,此后视医保基金结余情况,再行调整。

⑥我国长期护理保险基金运行建议采取部分提存准备金制度,并设置统一账户,不采取"统账结合"模式。为维护基金稳定和彰显代际公平,我国长期护理保险基金应采取部分提存准备金式运行模式。在提存方式上,鉴于失能的偶发性,为防止护理基金闲置,建议不采取养老和医疗保险的"统账结合"模式,而设置统一账户。

⑦护理需求评估的法律规制。不同于养老保险只要达到退休年龄即可领取,长期护理保险的领取以通过护理需求评估为前提要件。护理需求评估是长期护理保险给付的"阀门",是决定被保险人能否接受长期护理服务以及接受何种长期护理服务的"标尺"。为确保护理需求评估的科学性和公正性,建议在人社部门主管下确定权威的评估机构,评估成员吸收相关专业人士参加;应确定统一、科学的评估工具和评估程序,建立申诉制度,维护申请人权利;在评估结果上,建立失能分级制度,根据失能分级情况进行保险分级给付。

⑧长期护理服务多元供给及其法律规制。自党的十八大以来,党中央和国务院多次出台相关政策措施鼓励社会保障的多元化供给。我国长期护理服务多元化供给应在吸收现有养老服务多元化供给经验和教训的基础上,着重从服务机构准入、公共性维持、公私合作治理、服务人员资质与执业环境、非正式护理支持等方面建构具体的长期护理服务多元化供给法律规则。其中,为确保公私合作顺畅,需要在有关法律法规的设计上引入"双阶理论"理念。在我国养老服务多元化供给进程中,公私合作双方间的法律关系一直难以定性,实践中

多以行政手段进行调控,造成了公私合作不畅的问题,阻碍了市场作用的发挥,养老服务多元供给效果较差。有鉴于此,笔者建议引入"双阶理论"规制长期护理服务供给中的公私合作,注重通过平权手段——合同协商,而非高权手段——行政干预来调整公私间法律关系。

⑨长期护理保险给付的法律规制。长期护理保险给付应采取实物给付和现金给付两种给付方式。长期护理保险立法时可以确立实物给付优先原则,但基于现金给付对促进护理服务市场发展、家庭和谐等方面的积极作用,应同时允许现金给付方式的存在,而为了确保现金给付发挥应有作用,建议设置领取条件(通过护理需求评估,护理保障对象须有能力自行规划购买护理服务,护理保障对象居住地附近有适当的非专业人力能够提供护理服务)和资金用途监管规则(当事人定期申报、津贴使用监督检查、违规使用终止发放)。

⑩人工智能赋能长期护理保险及其法律规制。人工智能可有效提高长期护理保险制度的运行效率、缓解护理资源紧缺、提高护理服务质量等,但也会引发诸如服务对象隐私泄露风险、服务对象信息泄露风险、服务对象数字权利不易实现、服务对象自决权受侵、服务致损责任如何分配等一系列法律问题,这些问题的解决部分可参照传统长期护理中的规制方案,部分则需要通过新的立法或进行法律解释予以解决。

参考文献

一、中文著作类

[1] 陈伯礼.授权立法研究[M].北京:法律出版社,2000.

[2] 陈良瑾.中国社会工作百科全书[M].北京:中国社会出版社,1994.

[3] 陈新民.公法学札记[M].北京:中国政法大学出版社,2001.

[4] 程明修.行政法之行为与法律关系理论[M].台北:新学林出版股份有限公司,2005.

[5] 戴卫东.长期护理保险:理论、制度、改革与发展[M].北京:经济科学出版社,2014.

[6] 戴卫东.OECD 国家长期护理保险制度研究[M].北京:中国社会科学出版社,2015.

[7] 戴卫东.中国长期护理保险制度构建研究[M].北京:人民出版社,2012.

[8] 丁建定.从济贫到社会保险[M].北京:中国社会科学出版社,2000.

[9] 丁建弘,陆世澄.德国通史简编[M].北京:人民出版社,1991.

[10] 龚赛红.医疗损害赔偿立法研究[M].北京:法律出版社,2001.

[11] 顾东辉.社会工作评估[M].北京:高等教育出版社,2009.

[12] 何勤华,张海斌.西方宪法史[M].北京:北京大学出版社,2006.

[13] 黄素庵.西欧"福利国家"面面观[M].北京:世界知识出版社,1985.

[14] 黄源协.社区照顾[M].台北:扬智文化事业股份有限公司,2000.

[15] 荆涛.长期护理保险理论与实践研究:聚焦老龄人口长期照料问题[M].北京:对外经济贸易大学出版社,2015.

[16] 李昌麒,许明月.消费者保护法[M].北京:法律出版社,2014.

[17] 李涛.我国人口老龄化问题的法律应对研究[M].武汉:武汉大学出版社,2017.

[18] 李玉春.长期照顾法制之建构与实践[M].台北:元照出版公司,2021.

[19] 林美色.长期照护保险:德国荷兰模式析论[M].台北:巨流图书公司,2011.

[20] 刘金涛.老年人长期护理保险制度研究[M].北京:科学出版社,2014.

[21] 龙卫球.民法总论[M].北京:中国法制出版社,2002.

[22] 吕晓莉.中国城乡失能老人长期照料需求比较研究[M].北京:中国社会科学出版社,2016.

［23］渠涛.最新日本民法［M］.北京：法律出版社，2006.

［24］任远，马连敏.老龄社会的市场对策：长期护理保险与社会福利体系［M］.北京：中国社会出版社，2005.

［25］沈炼之.法国通史简编［M］.北京：人民出版社，1990.

［26］史探径.社会保障法研究［M］.北京：法律出版社，2000.

［27］舒国滢.法理学导论［M］.北京：北京大学出版社，2012.

［28］台湾地区行政法学会.国家赔偿与征收补偿·公共任务与行政组织［M］.台北：元照出版公司，2007.

［29］台湾地区行政法学会.行政契约与新行政法［M］.台北：元照出版公司，2002.

［30］汪晖，陈燕谷.文化与公共性［M］.北京：生活·读书·新知三联书店，2005.

［31］王泽鉴.民法概要［M］.北京：中国政法大学出版社，2003.

［32］翁岳生.行政法［M］.北京：中国法制出版社，2002.

［33］邬沧萍.漫谈人口老化［M］.沈阳：辽宁人民出版社，1987.

［34］许宗力.法与国家权力［M］.台北：月旦出版公司，1993.

［35］张新宝.隐私权的法律保护［M］.北京：群众出版社，2004.

［36］张盈华.老年长期照护：制度选择与国际比较［M］.北京：经济管理出版社，2015.

［37］郑功成.社会保障学：理念、制度、实践与思辨［M］.北京：商务印书馆，2000.

［38］周佑勇.行政法基本原则研究［M］.武汉：武汉大学出版社，2005.

二、中文译著类

［1］巴顿.论影响社会上劳动阶级状况的环境［M］.薛蕃康，译.北京：商务印书馆，2011.

［2］布坎南，马斯格雷夫.公共财政与公共选择：两种截然不同的国家观［M］.类承曜，译.北京：中国财政经济出版社，2000.

［3］察赫.福利社会的欧洲设计：察赫社会法文集［M］.刘冬梅，杨一帆，译.北京：北京大学出版社，2014.

［4］弗里德曼夫妇.自由选择：个人声明［M］.胡骑，席学媛，安强，译.北京：商务印书馆，1982.

［5］哈贝马斯.公共领域的结构转型［M］.曹卫东，王晓珏，刘北城，等译.上海：学林出版社，1999.

［6］哈耶克.自由秩序原理［M］.邓正来，译.北京：生活·读书·新知三联书店，1997.

［7］菊池馨实.社会保障法治的将来构想［M］.韩君玲，译.北京：商务印书馆，2018.

［8］凯尔森.法与国家的一般理论［M］.沈宗灵，译.北京：中国大百科全书出版社，1996.

［9］考夫曼.德国福利国家的挑战［M］.施世骏，译.台北：五南图书出版股份有限公司，2002.

［10］科斯，阿尔钦，诺斯，等.财产权利与制度变迁：产权学派与新制度学派译文集［C］.上海：上海三联书店，上海人民出版社，1994.

［11］卢梭.社会契约论［M］.何兆武，译.北京：商务印书馆，1980.

［12］马克思.资本论（第一卷）［M］.中共中央马克思恩格斯列宁斯大林著作编译局，译.北京：人民出版社，2004.

[13] 迈耶.德国行政法[M].刘飞,译.北京:商务印书馆,2002.

[14] 毛雷尔.行政法学总论[M].高家伟,译.北京:法律出版社,2000.

[15] 美浓部达吉.公法与私法[M].黄冯明,译.北京:中国政法大学出版社,2003.

[16] 莫拉莱斯.社会工作:一体多面的专业[M].顾东辉,王承思,高建秀,等译.上海:上海社会科学院出版社,2009.

[17] 南博方.行政法[M].杨建顺,译.北京:中国人民大学出版社,2009.

[18] 亚当·斯密.国民财富的性质和原因的研究[M].郭大力,王亚南,译.北京:商务印书馆,1974.

[19] 韦伯夫妇.英国工会运动史[M].陈建民,译.北京:商务印书馆,1959.

[20] 韦思岸.大数据和我们:如何更好地从后隐私经济中获益[M].胡小锐,李凯平,译.北京:中信出版集团,2016.

三、中文博硕论文类

[1] 蔡雅竹.论中国台湾地区长期照护双法草案及其法律问题:兼论德国之长照保险制度[D].台北:台湾大学,2014.

[2] 曹璞.老龄化背景下我国家庭老年人口对经济增长的正向效应研究[D].西安:西北大学,2021.

[3] 陈佑宗.法国老人长期照护制度之研究[D].新北:淡江大学,2005.

[4] 程雷.基于政府责任和公民权利的社会保障制度研究[D].大连:东北财经大学,2012.

[5] 高琇珠.长期照护需求评估工具之引进[D].台北:台北护理健康大学,2009.

[6] 胡竣凯.长期照顾财政制度之研究:以日本长期照护保险施行之经验为借镜[D].台北:台湾大学,2015.

[7] 贾天民.我国长期护理保险法律制度构建研究[D].北京:中国社会科学院,2013.

[8] 陆敏清.国家担保责任于长期照护之实现[D].台北:台北大学,2010.

[9] 王吟吏.长期照护制度中家庭照护者法律定位之研究:日本长期照护制度之借镜与反思[D].台北:台湾政治大学,2012.

[10] 吴飞.代际支持失衡背景下家庭养老困境及社会化居家养老模式研究[D].南京:南京大学,2015.

[11] 杨宇涵.我国城镇失能老人长期护理社会保险法律制度研究[D].重庆:西南大学,2014.

[12] 章文洁.行政法视野下的居家养老服务券制度[D].杭州:浙江工商大学,2013.

[13] 赵慧灵.人工智能赋能长期护理保险的调查研究[D].石家庄:河北大学,2021.

[14] 赵雅冰.德国长期护理保险制度研究:基于国际比较的视角[D].南昌:江西财经大学,2019.

[15] 钟御郡.长期照护机构评鉴与服务品质之研究[D].新北:淡江大学,2013.

[16] 周韦诗.机构式长期照护需求之影响因素及建构长期照护体系之建议[D].台北:台湾大学,2006.

［17］周阳.我国社会性长期护理保险法律制度研究：以人口老龄化为背景［D］.重庆：西南大学,2015.

［18］卓俊吉.德国长期照护保险法制之研究［D］.台北：台湾政治大学,2004.

四、中文期刊类

［1］阿历克西.作为主观权利与客观规范之基本权［J］.程明修,译.宪政时代,1999(4):83-98.

［2］北京义德社会工作发展中心课题组.长期照护保险：国际经验和模式选择［J］.国家行政学院学报,2016(5):42-48.

［3］蔡昉.刘易斯转折点与公共政策方向的转变［J］.中国社会科学,2010(6):125-137.

［4］曹信邦,张小凤.中国长期护理保险制度的目标定位与实现路径［J］.社会政策研究,2018(3):46-56.

［5］陈爱娥.国家角色变迁下的行政任务［J］.月旦法学教室,2003(3):104-111.

［6］陈诚诚.长期护理保险试点地区筹资机制的实施现状与政策述评［J］.学习与实践,2020(6):88-96.

［7］陈诚诚.长期护理服务领域的公私合作［J］.中国社会保障,2016(7):37-39.

［8］陈芳芳,任泽涛,程煜.老年照护需求评估的内涵、实践与制度构建［J］.宏观经济管理,2019(10):39-45.

［9］陈金钊,吴冬兴.正视社会保障权及其实现方法［J］.北京联合大学学报(人文社会科学版),2018(3):74-85.

［10］陈明芳.福利国家的重构：以德国长期照护保险制度的建置与改革为例［J］.台大社工学刊,2012(25):157-207.

［11］陈伟.长期照护制度中失能老人的"需求导向型供给侧改革"研究［J］.学习与实践,2018(1):91-100.

［12］陈晓安.公私合作构建我国的长期护理保险制度：国外的借鉴［J］.保险研究,2010(11):55-60.

［13］陈雄,牛盼盼.论法定成年监护制度去行为能力化［J］.江汉大学学报(社会科学版),2019(6):5-16,118.

［14］陈毅.从民生到民主的转型：中国民主选择的突破口［J］.党政视野,2017(2):53-54.

［15］陈征.论部门法保护基本权利的义务及其待解决的问题［J］.中国法律评论,2019(1):51-57.

［16］陈正芬,官有垣.台湾地区机构式长期照顾服务组织属性与政府相关政策演变之探讨［J］.社会政策与社会工作学刊,2011(1):91-135.

［17］陈正芬.管理或剥削？家庭外籍看护工雇主的生存之道［J］.台湾社会研究季刊,2011(4):89-155.

［18］陈正芬.双轨分立的长期照顾体系：照顾服务员国籍与品质的抉择叉路［J］.台湾社会研究季刊,2011(4):381-386.

［19］陈治.国家治理转型中的预算制度变革:兼评新修订的《中华人民共和国预算法》［J］.法制与社会发展,2015(2):89-104.

［20］成秋娴,冯泽永,冯婧,等.中国台湾地区长期照护制度特征分析及启示［J］.中国老年学杂志,2018(11):2800-2803.

［21］程明修.双阶理论之虚拟与实际［J］.东吴法律学报,2004(2):165-204.

［22］代懋.长期护理制度的发展模式探析:以荷兰、北欧和英国为例［J］.北京航空航天大学学报(社会科学版),2021(4):58-66.

［23］戴卫东.解析德国、日本长期护理保险制度的差异［J］.东北亚论坛,2007(1):39-44.

［24］戴卫东,金素怡.上海市失能老人长期护理服务的满意度及其影响因素［J］.残疾人研究,2019(3):30-38.

［25］戴卫东,石才恩.韩国老年长期护理政策新动向［J］.中国卫生事业管理,2008(1):66-69.

［26］戴卫东.以色列长期护理保险制度及评价［J］.西亚非洲,2008(2):46-50.

［27］戴瑀如.论德国成年监护制度之人身管理:兼论程序法上之相关规定［J］.台北大学法学论丛,2014(90):159-208.

［28］党俊武.长期照护服务体系是应对未来失能老年人危机的根本出路［J］.人口与发展,2009(4):52-55.

［29］邓汉慧,涂田,熊雅辉.社会企业缺位于社区居家养老服务的思考［J］.武汉大学学报(哲学社会科学版),2015(1):109-115.

［30］邓素文.浅谈台湾地区长期照护机构之评监机制［J］.长期照护杂志,2010(2):117-124.

［31］邓伟志,陆春萍.合作主义模式下民间组织的培育和发展［J］.南京社会科学,2006(11):126-130.

［32］丁纯.德英两国医疗保障模式比较分析:俾斯麦模式和贝弗里奇模式［J］.财经论丛(浙江财经大学学报),2009(1):22-27.

［33］丁建定.论撒切尔政府的社会保障制度改革［J］.欧洲,2001(5):76-82.

［34］丁建定.试论近代晚期西欧的社会保障制度［J］.史学月刊,1997(4):84-89.

［35］丁学娜.民办非营利养老机构的政府补偿机制研究:基于S市民办非营利养老机构的分析［J］.中州学刊,2012(6):94-98.

［36］杜乐其,钱宇弘.老年消费者安全保障义务之"合理限度"认定浅窥［J］.中南大学学报(社会科学版),2014(6):133-138.

［37］杜鹏程,徐舒,张冰.社会保险缴费基数改革的经济效应［J］.经济研究,2021(6):142-158.

［38］杜霞,周志凯.长期护理保险的参与意愿及其影响因素研究:基于陕西省榆林市的微观样本［J］.社会保障研究,2016(3):41-50.

［39］高传胜,崔秀雅.长期照护保险的基本理论与政策问题再讨论［J］.中国高校社会科学,2021(6):117-126,157.

[40] 高传胜.老有所养,中国该如何养?——基于养老服务与保障关系及发展的思考[J].兰州学刊,2016(11):163-169.

[41] 高传胜.新时代我国城乡居民社会保险制度改革建设再思考:兼论人口流动对现行社会保险制度的挑战与应对[J].新疆师范大学学报(哲学社会科学版),2021(3):112-129.

[42] 高淑芬,陈惠姿.长期照护与社区护理[J].国家政策季刊,2005(4):109-128.

[43] 高霞.德国长期护理保险制度的分级经验及对中国的启示[J].就业与保障,2020(8):184-186.

[44] 耿晨.南通市照护保险构建实践[J].中国社会保障,2016(10):81-82.

[45] 耿颖.现代社会转型与领域法话语的展开[J].武汉大学学报(哲学社会科学版),2018(6):32-39.

[46] 龚莉.美国社会保障制度的纷争与演变[J].经济体制改革,1995(3):123-125.

[47] 郭春镇.数字人权时代人脸识别技术应用的治理[J].现代法学,2020(4):19-36.

[48] 郭家宏.工业革命与英国贫困观念的变化[J].史学月刊,2009(7):52-56.

[49] 郭伟伟.新加坡社会保障管理体制及对中国改革的启示[J].行政管理改革,2010(7):68-71.

[50] 郭曰君,吕铁贞.社会保障权宪法确认之比较研究[J].比较法研究,2007(1):56-70.

[51] 韩从容.论格式合同的价值冲突与利益平衡机制[J].现代法学,2000(6):150-152.

[52] 韩伟,赵云英.城乡居民长期护理保险给付偏好的实证分析:以山西省为例[J].保险职业学院学报,2021(5):59-64.

[53] 和红.德国社会长期护理保险制度改革及其启示:基于福利治理视角[J].德国研究,2016(3):58-72.

[54] 何林生,阙俊忠.医疗保险基金省级统筹运行机制初探[J].中共福建省委党校学报,2011(12):68-74.

[55] 何平.德国社会保险的探索:以长期照护保险制度为例[J].理论月刊,2017(9):177-183.

[56] 何文炯.老年照护服务补助制度与成本分析[J].行政管理改革,2014(10):28-33.

[57] 何艳玲.从"科层式供给"到"合作化供给":街区公共服务供给机制的个案分析[J].武汉大学学报(哲学社会科学版),2006(5):655-660.

[58] 贺蒽蒽.评析中世纪晚期英国济贫法[J].政法论丛,2013(6):66-71.

[59] 胡锦璐.公共服务共享制:给付行政新格局及其创新路径[J].西北民族大学学报(哲学社会科学版),2021(2):114-122.

[60] 胡天天,刘欢.长期护理保险试点政策效果研究[J].老龄科学研究,2021,9(10):24-35.

[61] 胡玉鸿.试论法律位阶划分的标准[J].中国法学,2004(3):22-32.

[62] 华颖.国际视野下的中国长期护理保险政策选择[J].学术研究,2021(7):91-97.

[63] 黄阿惠,董和锐.长期照护机构照护人员工作满意度及其相关因素探讨[J].长期照护杂志,2013(2):149-170.

［64］黄春元.人口老龄化对我国财政稳定性影响的定量解析［J］.西北人口,2015,36（2）：
    13-19.

［65］黄枫.人口老龄化视角下家庭照料与城镇女性就业关系研究［J］.财经研究,2012（9）：
    16-26.

［66］黄丽娟,罗娟.长期护理保险的理论指引与体系建构［J］.华东政法大学学报,2020（5）：
    143-157.

［67］黄诗淳.长期照顾法简评:从私法之观点［J］.月旦法学杂志,2016（2）:244-248.

［68］黄书亭,周宗顺.中央政府与地方政府在社会保障中的职责划分［J］.经济体制改革,
    2004（3）:19-22.

［69］黄松林,赖红汝,王华娟.长期照护保险建制与社会照顾［J］.社区发展季刊,2010
    （130）:309-318.

［70］黄万丁,李珍.日本护理保险制度的理念得失及其对中国的启示［J］.现代日本经济,
    2016（3）:73-83.

［71］黄学贤.给付行政适用法律保留原则若干问题探讨［J］.江海学刊,2005（6）:114-119.

［72］黄源协.台湾社区照顾的实施与冲击:福利多元主义的观点［J］.台大社工学刊,2001
    （5）:53-101.

［73］纪林繁.基本权利第三人效力的法理逻辑与实现路径［J］.北方法学,2021（5）:128-140.

［74］贾海彦,张红凤.基于产权约束的基层养老服务资源优化配置研究［J］.中央财经大学学
    报,2016（1）:16-22.

［75］简慧娟,庄金珠,杨雅岚.台湾地区长期照顾十年计划现况与检讨［J］.社区发展季刊,
    2013（3）:6-18.

［76］江海霞,郑翾翾,高嘉敏,等.老年长期照护需求评估工具国际比较及启示［J］.人口与发
    展,2018（3）:65-73,84.

［77］江尻行男,庄秀美.日本的企业与照顾服务产业企业的发展动向与经营策略分析［J］.
    （台）管理学报,2007（6）:637-655.

［78］姜日进,李芳.中国建立长期护理保险制度的发展思路:以青岛市长期护理保险制度为
    例［J］.社会福利,2016（3）:44-46.

［79］焦佳凌.日本成年监护制度及其启示［J］.社会福利,2014（2）:46-47.

［80］荆涛,邢慧霞,万里虹,等.扩大长期护理保险试点对我国城镇职工医保基金可持续性
    的影响［J］.保险研究,2020（11）:47-62.

［81］荆涛,杨舒.美国长期护理保险制度的经验及借鉴［J］.中国卫生政策研究,2018（8）：
    15-21.

［82］敬乂嘉.政府扁平化:通向后科层制的改革与挑战［J］.中国行政管理,2010（10）：
    105-111.

［83］坎宁安.加拿大协助决定取代成年监护的最新动向［J］.上海师范大学学报（哲学社会
    科学版）,2021（1）:15-24.

［84］柯华庆.格式合同的经济分析［J］.比较法研究,2004(5):31-42.

［85］雷咸胜,崔凤.我国构建长期护理保险制度的现实要求和政策选择［J］.湖湘论坛,2016(4):74-80.

［86］李贝.统一规则模式下监护制度的不足与完善:立基于《民法总则》的评议［J］.法律科学(西北政法大学学报),2019(2):107-116.

［87］李长远.社会组织参与居家养老服务的困境及政策支持:基于资源依赖的视角［J］.内蒙古社会科学(汉文版),2015(4):166-170.

［88］李春根,赖志杰.论城乡一体化社会救助体系的构建［J］.财政研究,2010(3):31-35.

［89］李光廷.以台湾地区的家庭价值观看日本介护保险制度成立的背景与条件［J］.(台)人口学刊,2001(22):71-103.

［90］李国强.论行为能力制度和新型成年监护制度的协调:兼评《中华人民共和国民法总则》的制度安排［J］.法律科学(西北政法大学学报),2017(3):131-140.

［91］李国兴.超越"生存照顾"的给付行政:论给付行政的发展及对传统行政法理论的挑战［J］.中外法学,2009(6):826-834.

［92］李海平.基本权利的国家保护:从客观价值到主观权利［J］.法学研究,2021(4):39-54.

［93］李海平.政府购买公共服务法律规制的问题与对策:以深圳市政府购买社工服务为例［J］.国家行政学院学报,2011(5):93-97.

［94］李昊.大陆法系国家(地区)成年人监护制度改革简论［J］.环球法律评论,2013(1):72-91.

［95］李骅,蔡忆思,林卡.韩国家庭护理员制度及其对中国的启示［J］.社会工作,2019(5):52-61.

［96］李佳.中国长期护理保险制度财政负担可持续性研究:基于17种试点方案测算［J］.社会保障评论,2021(4):53-71.

［97］李麒.日本长期照护保险制度之建构［J］.法学新论,2013(45):17-40.

［98］李琴,岳经纶.信息技术应用如何影响社会福利权的实现?——基于贫困治理的实证研究［J］.公共行政评论,2021(3):79-97.

［99］李胜会,宗洁.经济发展,社会保障财政支出与居民健康:兼对逆向选择行为的检验［J］.宏观经济研究,2018(11):26-43.

［100］李涛.长期照护保险立法模式选择与难点突破［J］.社会科学战线,2019(6):226-230.

［101］李霞.成年后见制度的日本法观察［J］.法学论坛,2003(5):88-95.

［102］李霞.成年监护制度的现代转向［J］.中国法学,2015(2):199-219.

［103］李霞.协助决定取代成年监护替代决定:兼论民法典婚姻家庭编监护与协助的增设［J］.法学研究,2019(1):100-118.

［104］李雅琳.长期照护人才培育的台湾经验［J］.中国社会工作,2010(32):56-57.

［105］李亚旗.行政私法行为探析［J］.中共南宁市委党校学报,2015(3):48-52.

［106］李以所.德国"担保国家"理念评介［J］.国外理论动态,2012(7):26-32.

[107] 李玉春,林丽蝉,吴肖琪,等.台湾长期照护保险之规划与展望[J].社区发展季刊,2013
　　　(141):26-44.

[108] 李月娥,明庭兴.长期护理保险筹资机制:实践,困境与对策——基于15个试点城市政
　　　策的分析[J].金融理论与实践,2020(2):97-103.

[109] 李运华,姜腊.日本长期护理保险制度改革及启示[J].经济体制改革,2020(3):
　　　167-172.

[110] 李运华.社会保障权原论[J].江西社会科学,2006(5):26-32.

[111] 李哲罕.社会国还是社会法治国?——以当代德国法治国理论为论域[J].浙江学刊,
　　　2020(3):62-68.

[112] 李志强.老年人监护与长期照护保险立法之比较与选择[J].学术论坛,2018(3):
　　　62-68.

[113] 李志强.我国老年人长期照护保险立法研究[J].兰州学刊,2015(4):110-120.

[114] 李忠夏.基本权利的社会功能[J].法学家,2014(5):15-33.

[115] 黎建飞.社会保险立法的时机、模式与难点[J].中国法学,2009(6):138-147.

[116] 廖鸿.我国民间非营利组织发展的机遇与挑战[J].中国民政,2005(2):32-33.

[117] 林宝.对中国长期护理保险制度模式的初步思考[J].老龄科学研究,2015(5):13-21.

[118] 林义.关于东亚社会保障模式的理论思考[J].中国人民大学学报,2012(2):10-17.

[119] 林志鸿.德国长期照顾制度之发展、现况及未来[J].研考双月刊,2008(6):68-79.

[120] 林志鸿.德国长期照护保险照护需求性概念及其制度意涵[J].社区发展季刊,2000
　　　(92):258-269.

[121] 林宗浩.韩国老年人长期疗养保险立法的经验与启示[J].法学论坛,2013(3):36-43.

[122] 刘翠霄.社会保障制度是经济社会协调发展的法治基础[J].法学研究,2011(3):
　　　38-55.

[123] 刘芳.德国社会长期护理保险制度的运行理念及启示[J].德国研究,2018(1):61-76.

[124] 刘继同.英国社会救助制度的历史变迁与核心争论[J].国外社会科学,2003(3):
　　　60-66.

[125] 刘建利.医疗人工智能临床应用的法律挑战及应对[J].东方法学,2019(5):133-139.

[126] 刘剑文.论财政法定原则:一种权力法治化的现代探索[J].法学家,2014(4):19-32.

[127] 刘金霞.德国、日本成年监护改革的借鉴意义[J].中国青年政治学院学报,2012(5):
　　　119-124.

[128] 刘兰秋.长护险立法应避免"碎片化"[J].中国卫生,2021(9):98-99.

[129] 刘力.政府采购非营利组织公共服务:德国实践及对中国的启示[J].政法论坛,2013
　　　(4):164-170.

[130] 刘森林.物化:文化之思还是经济社会整体之思?[J].哲学研究,2019(5):3-15.

[131] 刘少杰.网络化时代的权力结构变迁[J].江淮论坛,2011(5):15-19.

[132] 刘淑琼.绩效、品质与消费者权益保障:论社会服务契约委托的责信课题[J].社会政策

与社会工作学刊,2005(2):31-93.

[133] 刘涛.德国长期护理保险制度的缘起、运行、调整与改革[J].安徽师范大学学报(人文社会科学版),2021,49(1):74-86.

[134] 刘晓梅,闫天宇.英国福利思想与制度变化的再思考[J].社会保障研究,2020(4):93-101.

[135] 刘旭华,董蕾红.积极老龄化视野下老年人长期照护法制体系的构建[J].东岳论丛,2017(12):187-192.

[136] 刘亚娜.失能老年人家庭长期照护者照护困境及思考:基于一位女性家庭照护者生存状态的个案研究[J].社科纵横,2016(11):103-107.

[137] 陆杰华.新时代积极应对人口老龄化顶层设计的主要思路及其战略构想[J].人口研究,2018(1):21-26.

[138] 罗遐,吴潇.德、日两国长期护理保险制度改革路径及对我国的启示[J].卫生软科学,2021(8):65-70.

[139] 吕宝静.支持家庭照顾者的长期照护政策之构思[J].国家政策季刊,2005(4):25-40.

[140] 吕国营,韩丽.中国长期护理保险的制度选择[J].财政研究,2014(8):69-71.

[141] 马长山.智慧社会背景下的"第四代人权"及其保障[J].中国法学,2019(5):5-24.

[142] 马晶,杨天红.长期护理需求评估体系建设研究[J].重庆大学学报(社会科学版),2021(2):176-187.

[143] 倪洪涛.从"道德宪法"到"政治宪法":一种税权控制的研究视角[J].法学评论,2006(3):3-10.

[144] 宁立标.论数字贫困的法律治理[J].南京社会科学,2020(12):87-92.

[145] 潘利平.居家和社区养老服务中的法律风险及对策建议:以成都市郫都区居家和社区养老服务中心为样本[J].西南民族大学学报(人文社会科学版),2019(2):63-67.

[146] 彭亮.长期护理保险试点背景下老年人长期照护需求研究:以接受长期护理保险服务的上海市社区居家老年人为对象[J].老龄科学研究,2021(9):59-68.

[147] 邱慧洳.长期照护机构负责人之管理监督过失责任[J].万国法律,2016(4):6-18.

[148] 渠敬东.项目制:一种新的国家治理体制[J].中国社会科学,2012(5):113-130.

[149] 曲相霏.外国宪法事例中的健康权保障[J].求是学刊,2009(4):70-76.

[150] 苏健.德国长期护理保险改革的成效及启示[J].社会政策研究,2020(4):39-49.

[151] 苏健.德国长期护理保险制度:演化历程,总体成效及其启示[J].南京社会科学,2019(12):67-73.

[152] 孙文灿.养老机构侵权责任研究[J].华东师范大学学报(哲学社会科学版),2017(4):85-92.

[153] 孙笑侠,郭春镇.法律父爱主义在中国的适用[J].中国社会科学,2006(1):47-58.

[154] 孙秀林,周飞舟.土地财政与分税制:一个实证的解释[J].中国社会科学,2013(4):40-59.

[155] 孙正成,兰虹."社商之争":我国长期护理保险的供需困境与出路[J].人口与社会,2016(1):83-93.

[156] 汤剑波.西方早期社会保障制度背后的主流价值观[J].南京师大学报(社会科学版),2009(6):17-22,28.

[157] 汤薇,粟芳.中国长期护理保险不同筹资模式研究[J].财经研究,2021(11):34-48.

[158] 陶纪坤.共享发展视角下我国社会保障再分配机制及实现方式研究[J].当代经济研究,2020(2):78-87.

[159] 田香兰.韩国长期护理保险制度解析[J].东北亚学刊,2019(3):118-131,151-152.

[160] 田勇,殷俊."依托医保"长期护理保险模式可持续性研究:基于城乡居民与城镇职工的比较[J].贵州财经大学学报,2019(2):91-101.

[161] 汪庆华.法律保留原则,公民权利保障与八二宪法秩序[J].浙江社会科学,2014(12):54-64.

[162] 汪毅霖.告别贫困,当代的经济现实与凯恩斯的失算[J].读书,2021(3):3-11.

[163] 王保玲,孙健.三种筹资模式下老年人长期护理保险缴费与财政补贴研究[J].重庆社会科学,2018(11):18-35.

[164] 王贵松.行政活动法律保留的结构变迁[J].中国法学,2021(1):124-144.

[165] 王晶,张立龙.老年长期照护体制比较:关于家庭、市场和政府责任的反思[J].浙江社会科学,2015(8):60-68.

[166] 王立剑,叶小刚,凤言.养老护理人员市场监测及发展前景研究[J].社会保障研究,2016(2):101-114.

[167] 王利明.对《合同法》格式条款规定的评析[J].政法论坛,1999(6):3-15.

[168] 王莉,余璐.我国长期照护服务供给:市场化政策,实践与反思[J].中州学刊,2021(7):88-95.

[169] 王希晨,吕欣桐,周令,等.医养结合视角下养老护理员培训相关研究进展[J].中国护理管理,2016(10):1380-1384.

[170] 王新军,郑超.老年人健康与长期护理的实证分析[J].山东大学学报(哲学社会科学版),2014(3):30-41.

[171] 王跃生.中国城乡家庭结构变动分析:基于2010年人口普查数据[J].中国社会科学,2013(12):60-77.

[172] 王增勇.家庭照顾者做为一种改革长期照顾的社会运动[J].台湾社会研究季刊,2011(85):397-414.

[173] 魏强,吕静.快速老龄化背景下智慧养老研究[J].河北大学学报(哲学社会科学版),2021(1):99-107.

[174] 闻丽.科层化:科层制组织的理性与非理性[J].理论月刊,2005(12):35-37.

[175] 文太林,孔金平.中国长期照护筹资与公共财政转型[J].行政论坛,2020(1):114-119.

[176] 吴君槐,马琦峰,李蕾,等.长期护理保险失能—照护等级评估制度区域比较研究:以长三角地区10个试点城市为例[J].科学发展,2021(10):105-113.

[177] 吴淑琼,江东亮.台湾地区长期照护的问题与对策[J].中华公共卫生杂志,1995(3):246-255.

[178] 吴淑琼,庄坤洋.在地老化:台湾地区二十一世纪长期照护的政策方向[J].台湾公共卫生杂志,2001(3):192-201.

[179] 吴香雪,杨宜勇."立"与"守"协同治理:构建社会保障共同体:社会契约视域下的社会保障责任划分与践行[J].西部论坛,2020(4):12-23.

[180] 吴肖琪.长期照护专业人力培育及配置策略[J].研考双月刊,2008(6):34-43.

[181] 吴玉韶,王莉莉,孔伟,等.中国养老机构发展研究[J].老龄科学研究,2015(8):13-24.

[182] 小岛克久.日本经济发展与社会保障:以长期护理制度为中心[J].社会保障评论,2019(1):76-88.

[183] 肖金明.构建完善的中国特色老年法制体系[J].法学论坛,2013(3):27-35.

[184] 萧文高,黄源协.老人机构照顾民营化:英国、瑞典和香港经验之比较分析[J].社会政策与社会工作学刊,2004(2):83-124.

[185] 谢冰清.论中国长期护理保险制度中国家责任之定位[J].云南社会科学,2019(3):118-126.

[186] 熊伟,张荣芳.财政补助社会保险的法学透析:以二元分立为视角[J].法学研究,2016(1):110-126.

[187] 徐清.欧洲福利制度主要模式的比较与借鉴[J].现代经济探讨,2021(3):126-132.

[188] 许瑞超.基本权利第三人效力的范畴与本质[J].交大法学,2021(1):46-59.

[189] 闫慧.农民数字化贫困的结构性成因分析[J].中国图书馆学报,2017(2):24-39.

[190] 严益州.德国行政法上的双阶理论[J].环球法律评论,2015(1):88-106.

[191] 杨登峰.行政法定原则及其法定范围[J].中国法学,2014(3):91-110.

[192] 杨东升.给付行政之法律保留适用探讨[J].南昌大学学报(人文社会科学版),2016(1):66-71.

[193] 杨建顺.规制行政与行政责任[J].中国法学,1996(2):76-82.

[194] 杨磊.医疗卫生政策与健康不平等:兼对西方新古典自由主义思潮的批判[J].福建论坛(人文社会科学版),2021(4):169-178.

[195] 杨立新.《民法总则》制定与我国监护制度之完善[J].法学家,2016(1):95-104.

[196] 杨立雄.社会保障:权利还是恩赐——从历史角度的分析[J].财经科学,2003(4):56-60.

[197] 杨瑞龙.我国制度变迁方式转换的三阶段论:兼论地方政府的制度创新行为[J].经济研究,1998(1):3-10.

[198] 杨天红.国家在长期照护社会保障中的功能定位与职责分工[J].中共浙江省委党校学报,2017(5):92-99.

[199] 杨团.公办民营与民办公助:加速老年人服务机构建设的政策分析[J].人文杂志,2011(6):124-135.

[200] 杨燕绥,于淼.人口老龄化对医疗保险基金的影响分析[J].中国医疗保险,2014(10):12-15.

[201] 阳义南.社会保障支持衔接机构型医养结合服务及其"梗阻"破除[J].华中科技大学学报(社会科学版),2021(5):19-26.

[202] 阳镇,陈劲.数智化时代下企业社会责任的创新与治理[J].上海财经大学学报(哲学社会科学版),2020(6):33-51.

[203] 姚兴安,朱萌君.发达国家长期护理保险融资的比较研究及对我国的启示[J].护理研究,2021(13):2257-2266.

[204] 姚蕴慧.社会福利民营化的再省思[J].通识研究集刊,2004(5):39-52.

[205] 叶海波,秦前红.法律保留功能的时代变迁:兼论中国法律保留制度的功能[J].法学评论,2008(4):3-8.

[206] 尹海燕.可持续的公共长期护理保险筹资机制:国外经验与中国方案[J].宏观经济研究,2020(5):166-175.

[207] 应飞虎.论经济法视野中的弱势群体:以消费者等为对象的考察[J].南京大学学报(哲学·人文科学·社会科学版),2007(3):67-74.

[208] 余斌.资本主义生产方式的诸多矛盾与经济危机[J].中共杭州市委党校学报,2013(5):69-76.

[209] 余卫明.社会保障立法模式探析[J].法学杂志,2003(5):37-38.

[210] 于新循,袁维勤.我国养老服务行业准入若干法律问题研究[J].理论与改革,2009(6):136-140.

[211] 袁志刚,葛劲峰.由现收现付制向基金制转轨的经济学分析[J].复旦学报(社会科学版),2003(4):45-51.

[212] 翟翌.基于"相似性"本质的行政特许界定及其应用[J].中国法学,2016(1):144-161.

[213] 詹镇荣.民营化后国家影响与管制义务之理论与实践:以组织私法化与任务私人化之基本型为中心[J].东吴大学法律学报,2003,15(1):1-40.

[214] 张翠玲,李月,杨文庄,等.新冠肺炎疫情对中国出生人口变动的影响[J].人口研究,2021(3):88-96.

[215] 张晖,许琳.需求评估在长期护理保险中的作用及实施[J].西北大学学报(哲学社会科学版),2016(5):124-131.

[216] 张慧芳,雷咸胜.我国探索长期护理保险的地方实践、经验总结和问题研究[J].当代经济管理,2016(9):91-97.

[217] 张会峰.刑事诉讼法中的程序性裁判[J].法学,2002(4):36-41.

[218] 张继元,税所真也.老龄化背景下日本成年监护制度运用状况及启示[J].社会保障研究,2016(2):55-67.

[219] 张继元,晏子,税所真也.深度老龄化社会的成年监护服务:日本的经验与启示[J].学术研究,2021(10):106-112.

［220］张嘉秀.护理与智慧医疗法律风险［J］.护理杂志,2021(4):23-31.

［221］张洁,陶四海,郝海滨.英国护理津贴制度介绍及其对我国的启示［J］.护理研究,2021
（13）:2356-2361.

［222］张浚,周弘.国家行为责任观念的差异［J］.欧洲研究,2021（2）:1-24.

［223］张连增,国畅.国际经验对我国长期护理保险评估体系建设的启示:以德国、荷兰、日
本、韩国为例［J］.未来与发展,2018(4):81-86.

［224］张凌寒.《个人信息保护法(草案)》中的平台算法问责制及其完善［J］.经贸法律评论,
2021(1):36-46.

［225］张淑卿,许铭能,吴肖琪.台湾地区长期照护机构品质确保机制发展之趋势［J］.长期照
护杂志,2010(2):149-159.

［226］张文显.构建智能社会的法律秩序［J］.东方法学,2020(5):4-19.

［227］张晓东,赵婷婷.英国撒切尔政府社会保障改革述评［J］.当代经济,2020（11）:
115-117.

［228］张新宝.从隐私到个人信息:利益再衡量的理论与制度安排［J］.中国法学,2015(3):
238-259.

［229］张学军.失能社会保险立法研究［J］.吉林大学社会科学学报,2013(2):132-139.

［230］赵碧华.社会福利民营化的迷思:公部门的困境? 私部门的愿景?——社会福利资源
配置的思考［J］.东吴社会工作学报,2003(9):1-44.

［231］赵斌.奥地利长期护理保障制度述评［J］.北京航空航天大学学报(社会科学版),2019
（2）:52-59,126.

［232］赵琨,王子苏,苏昕.商业保险公司经办长期护理保险主体间关系与困境研究:基于公
共服务链理论［J］.中国农村卫生事业管理,2021(11):782-788.

［233］赵曼,韩丽.长期护理保险制度的选择:一个研究综述［J］.中国人口科学,2015（1）:
97-105.

［234］赵青,李珍.英国长期照护:基本内容、改革取向及其对我国的启示［J］.社会保障研究,
2018(5):96-103.

［235］赵善如,吕佩熏.在长期照顾服务中服务对象自主权与选择权之探讨:以社政服务项
目为例［J］.社区发展季刊,2009(6):214-215.

［236］浙江省老年人长期照护保障制度研究课题组.浙江省老年人长期照护费用保障机制
研究［J］.老龄科学研究,2013(2):38-47.

［237］郑秉文.商业保险参与多层次社会保障体系的方式、作用与评估:基于一个初步的分
析框架［J］.辽宁大学学报(哲学社会科学版),2019(6):1-21.

［238］郑功成.让社会保险运行在法制轨道上［J］.中国社会保障,2015(11):18-19.

［239］郑清霞,王静怡.社会性长期照护保险的财务处理［J］.台湾社会福利学刊,2014(1):
65-119.

［240］郑尚元,袁少杰.老龄化之因应与长期照护保险法制之展望［J］.深圳大学学报（人文

社会科学版），2017（3）：127-134.

［241］郑尚元.论工伤保险法制之完善［J］.法治研究,2018（5）：24-31.

［242］郑尚元.长期照护保险立法探析［J］.法学评论,2018（1）：131-139.

［243］郑贤君.基本权利的宪法构成及其实证化［J］.法学研究,2002（2）：45-56.

［244］郑阳雨璐,潘国臣,陈森松.财务可持续的长期照护制度构建研究：基于台湾地区的经验［J］.社会保障研究,2018（3）：102-112.

［245］钟秉正.德国长期照护法制之经验［J］.长期照护杂志,2006（2）：119-135.

［246］邢丽,梁季,施文泼,等.2020年减税降费政策评估：精准施策对冲疫情和经济社会发展风险——基于浙江、四川和海南的调研［J］.财政科学,2021（2）：85-98.

［247］周黎安.中国地方官员的晋升锦标赛模式研究［J］.经济研究,2007（7）：36-50.

［248］周台龙,郑文辉.台湾地区多层次长期照顾财务保障架构之探讨［J］.台湾社会福利学刊,2008（1）：65-122.

［249］周怡君,庄秀美.德国照护保险中的国家监督管理［J］.台大社工学刊,2014（29）：199-242.

［250］周缘园."福利多元主义"的兴起：福利国家到福利社会的转变［J］.理论界,2013（6）：59-62.

［251］朱海龙.智慧养老：中国老年照护模式的革新与思考［J］.湖南师范大学学报,2016（3）：68-73.

［252］朱恒鹏,昝馨,向辉.财政补偿体制演变与公立医院去行政化改革［J］.经济学动态,2014（12）：61-71.

［253］朱军.民生法治的三维路径考量：政策,权利与社会法治国［J］.行政与法,2016（8）：38-44.

［254］朱岚.西周孝观念的确立及其基本特征［J］.齐鲁学刊,2000（4）：79-83.

［255］朱铭来,于新亮.关于我国照护保障制度构建的若干思考［J］.中国医疗保险,2015（3）：19-22.

［256］庄秀美.日本社会福利服务的民营化："公共介护保险制度"现况之探讨［J］.台大社工学刊,2005（11）：89-128.

［257］庄秀美,郑佳玲.企业参与长期照护服务供给相关课题之探讨［J］.中山人文社会科学期刊,2006（1）：97-124.

［258］庄秀美,周怡君,赖明俊.论照顾服务提供多元化存续的条件：日本介护保险制度监管机制之启示［J］.台大社工学刊,2012（26）：183-222.

［259］佐藤孝弘,高桥孝治.照护保险如何保护低收入者［J］.中国社会保障,2015（1）：76-79.

五、外文著作类

［1］BECKER U, REINHARD H J. Long-term care in Europe：A juridical approach［M］. Cham：Springer International Publishing AG，2018.

[2] BLOME A, KECK W, ALBER J. Family and the welfare state in Europe: Intergenerational relations in ageing societies[M]. Cheltenham: Edward Elgar Publishing, 2009.

[3] BODE I. The culture of welfare markets: The international recasting of pension and care systems[M]. New York: Routledge, 2008.

[4] DRATHER H, JACOBS K, ROTHGANG H. Fokus pflegervesicherung: Nach der reform vor der reform[M]. Berlin: KomPart-Verlag, 2009.

[5] ESPING-ANDERSEN G. The three worlds of welfare capitalism[M]. Princeton: Princeton University Press, 1990.

[6] FREEDLAND M, AUBY J. The public law/private law divide[M]. Oxford: Hart Publishing, 2006.

[7] GERLINGER T, ROEBER M. Die pflegeversicherung[M]. Bern: Verlag Hans Huber, 2009.

[8] HU A, DE FLORIO-HANSEN I. Multiple identity and multilingualism[M]. Tübingen: Stauffenburg, 2003.

[9] JOHNSON N. The welfare state in transition: The theory and practice of welfare pluralism [M]. Amherst: University of Massachusetts Press, 1987.

[10] OATES W E. Fiscal federalism[M]. New York: Harcourt Brace Jovanovich, 1972.

[11] PFEFFER J, SALANCIK G R. The external control of organizations[M]. New York: Harper and Row, 1978.

[12] PIERSON P. The new politics of the welfare state[M]. Oxford: Oxford University Press, 2001.

[13] RAO N. Towards welfare pluralism: Public services in a time of change[M]. Aldershot: Dartmouth Publishing Company, 1996.

[14] TRESCH R W. Public finance: A normative theory[M]. Plano: Business Publications, Inc., 1981.

六、外文期刊类

[1] BARR N, DIAMOND P. The economics of pensions[J]. Oxford Review of Economic Policy, 2006, 22(1): 15-39.

[2] BLANK F. When "choice" and "choice" are not the same: Institutional frameworks of choice in the German welfare system[J]. Social Policy & Administration, 2009, 43(6): 585-600.

[3] BUERHAUS P I, STAIGER D O, AUERBACH D I. Implications of an aging registered nurse workforce[J]. The Journal of the American Medical Association, 2000, 283(22): 2948-2954.

[4] CHOU Y C, KROGER T, PU C Y. Models of long-term care use among older people with disabilities in Taiwan: Institutional care, community care, live-in migrant care and family care[J]. European Journal of Ageing, 2015, 12(2): 95-104.

［5］COHEN M A. Emerging trends in the finance and delivery of long-term care：Public and private opportunities and challenges［J］. The Gerontologist, 1998, 38(1)：80-89.

［6］CUELLAR A E, WIENER J M. Can social insurance for long-term care work? The experience of Germany［J］. Health Affairs, 2000, 19(3)：8-25.

［7］DONG X Q. Elder abuse in Chinese population：A global review［J］. Journal of Elder Abuse & Neglect, 2015, 27(3)：196-232.

［8］DRAPER H, SORELL T. Ethical values and social care robots for older people：An international qualitative study［J］. Ethics and Information Technology, 2017(1)：49-68.

［9］EOM S, HUH J. Group signature with restrictive linkability：Minimizing privacy exposure in ubiquitous environment［J］. Journal of Ambient Intelligence & Humanized Computing, 2018 (4)：1-11.

［10］GANDOY-CREGO M, CLEMENTE M, MAYAN-SANTOS J M, et al. Personal determinants of burnout in nursing staff at geriatric centers［J］. Archives of Gerontology & Geriatrics, 2009, 48(2)：246-249.

［11］GERAEDTS M, HELLER G V, HARRINGTON C A. Germany's long-term care insurance：Putting a social insurance model into practice［J］. The Milbank Quarterly, 2000, 78(3)：375-401.

［12］HOFMANN B. Ethical challenges with welfare technology：A review of the literature［J］. Science and Engineering Ethics, 2013(2)：389-406.

［13］HOLDENRIEDER J. Equity and efficiency in funding long-term care from an EU perspective ［J］. Journal of Public Health, 2006, 14(3)：139-147.

［14］HONKONEN T, AHOLA K, PERTOVAARA M, et al. The association between burnout and physical illness in the general population：Results from the Finnish Health 2000 Study［J］. Journal of Psychosomatic Research, 2006, 61(1)：59-66.

［15］HOSSEINI S H, GOHER K M. Personal care robots for older adults：An overview［J］. Asian Social Science, 2017, 13(1)：11-19.

［16］HUNT T, SONG C, SHOKRI R, et al. Chiron：Privacy-preserving machine learning as a service［J］. Proceedings on Privacy Enhancing Technologies, 2018(3)：123-142.

［17］KANE R L. Changing the face of long-term care［J］. Journal of Aging & Social Policy, 2005, 17(4)：1-18.

［18］KORTNER T. Ethical challenges in the use of social service robots for elderly people［J］. Zeitschrift für Gerontologie und Geriatrie, 2016(4)：303-307.

［19］MCFARLANE L, MCLEAN J. Education and training for direct care workers［J］. Social Work Education, 2003, 22(4)：385-399.

［20］MICHAEL Y L, BERKMAN L F, COLDITZ G A, et al. Living arrangements, social integration, and change in functional health status［J］. American Journal of Epidemiology,

2001，153（2）：123-131.

［21］PAVOLINI E，RANCI C. Restructuring the welfare state：Reforms in long-term care in Western European countries［J］. Journal of European Social Policy，2008，18（3）：246-259.

［22］POTTER S J，CHURILLA A，SMITH K E. An examination of full-time employment in the direct-care workforce［J］. Journal of Applied Gerontology，2006，25（5）：356-374.

［23］ROBLES J M，TORRES-ALBERO C，DE MARCO S. Spanish e-government and the third digital divide：A sociological view［J］. Journal of US-China Public Administration，2011，8（4）：401-412.

［24］ROTHGANG H. Social insurance for long-term care：An evaluation of the German model［J］. Social Policy & Administration，2010（4）：436-460.

［25］ROTHGANG H，IGL G. Long-term care in Germany［J］. The Japanese Journal of Social Security Policy，2007，6（1）：54-84.

［26］SCHNEIDER U. Germany's social long-term care insurance：Design，implementation and evalution［J］. International Social Security Review，1999，52（2）：31-74.

［27］SHARKEY N，SHARKEY A J. The eldercare factory［J］. Gerontology，2012（3）：282-288.

［28］STOKER G. Decentralization & local government［J］. Social Policy and Administration，1987，21（2）：157-170.

［29］TIRARD M. Privatization and public law values：A view from France［J］. Indiana Journal of Global Legal Studies，2008，15（1）：285-304.

［30］WAKE S B，SPORAKOWSKI M J. An intergenerational comparison of attitudes towards supporting aged parents［J］. Journal of Marriage & Family，1972，34（1）：42-48.

［31］YANG M，DING X，DONG B. The measurement of disability in the elderly：A systematic review of self-reported questionnaires［J］. Journal of the American Medical Directors Association，2014（2）：1-9.

七、外文其他

［1］ARNTZ M，SACCHETTO R，SPERMANN A，et al. The German social long-term care insurance：Structure and reform options［R］. ZEW Discussion Papers，2006.

［2］BRODSKY J，HABIB J，MIZRAHI I. Long-term care laws in five developed countries：A review［R］. Geneva：World Health Organization，2000.

［3］FUKUI T，IWAMOTO Y. Policy options for financing the future health and long-term care costs in Japan［R］. NBER Working Papers，2006.

［4］SCHULZ E，BERLIN D. The long-term care system in Denmark［R］. Brussels：European Network of Economic Policy Research Institutes，2010.

［5］STIGLER G. The tenable range of functions of local government［R］// Joint Economic

Committee, US Congress. Federal expenditure policy for economic growth and stability. Washington, 1957: 213-219.

[6] THOMSEN S L. The social long-term care insurance in Germany: Origin, situation, threats, and perspectives[R]. ZEW Discussion Paper, 2010.

[7] MIKLAUTZ A, HABERSBERGER J. Long-term care—the problem of sustainable financing: The Austrian long-term care system[R]. Ljubljana: ÖSB Consulting, 2014.

[8] WHO Study Group. Home-based long-term care[R]. WHO Technical Report Series, 2000.